유아 인성교육의 이론과 실제

| 이희영 · 최영미 · 김문정 · 윤미숙 공저 |

Humanism Education for Young Children

학지사

머리말

요즈음 교육계 최고의 화두는 인성교육이다. 인성교육이 강조되는 것은 어제 오늘의 일이 아니다. 9차에 걸쳐 이루어진 교육과정 개정에서 사용한 용어에 차이가 있을 뿐 인성교육이 강조되지 않은 적이 없다. 그런데 인성교육이 요즈음 새삼스럽게 주목받고 있다. 이유가 뭘까?

오늘날 우리 사회는 과거와 비교할 수 없는 물질적 풍요와 편리함을 향유하고 있지만 동시에 우리의 삶을 위태롭게 만드는 각종 사회적 병폐를 목도하고 있다. 묻지마 살인과 폭행, 갑질 사례, 아동학대, 여교사 성폭행, 패륜 범죄와 같은 각종 비도덕적 · 비윤리적인 사건들이 최근 연속적으로 발생해 사회적으로 큰 충격을 주고 있다. 이러한 사회적 병폐에 대한 근본적인 치유책은 인성교육이 아닌가 싶다.

그러나 2016년 현재 우리 교육 현장에서 이루어지고 있는 인성교육에 좋은 점수를 주기는 어렵다. 우리의 학교교육에서는 여전히 입시 위주의 교육과정이 운영되고 있고, 지나친 경쟁이 강조되고 있으며, 학교폭력 또한 해결되지 않고 있다. 지난 2013년 교육부가 파악한 '건전하지 못한 인성'을 지닌 학생 비율은 전체 초 · 중 · 고등학생의 22.8%에 달하는 것으로 조사되었다. 한국교육개발원에서 성인 2,000여 명을 대상으로 실시한 '교육여론조사'에서는 약 48%의 응답자가 정부가 가장 시급히 해결해야 할 교육 문제로 '학생의 인성 · 도덕성 약화'를 꼽았으며, 현재보다 중시해야 할 교육내용으로도 '인성교육'을 1순위로 꼽았다.

이러한 배경하에 2015년 7월 21일에 「인성교육진흥법」이 시행령과 함께 시행되었다. 이 법 제17조 2항에 의하면, 교원양성기관은 예비교원의 인성교육 지도 역량을 강화하기 위하여 관련 과목을 필수로 개설하여 운영하여야 하고, 현직 교원 또한 연간 4시간 이상의 인성교육 연수를 받도록 하고 있다. 이에 유아교육 현장에서는 교사들의 인성교육 지도 역량 강화를 위한 연수를 실시하고 있고, 몇몇 대학에서는 이미 인성교육 과목을 개설하여 운영하고 있다.

이 책은 유아교육 현장과 유아교사 양성기관에서 실시할 인성교육의 교재로 집필되었다.

인성교육은 평생에 걸쳐 이루어져야 하지만, 한 인간의 인성의 기초가 형성되는 유아기의 인성교육이 특히 중요하다는 믿음으로 4명의 저자들은 정성을 다해 이 책을 준비하였다.

이 책은 전체 3부로 구성되어 있다. 1부는 이희영 교수가 집필하였으며, 2개의 장으로 이루어져 있다. 먼저, 1장에서는 유아 인성교육의 이론적 기초로 유아 인성 및 인성교육의 개념, 필요성과 중요성, 내용 및 방법을 다루었다. 2장에서는 유아교사의 인성을 다루었다. 기존의 유아 인성교육 도서에서는 유아의 인성이나 인성교육만을 다룬 반면, 이 책에서는 유아 인성교육에서 무엇보다도 중요한 것은 교사 자신의 인성이라고 보아 유아교사의 인성에 관한 내용을 별도의 장으로 구분하여 집필하였다.

8개의 장으로 구성되어 있는 2부는 최영미 선생(5장 정직, 6장 책임, 7장 존중, 8장 배려)과 김문정 선생(3장 예, 4장 효, 9장 소통, 10장 협동)이 집필하였는데, 각 장은 유아 인성교육에서 다루어야 할 핵심 인성 덕목으로 이루어져 있다. 여기에 선정된 인성 덕목은 「인성교육진흥법」에서 핵심 가치 및 덕목으로 제시한 것들이다. 8개 인성 덕목을 중심으로 각 장에 인성 덕목의 의의 및 필요성, 유치원 교육과정에서의 각 인성 덕목 관련 내용, 실천방안을 제시하였다. 특히 2부는 누리과정에서 인성 덕목으로 제시되지 않은 정직, 책임, 예, 소통을 포함시킴으로써 기존에 출판된 다른 교재와 차별화하였다. 2부의 내용은 유아 인성교육의 실제에 대한 이론적 근거를 제공해 줄 것이다. 3부는 윤미숙 원장이 집필하였는데 현장에서 활용할 수 있는 유아 인성교육의 실제를 제시하였다. 제시된 인성교육 활동은 교사와 함께 이루어지는 대·소집단 활동별로 제시되어 있어 유아교육 현장에서 쉽게 활용할 수 있을 것이다.

이 책은 본인이 집필한 다른 어떤 책보다 애착이 간다. 제자들과 함께한 최초의 책이기 때문이다. 이 책이 완성되는 데는 많은 분의 도움이 있었다. 특히 인성실제를 위해 직접 수업활동을 하고 그 활동사진을 제공해 준 성순임 원장님께 고마움을 전한다. 나름 최선을 다해 준비하였지만 부족한 면이 많다. 모쪼록 이 책이 우리 유아들의 인성 함양에 조금이라도 도움이 되기를 바란다. 끝으로, 이 책의 집필을 제안해 주신 학지사의 김은석 부장님, 최선을 다해 편집을 맡아 주신 오희승 대리님 그리고 늘 저술을 지원해 주시는 김진환 사장님께 감사의 마음을 전한다.

2016년 8월

저자 대표 이희영

차 례

제1부 유아 인성교육의 이론적 기초

제2부 유아 인성교육의 내용

제3부 유아 인성교육의 실제

제1부

유아 인성교육의 이론적 기초

제1장

유아 인성교육

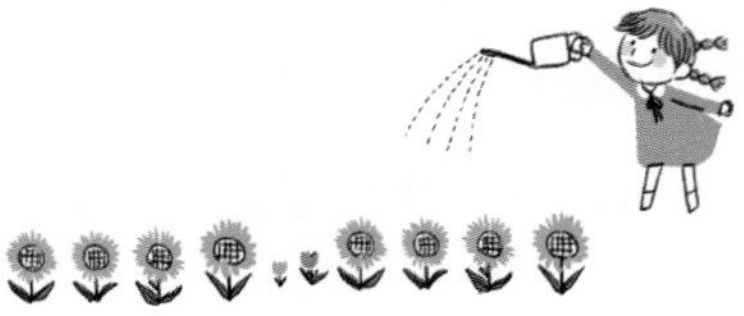

1. 인성 및 인성교육의 개념

최근 우리 사회에서 인성 또는 인성교육이란 용어가 널리 사용되고 있다. 교육자뿐만 아니라 일반인, 기업가, 국가 관료, 정치인 등 많은 사람이 인성 또는 인성교육이라는 단어를 사용하고 있다. 학교 현장에서는 인성교육을 강화한다는 취지 아래 갖가지 교육 프로그램이 개발 · 시행되고 있기도 하다. 하지만 인성이나 인성교육이 무엇인지에 대해서는 아직 합의된 견해가 없다. 이러한 이유로 현재 학교 현장에서 인성교육을 운영하거나 담당하고 있는 실무자들조차 현재 자신이 인성교육을 제대로 하고 있는지, 어떻게 해야 인성교육을 잘할 수 있는지에 대해 상당한 의문을 가진 채 인성교육을 실시하고 있는 실정이다(현주, 한미영, 임소현, 2015).

인성교육은 교육의 역사만큼 오래되었다고 볼 수 있다. 고래로부터 교육은 한편으로는 인간과 세상에 대한 풍부한 지식과 이해를 겸비한 지혜로운 사람, 다른 한편으로는 인간다운 삶을 영위할 수 있는 아름다운 성품을 갖춘 선한 사람이 되도록 하는 것을 목표로 했기 때문이다(장사형, 2011). 이처럼 인성교육은 그 역사가 매우 오래되었다고 볼 수 있으나, 인성교육이라는 용어가 공식적으로 처음 사용된 것은 1995년 5월 31일 교육개혁위원회가 제2차 대통령 보고서로 제출한 '5.31교육개혁방안'이었다.

이 개혁안이 발표된 이래로 지금까지 학계에서는 인성이 무엇을 의미하는지에 대한 다양한 견해와 주장이 있었다. 하지만 앞서 언급한 바와 같이 아직도 인성의 개념에 대해서는 합의가 이루어지지 않은 채 다양하게 사용되고 있다. 인성이나 인성교육과 관련된 국내 연구들을 살펴보면, 인성은 교육학, 심리학, 철학, 윤리학 등 다양한 학문 분야에서 연구되고 있으며, 연구자들마다 인성의 개념을 상이하게 정의하고 있음을 볼 수 있다(〈표 1-1〉 참조). 이러한 상황은 인성교육의 발전에 걸림돌로 작용할 가능성이 크다. 인성교육이 더욱 효과적으로 이루어지기 위해서는 인성의 개념을 명확하게 정의하는 것이 무엇보다도 우선되어야 할 것이다.

표 1-1 인성의 정의

연구자	인성의 정의
황응연 (1992)	환경에 대응함으로써 나타나게 되는 행동 및 태도, 동기, 경향성, 인생 과정들의 총합. 사람들에게 시간과 상황에 걸쳐 지속되는 독특한 구조이며, 인성은 어떠한 경험을 하느냐에 따라 크게 변화될 수 있다는 의미를 포함.
이근철 (1996)	좁게는 도덕성, 사회성, 정서(감정) 등을 의미하고, 넓게는 지 · 덕 · 체 또는 지 · 정 · 의를 모두 골고루 갖춘 전인성
이윤옥 (1998)	다른 사람에게 주는 그 사람의 전체적인 인상으로, 성품, 기질, 개성, 인격 등 가치 개념의 의미를 내포함.
조연순 (1998)	자신의 내면적 요구와 사회 환경적 필요를 지혜롭게 잘 조화시킴으로써 세상에 유익함을 미치는 인간의 특성
남궁달화 (1999)	인간의 성품으로, 성품은 인간의 성질(性質)과 품격(品格)으로 구성됨. 여기서 성질은 마음의 바탕이고, 품격은 사람됨의 바탕임.
조난심 외 (2004)	사람이 태어나면서 가지고 있는 성격이나 특질의 개념이 아니라, 의도적인 교육이나 학습에 의해 습득하거나 변화가 가능한 인간의 성품
강선보 외(2008)	인간이 도달해야 하는 이상적인 인간다운 성품, 인간 본연의 모습
현주 외(2009)	보다 긍정적이고 건전한 개인의 삶과 사회적 삶을 위한 심리적 · 행동적 특성
박성미, 허승희 (2012)	인간이 개인적으로 갖추어야 할 바람직한 심성과 사회적으로 갖추어야 할 가치 있는 인격 및 행동 특성

출처: 현주 외(2015). 한국 초 · 중등학생을 위한 인성검사 개발 및 타당화.

일반적으로 개념(槪念)이란 어떤 사물에 대해 갖는 개략적인 의식 내용이고, 정의(定義)란 어떤 사물의 개념의 범위를 한정하여 명백히 밝히는 것인데, 인성이라는 용어는 매우 다양한 의미로 사용되고 있어 그 개념이 모호하고 따라서 정의 또한 명확하게 내리기 어렵다(전재선, 2011). 한국 사회에서 인성의 개념에 대한 정의를 특히 어렵게 하는 것은 인성의 개념과 관련된 문화적 혼재 상태 때문이다. 다시 말하면, 동양적 전통에서 보는 인성의 이해와 서구적 전통에서 보는 인성의 이해가 상당히 다르다는 것이다. 이 부분에 대한 정리가 어느 정도 이상 설득력 있게 이루어지지 않고서는 우리 사회에서 보편적인 동의를 얻을 수 있는 인성에 대한 개념의 도출은 어려울 것이다(김영래, 강선보, 정창호, 이성흠, 류은영, 이동윤, 2015).

앞에서 살펴본 바와 같이 인성과 인성교육의 뜻에 대한 합의된 의견을 도출하는 것은 어려워 보인다. 향후 이 문제에 대한 지속적인 노력이 이루어져야 할 것이다. 하지만 인성교육 담당자의 입장에서는 어떤 형태로든 인성교육을 실시해야 하기 때문에 나름의 개념 정립이 필요하다. 인성과 인성교육에 대한 나름의 개념도 갖지 않은 채 인성교육을 실시할 수는 없는 노릇이다. 이에 필자는 인성과 인성교육에 관한 여러 학자의 견해와 주장을 다음과 같이 크게 다섯 가지로 정리해 보았다.

인성에 대한 첫 번째 관점은 인성을 본성으로 보는 견해다. 이 관점은 다시 본성(human nature)을 어떻게 보느냐에 따라 두 가지로 구분할 수 있다. 하나는 인성을 인간의 본능과 거의 같게 보는 관점으로 인간이 태어날 때부터 지니고 있는 본성으로 본다. 이 입장에서는 본성은 선천적으로 타고나는 것이기 때문에 후천적으로 변화되거나 형성될 수 있는 것이 아니라고 본다. 따라서 인성은 교육의 대상이나 목적이 될 수 없고, 인성교육은 성립될 수 없는 용어이기 때문에 사용해서는 안 되며, 도덕교육이나 인격교육이라는 용어로 대체되어야 한다고 본다(박선영, 1997).

다른 하나는 우리나라의 전통 교육의 근간이 되어 온 유교적 관점으로 본성을 인간이 태어날 때 이미 갖추고 있는 성질이 아니라 인간이 갖추어야 할 성질을 의미하는 것으로 본다. 즉, 인성을 기술적이고 가치중립적이기보다는 가치개입적인 규범적 의미로 이해한다. 이 같은 입장에서는 인성교육을 규범으로 주어진 인간의 조건 또는 인간의 본성으로서의 인성을 구현해 나가는 것으로 본다(장성모, 1996). 박병기(1998)는 인성을 인간의 본성으로 보고, 인성교육에 대한 개념 정의가 유교적 전통의 맥락을 염두에 두고 이루어져야 한다고 지적하면서, 인성교육에서 목표로 삼는 인성은 바람직한 인성, 즉 성선설에 기반을 둔 인간 본성이라고 주장했다. 인성을 본성으로 보는 입장에서는 인성을 성취해야 하는 것으로 보며, 외부에서 주어지는 것으로는 보지 않는다. 다시 말해, 외부의 누군가에 의해 인성이 형성되는 것이 아니라 개인이 생애에 걸쳐 자기 스스로 끊임없이 노력하면서 자기 성장과 발달을 추구해야 하는 것으로 설명한다(장성모, 1996). 따라서 인성교육은 인간의 본래 모습을 도달해야 할 기준으로 삼고, 그것을 성취하도록 교육하는 것이 목표가 되어야 한다고 말한다(정창우, 2015).

인성에 대한 두 번째 관점은 인성을 심리학적 용어인 'personality'의 우리말 번역어로 보는 입장이다. 예를 들면, 'personality development'는 인성 발달 혹은 성격 발달로, 'personality test'는 인성검사 혹은 성격검사로 번역한다. 이 입장은 서양 교육의 심리학적 배경에 뿌리를 두고 있으며, 인성을 성격과 동의어로 사용한다. 이 입장을 취하는 사람들은 인성을 가치판단의 대상이 아니라 있는 그대로의 인간을 하나의 총체로서 가리키는 말이라고 생각하기 때문에, 인성교육은 스트레스나 불안 등 심리적 부적응과 자아정체성의 혼미를 극복하고 건전한 생활을 하도록 이끌어 주는 교육이라는 의미로 해석하는 경향이 있다(김원중, 2014). 조난심과 이종태(1997)는 'personality'의 번역어로서의 인성은 그 개념이 근본적이고 포괄적이지 못하므로 인성교육이라는 용어보다는 인간교육이 더 적합하다고 주장하였다. 'personality'라는 용어는 'character'라는 용어와 쉽게 혼동되는데, 전자에 비해 후자에는 상대적으로 도덕적 함축이 담겨 있다(정창우, 2015). 혹자는 인성교육의 인성은 영어의 'personality'가 아니라 'character'이며, 한국의 인성교육은 미국의 'character education'과 유사한 개념이라고 말하기도 한다.

인성에 대한 세 번째 관점은 인성을 인격으로 이해하고자 하는 견해다. 이 관점에서는 인성을 윤리적인 입장에서 그 의미를 정의하려고 한다. 일반적으로 심리학자들은 인성과 관련하여 성격이라는 용어를, 그리고 윤리학자들은 인격이라는 용어를 선호하여 왔다. 이러한 입장에서 보면 인성의 핵심 요소는 도덕적 자질과 품성이다. 그래서 인성을 인격으로 보는 입장은 인격을 노력해서 성취해야 할 업적, 교육을 통해 도달해야 할 가장 포괄적인 지향점, 인간을 인간답게 하는 본질, 인간의 사람됨으로 보고 있다(현주 외, 2015).

인성에 대한 또 하나의 관점은 인성을 특정 학문적 배경에서 나온 이론적인 개념이라기보다는 일상적인 의미로 흔히 말하는 인간의 품성 또는 마음씨를 뜻하는 것으로 보는 관점이다. 따라서 인간의 참된 본성이 무엇인지, 또는 'personality'의 구조가 어떠한지 등에 관한 학문적 논의는 인성교육의 의미를 밝히는 데 별로 도움이 되지 않는다고 본다. 이 입장에서 인성교육은 바람직한 품성을 함양시키는 교육을 말한다(김영인, 1994). 이와 유사하게 조난심(1995)도 인성교육을 인간다운 품성을 함양하거나 고양시키는 교육이라고 정의하면서, 인간교육이라는 용어와 같은 의미로 사용되는 것으로 매우 포괄적인 의미를 함축하고 있다고 말했다.

최근에 이루어지고 있는 인성의 개념에 관한 논의는 대체로 미래 사회의 성공적인 삶을 영위하는 데 필요한 핵심 역량(key competence)을 강조한다. 여기서 강조하는 핵심 역량에는 공감능력, 소통능력, 갈등해결능력, 문제해결능력, 대인관계능력, 자기관리능력 등이 포함된다(이철주, 2014).

이와 같이 인성의 의미는 다양한 관점에서 이해되고 있다. 이처럼 여러 관점에서 논의되는 인성에 대한 다양한 의미 규정은 어느 것이 옳고 그름의 문제라기보다는 어느 것이 현대 사회에서 요구되는 바람직한 성향으로서 인성의 본질에 더 적합한 것인가의 문제로 보아야 할 것이다(조난심, 문용린, 이명준, 김현수, 김현지, 이우용, 2004). 인성에 대한 다양한 관점의 차이를 망라하여 이해하여 볼 때, 그것을 인간의 본성으로 보든, 인간다운 품성이나 인격으로 보든, 혹은 성공적인 삶에 필요한 핵심 역량으로 보든지 간에 인성의 의미에는 우리 인간이 지향하고 성취해야 하는 인간다운 면모, 성질, 자질, 품성이라는 의미가 내포되어 있다(강선보 외, 2008). 최근에는 인성의 개념을 덕목과 역량을 포괄하는 통합적 관점에서 보려는 경향이 강하다. 우리나라의 「인성교육진흥법」에서도 이러한 경향을 반영하듯 인성교육을 자신의 내면을 바르고 건전하게 가꾸고 타인·공동체·자연과 더불어 살아가는 데 필요한 인간다운 성품과 역량을 기르는 것을 목적으로 하는 교육으로 정의하고 있다.

한편, 현대 사회에서 일어나는 각종 사회적 병폐와 문제를 슬기롭게 극복하고 위기적 상황으로부터 벗어나기 위해서 우리는 고래로부터 지속되어 온 인성의 개념에서 벗어나 우리의 현재 및 미래 사회가 요구하는 새로운 인성을 찾아내고, 그 인성을 함양시키는 교육을 실시해야 할 필요가 있다(장사형, 2011). 이와 관련하여 강선보 등(2008)은 21세기 인간 삶의 상황을 고려한 21세기형 인성을 다음과 같이 말하고 있다(강선보 외, 2008, pp. 14-16).

첫째, 21세기형 인성은 피상적이고 단편적으로 덕을 습득하는 데 급급하던 경향으로부터 벗어나 인간 실존의 문제를 다룰 수 있어야 한다. 인간 실존의 문제에 대한 파악은 인간 중심적인 관점에서만 고려할 것이 아니라 타인, 사회, 자연, 지구 그리고 우주에 이르기까지 다각도의 측면과 관련하여 자기 존재를 성찰할 필요가 있다. 실존적 문제의식을 가지고 진지하게 자신의 존재와 나아가 인간 존재의 문제를 숙고할 수 있게 될 때 우리가 성취해야 할 인간 본래의 모습, 즉 인간다운 품성을 갖출 수 있게 된다는 것이다. 이와 같이, 21세기형 인성은 인간의 표피적이고 외적인 측면에 머무르는 것이 아니라 근본적이고 전체적인 측면에서 인성의 의미에 대해 고려하는 것이 우선적으로 요구된다.

둘째, 21세기형 인성은 성인이 되는 것과 같은 완벽한 인간의 관점에서 이해될 것이 아니라 일상생활 속에서 인간 본연의 모습을 실천하려고 노력하는 실천인으로서 이해될 필요가 있다. 인간의 내재된 본성이든 인격이나 품성이든지 간에, 인성교육은 구체적인 상황 속에서 노력을 통하여 인성을 형성하는 것으로 이해되어야 한다. 이는 21세기형 인성이 지적인 면과 정의적인 면의 조화, 앎과 행위 사이의 조화, 그리고 지성과 실천의 조화를 이루면서도, 공동체 속에서 다른 사람들과 더불어 일상생활을 살아가며, 앎과 실천이 조화롭게 융화된 그런 존재로서의 인성이 되어야 한다는 것을 말한다.

셋째, 21세기형 인성은 남성의 경험만이 아니라 여성의 경험이 모두 포괄된 인성의 의미가 고려되어야 한다. 이 세상은 남성과 여성이 함께 어우러져 살아가는 곳으로, 양자의 인성적 측면이 조화를 이룬 보다 나은 사회를 형성해야 할 책임이 모두에게 있기에, 우리는 인간다운 품성으로서 갖추어야 할 인성을 다각적이고 폭넓게 포함시킬 필요가 있다.

넷째, 21세기형 인성은 자기중심성과 인간 중심성으로부터 벗어나야 한다. 이것은 인간을 존중하지 말라는 말이 아니라, 전 우주에 있는 다양한 존재와의 관계 속에서 인간을 이해할 수 있어야 한다는 것이다. 한편으로는 인성이라는 것을 개인 내부의 문제로만 보는 자기중심성으로부터도 벗어날 수 있어야 함을 의미한다.

2. 유아 인성교육의 필요성과 중요성

교육의 궁극적인 목적은 인간다운 인간의 육성에 있으며, 우리나라의 교육 목적도 전인 교육을 지향하고 있다. 우리나라의 「교육기본법」에서도 교육의 목적이 인성교육과 불가분의 관계를 맺고 있음을 보여 준다. 우리나라 「교육기본법」 제2조는 "교육은 홍익인간의 이념 아래 모든 국민으로 하여금 인격을 도야하고 자주적 생활능력과 민주시민으로서 필요한 자질을 갖추게 함으로써, 인간다운 삶을 영위하게 하고 민주국가의 발전과 인류공영의 이상을 실현하는 데에 이바지하게 함을 목적으로 한다."라고 규정하고 있다. 이렇게 본다면, 인성교육은 분명히 교육의 핵심 목표이고, 결코 새롭게 등장한 것도 아니다.

그런데 요즈음 인성교육이 새삼스럽게 강조되고 있다. 이처럼 인성교육이 강조되는 데는 최근 발생한 여러 가지 심각한 문제가 그 배경에 자리하고 있다. 사회적으로는 땅콩 회항 사건, 군부대 성추행 사건, 인천 어린이집 보육교사 아동학대 사건, 부산외대 마우나 리조트 참사, 세월호 참사, 판교 환풍구 참사 등 열거하기 힘들 정도로 많은 사건 사고가 최근에 연이어 발생했고, 학교 내에서도 학교폭력, 왕따, 자살 등과 같은 우려스러운 일들이 연이어 발생했다. 이러한 사태는 우리 국민으로 하여금 우리 사회에 대한 위기의식을 느끼게 하고, 이에 대한 해결책을 모색하게 했다.

인성교육은 이러한 심각한 사회 문제에 대한 해결책으로 제시되었다고 볼 수 있다. 오늘날 우리가 목도하고 있는 심각한 사회 문제들의 원인은 다양한 각도에서 찾아볼 수 있겠으나, 인성 부재나 낮은 수준의 인성이 그 중요한 원인이라는 점에 대해서는 이견이 없을 것이다. 즉, 현재 우리가 겪고 있는 심각한 사회 문제는 그동안 학교교육이 인성은 외면한 채 지식 위주의 교육을 해 온 결과라는 것이다. 지식은 양날의 칼과 같아서 어떻게 쓰느냐에 따라 인류에게 안녕을 가져다줄 수도 있고, 재앙을 가져다줄 수도 있다. 예를 들어, 원자력에 대한 지식은 의료기술로서 인류에게 질병치료의 혜택을 가져다줄 수도 있지만, 원자 폭탄으로 인류에게 엄청난 재앙을 가져다줄 수도 있다. 중요한 것은 지식을 다루는 인간의 인성이다. 올바른 인성교육이 배제된 지식교육의 위험성은 더 설명할 필요가 없다. 인성이 없으면 미래도 없다. 바른 인성교육은 단순히 교양 있는 삶의 장식품이 아니라 인간 생존의 문제다(Lennick & Kiel, 2005).

희랍의 철학자 헤라클레이투스(Heraclitus)는 "인성이 운명이다."라고 말했다. 인생이란 나침반이 필요한 하나의 도덕적이고 정신적인 여정이며, 좋은 인생을 살기 위해서나 자신의 운명을 좋은 방향으로 개척해 나가기 위해서는 반드시 올바른 성품을 가져야 한다는 말이다. 인성은 이와 같이 개개인의 운명을 바꿀 수 있는 힘을 지니며, 나아가 사회 전체의 운명 또한 결정짓는다. 이처럼 인성은 개인적 삶뿐 아니라 공동체적인 삶에도 중요하다. 따라서 개인적으로 만족스러우며 사회적으로 공동선에 기여할 수 있는 삶을 살아갈 수 있도록 도와주기 위해서는 인성교육을 강조해야 하는 것이 자명해 보인다(정창우, 2015).

인성교육의 필요성과 중요성에 대한 논의의 중심에는 대개의 경우 청소년이 있었다. 이런 이유로 인성과 관련된 연구도 청소년에 집중되었다. 인성교육은 청소년을 포함한 생의 모든 시기에 중요하나, 인성 형성은 생의 초기에 대체로 형성되는 특성이 있기에 유아기에서의 인성교육이 더욱 중요하다고 볼 수 있다. 우영효(2010)는 유아기에 인성교육을 강화해야 하는 이유를 발달심리학적 측면, 개인적 측면 및 사회국가적 측면에서 제시하였는데, 이를 살펴보면 다음과 같다.

먼저 발달심리학적 측면에서 보면 영유아기의 인성은 다양한 사회 환경과의 상호작용에 의해서 형성된다. 특히 영유아들이 성장하는 과정에서 여러 가지 경험의 축적물이 쌓여 인성이 된다. 따라서 인성은 어린 시절에 어떤 경험을 하느냐에 따라 달라진다. 그래서 영유아기 때에 보다 바람직한 경험을 할 수 있도록 인성교육이 필요하다. 다음으로 개인적 측면에서 보면 인간은 자기 스스로를 존중하고 타인을 존중할 때 행복감과 소속감을 느낀다고 한다. 따라서 어린 시절부터 유아들이 타인의 입장을 고려하고, 예절과 질서를 지키며, 인간은 서로 더불어 살아가는 존재라는 것을 알 수 있도록 가르쳐 주어야 한다. 그러기 위해서는 자기 감정을 조절하고 타인의 감정을 이해하며 원만한 대인관계를 유지해 나가는 경험들을 유아 수준에서 경험하도록 해야 한다. 마지막으로, 사회국가적 측면에서 보면 지식의 폭발적 증가와 국경 없는 시대를 살아가야 하는 유아들은 더욱더 바른 인성의 소유자여야 하며, 세계화와 개방화가 될수록 우리 고유의 어른에 대한 예절과 공경 정신은 우리의 공동체 의식을 높여 줄 것이다. 따라서 영유아기에 인성교육을 강화하는 것은 국가경쟁력의 중요한 요소가 될 것이기 때문에 인성교육은 꼭 필요하다.

방금 살펴본 바와 같이 유아기 인성교육은 여러 가지 측면에서 매우 중요하다. 이런 이유로 최근 개발된 만 3~5세 연령별 누리과정에서는 사회관계 영역뿐 아니라 전 영역에 걸쳐 인성이 길러져야 함을 강조하고 있다. 특히 만 3~5세 연령별 누리과정에서는 타인 및 공동체와 바람직한 관계를 맺기 위한 올바른 인성은 자신의 일을 스스로 하고 다른 사람을 배려하며, 정해진 규칙을 준수하고 공동체 구성원이 공유하는 행위의 기준과 도덕적 가치를 개념화하는 것을 포함한다고 하고, 배려, 존중, 협력, 나눔, 질서, 효를 인성 관련 요소로 제시하여, 유아기부터 실천 위주의 인성교육이 실시되어야 함을 제안하고 있다(교육과학기술부, 보건복지부, 2013).

또한 정부에서는 인성교육이 내실 있게 진행되도록 하기 위해 여러 가지 지원 사업을 하고 있다. 예컨대, 교육부는 2011년『유치원 기본과정 내실화를 위한 인성교육 프로그램』을 개발하여 배포하고, 2012년에는 이어서『유아 인성교육을 위한 부모 훈련 프로그램』과『유아 인성교육을 위한 교사용 부모상담 가이드북』을 발간하여 일선 유치원에서 활용하도록 하고 있으며, 교육부와 보건복지부는 2012년,「5세 누리과정(공통과정)」에서 강조하는 인성교육을 보다 실천적으로 운영하기 위해, 양 부처가 공동으로 '바른 인성 우수 유치원 · 어린이집 공모 및 운영'사업을 추진하고 있다.

3. 유아 인성교육의 내용

인성교육의 성공적인 시행을 위해서는 우리 사회에 적합한 인성교육 요소를 도출하는 것이 매우 중요하다. 인성의 구성요인에는 대체로 인류의 보편적 가치와 덕목이 대부분 포함되지만 개인의 인성이 타인과의 관계, 사회 속에서 발현되기 때문에 특정 사회의 문제 상황, 중핵적 가치, 시대적 요구 등에 따라 강조되는 인성의 내용은 달라질 수 있다(천세영, 김왕준, 성기옥, 정일화, 김수아, 2012). 인성의 정의가 학자들마다 다양한 것처럼 인성의 구성요인도 학자들마다 다양하게 제시되고 있다.

먼저 국내 학자들의 견해를 살펴보면, 조연순, 김아영, 임현식 등(1998)은 바람직한 인성교육의 구성 요소로서 민주시민의식, 타인존중의식, 자기존중의식을 들었다. 기본 질서와 생활태도를 강조하는 민주시민의식의 덕목으로는 준법정신, 봉사정신, 협동정신, 책임감, 정의감, 애국심, 환경보호의식이 포함되고, 타인과의 조화로운 삶을 위한 타인존중의식에는 권위에 대한 존중 및 수용, 예의범절, 효, 사랑, 배려, 정직, 신뢰가 포함되며, 긍정적 자아 개념을 정립하고 자아정체성을 확립하는 것과 관련된 자기존중의식에는 자신감, 자아수용, 자기표현, 자기통제가 포함된다. 조난심 등(2004)은 인성 요소를 크게 개인적 요소와 사회적 요소로 구분하고, 개인적 요소로는 생명 존중, 성실, 정직, 자주, 절제, 경애, 효도, 예절, 자기주도성, 자율성, 창의성, 관용, 개방성, 사고의 유연성 등을, 사회적 요소로는 협동, 준법, 타인 배려, 정의, 공동체의식, 민족애, 인류애, 타문화 이해 등을 제시하였다.

강선보 등(2008)은 21세기 인성교육의 방향과 내용으로 관계성(상호관계적 삶을 추구하는 공생인), 도덕성(도덕적 통합성을 추구하는 인격인), 전인성(인간의 모든 측면이 조화롭게 발달한 전인), 영성(초월적인 것을 체험하는 영성인), 생명성(생명을 살리는 생명인), 창의성(삶과 상황을 재창조하는 창의인), 민주시민성(공동체에 참여하는 민주시민)을 제시하였다. 천세영 등(2012)은 기존의 연구자들과는 달리 인성을 도덕성, 사회성, 감성의 세 개 차원으로 구분하고 차원별로 핵심 역량 및 덕목을 다음의 〈표 1-2〉와 같이 제시하였다.

표 1-2 인성의 3가지 차원과 핵심 역량

차 원	역 량	핵심 덕목	주요 내용
도덕성	• 핵심 가치 인식 • 책임 있는 의사결정	• 정직 • 책임	다양한 윤리적 상황에서 중요한 핵심 가치가 무엇인지를 인식하고 판단하는 능력과 책임 있는 의사결정을 하는 능력
사회성	• 사회적 인식 • 대인관계	• 공감 • 소통	다양한 상황과 장소에서 타인의 생각, 감정, 관점을 이해 · 파악하고, 타인과 긍정적인 관계를 형성 · 유지하고 소통하는 능력
감성	• 자기인식 • 자기관리	• 긍정 • 자율	자신의 강점, 약점, 흥미, 능력 등을 파악하며, 개인적 목표를 설정하고 목표 달성을 위해 자신의 생각과 행동을 조절 · 실행하는 능력

출처: 천세영 외(2012). 인성교육 비전 수립 및 실천 방안 연구.

최근 학교 인성교육에서는 기존의 지식 중심의 내용만이 아니라 핵심 역량을 가르쳐야 한다는 것이 하나의 트렌드를 이루고 있다. 곧 학교에서의 인성교육이 기존의 인격교육에서 강조하는 덕목들만이 아니라, 미래 사회에서 성공적인 삶을 영위하는 데 필요한 핵심 역량(공감능력, 소통능력, 갈등해결능력 등)을 가르쳐야 한다는 것이다(조난심, 2013). 이러한 경향을 반영하여 양정실, 조난심, 박소영, 장근주, 은지용(2013)은 선행 연구에서 제시한 내용을 기초로 학교 교과교육을 통한 인성교육에서 추구해야 할 가치 덕목 · 인성 역량을 〈표 1-3〉과 같이 제시하고 있다.

표 1-3 교과교육을 통한 인성교육에서 추구해야 할 주요 가치 덕목 · 인성 역량

가치 덕목 · 인성 역량	포함되는 인성 요소
존중	자기존중: 자신감, 자아수용, 자기표현, 자기통제, 긍정적 태도 타인 존중: 인권 존중, 다른 문화에 대해 편견 갖지 않기
배려	관용, 연민, 양보, 친절, 봉사, 헌신
책임	자기 임무 완수, 정직, 성실, 신뢰, 윤리적 책임감
참여와 협동	공동체의식, 민주시민의식, 협력, 도움 주기, 팀워크
공감과 수용	타인의 감정에 대한 공감, 타인의 입장 이해, 미적 공감, 심리적 수용
대화와 소통 능력	의사소통능력, 대화를 통한 관계 개선
문제와 갈등 해결 능력	문제 인식, 가능한 해결 방안 모색, 결정에 따른 결과를 예상해 보기, 도덕적 성찰, 합리적인 의사결정 능력
정의	준법, 규칙준수, 공정

출처 : 양정실 외(2013). 교과교육을 통한 인성교육 구현 방안.

외국의 경우를 살펴보면, 미국 인성교육의 이론적 토대를 구축하고 실천적 지침을 제공해 온 리코나(Lickona, 1991)는 인성을 서로 관련된 세 부분, 즉, 도덕적 지식, 도덕적 감정 그리고 도덕적 행위로 이루어져 있다고 보았다. 여기서 도덕적 지식은 인성의 인지적인 측면으로 도덕적 각성, 도덕적 가치의 이해, 조망 수용, 도덕적 추리, 의사결정, 자신에 대한 지식이 포함되고, 인성의 정서적 측면인 도덕적 감정은 양심, 자존감, 겸손, 감정이입, 선에 대한 사랑, 자기통제로 구성된다. 도덕적 행위는 대체로 인성의 다른 두 측면(즉 도덕적 지식과 도덕적 감정)의 결과라고 할 수 있는데 여기에는 능력, 의지, 습관이 포함되어 있다.

미국의 대표적인 인성교육 전문 비영리단체인 조셉슨 연구소(Josephson Institute)는 〈표 1-4〉에 제시되어 있는 바와 같이 신뢰, 존경, 책임감, 공정, 배려, 시민의식을 인성의 요소로 제시하였다.

표 1-4 조셉슨 연구소의 여섯 기둥(6 Pillars)의 덕목

주요 덕목	하위 덕목	포함 요소
진실성	① 정직하기 ② 속이거나 훔치지 않기 ③ 신뢰받을 만하기: 약속 지키기 ④ 옳은 일을 할 수 있는 용기 갖기 ⑤ 좋은 평판 다지기 ⑥ 충성: 가족, 친구, 국가에 대하여 충성하기	용기 충성
존중	① 타인을 존중하기(황금률에 따라) ② 차이를 관용하고 수용하기 ③ 예의를 갖추고 나쁜 말을 쓰지 않기 ④ 다른 사람의 감정을 고려하기 ⑤ 위협하거나 때리거나 상처 입히지 않기 ⑥ 화냄, 모욕, 반대에 평화롭게 대처하기	관용 인내
책임	① 할 일을 하기 ② 미리 계획하기 ③ 끈기 있게 해 보기 ④ 항상 최선을 다하기 ⑤ 자기통제 ⑥ 자기수양 ⑦ 결과를 생각하고 행동하기 ⑧ 책임 있는 말, 행동, 태도를 하기 ⑨ 좋은 모범이 되기	인내 절제 신중함
공정성	① 규칙대로 놀기 ② 차례를 지키고 공유하기 ③ 열린 마음과 경청하기 ④ 다른 사람을 이용하지 않기 ⑤ 다른 사람을 마구 비난하지 않기 ⑥ 모든 사람을 공정하게 대하기	수용성 진실성
배려	① 친절하기 ② 공감을 갖고 배려를 보여 주기 ③ 감사를 표하기 ④ 용서하기 ⑤ 도움이 필요한 사람을 도와주기	
시민 의식	① 학교와 지역사회의 개선을 위해 동참하기 ② 협력 ③ 지역사회의 일에 참여하기 ④ 사회 소식에 관심을 가지고 투표하기 ⑤ 좋은 이웃이 되기 ⑥ 법과 규칙을 지키기 ⑦ 권위를 존중하기 ⑧ 환경을 보호하기 ⑨ 자원봉사를 하기	자연 사랑

출처: 이명준(2011). 교과교육과 창의적 체험활동을 통한 인성교육 활성화 방안.

피어슨과 니콜슨(Pearson & Nicholson, 2000)은 인성을 서로 관련된 세 가지 영역(즉, 자신, 타인 그리고 사회)으로 구성되어 있는 것으로 보았으며, 이 중 자신과 관련된 인성 덕목으로는 책임, 자제, 용기와 자기존중을, 타인과 관련된 인성 덕목으로는 친구를 포함한 타인과의 관계, 정직, 존중, 친절, 공감을, 그리고 사회와 관련된 인성 덕목으로는 공정성, 정의, 시민의 덕을 제안하였다. 최근 피터슨(Peterson)과 셀리그만(Seligman)의 주도하에 여러 긍정 심리학자가 인간의 긍정적 특질, 즉 성격적 강점과 덕성의 분류체계를 개발하는 데 관심을 가지고, 세계의 주요 종교와 철학자들이 제시하는 덕목들과 심리학자들의 연구 자료를 광범위하게 검토하여 총 200여 개의 덕목을 추출했다. 그런 다음 이 덕목들을 10가지 기준에 따라 검토한 후 6개의 핵심 덕목과 24개의 성격적 강점과 덕성으로 구성된 분류체계를 구축하였다. 이 분류체계에 포함된 6개의 핵심 덕목은 지혜(wisdom), 자애(humanity), 용기(courage), 절제(temperance), 정의(justice), 초월(transcendence)이다. 이들에 따르면, 이 핵심 덕목은 방대한 문헌을 조사한 결과 시대와 문화를 통틀어 놀라울 정도의 공통성을 보인 것들로 상위 6개 덕목이라고 불린다. 각 핵심 덕목은 각각 3~5개의 하위 강점으로 구성되어 있다(권석만, 2008).

지금까지 살펴본 바와 같이 학자들마다 매우 다양한 인성교육의 요소를 제안하였다. 그러나 이들이 제안한 인성교육의 요소는 대부분 관련 문헌 탐구나 사변적 방법에 기초하고 있기 때문에 경험적 타당성을 확보하기 어렵다는 한계가 있다. 이런 이유로 최근에는 경험적인 방법을 사용하여 인성 요소를 추출하고자 하는 시도가 이루어지고 있다. 현주 등(2015)은 우리나라 초·중등학생들의 인성 수준을 전반적으로 측정할 수 있는 검사 도구를 개발하는 연구 수행을 위해 전문가 델파이 조사, 교사 서면 면담 조사, 전문가 협의회 등의 방법을 사용하였다. 이러한 방법을 통해 개발한 예비 검사 문항을 가지고 학생들을 대상으로 설문조사를 실시하였는데, 통계적 분석을 한 결과 초·중등 학생의 인성을 구성하는 요인은 자기존중, 성실, 배려·소통, 책임, 예의, 자기조절, 정직·용기, 지혜, 정의, 시민성의 10가지로 나타났다. 그러나 이런 식의 연구는 인류의 오랜 역사적 경험과 인간에 대한 심원한 통찰들을 충분히 담기 어려울 가능성이 있고, 조사대상자들이 아직 관심이 없거나 원치 않지만 아동·청소년의 미래의 삶을 위해서 중요한 요소들이 배제될 가능성이 있다. 따라서 우리나라에서 실현 가능한 인성교육 요소가 도출되기 위해서는 경험적 연구와 사변적 연구의 긴밀한 협력이 필수적이다(김영래 외, 2015).

인성교육의 핵심 덕목과 관련하여 가장 체계적이고 포괄적으로 수행된 연구는 아마도 유병열, 김남준, 정창우 등(2012)의 연구일 것이다. 이들은 학교 인성교육을 위한 핵심 덕목을 추출하기 위해 동서양의 덕 윤리학, 인성교육론, 도덕 심리학, 긍정 심리학 등을 포함한 다양한 이론을 검토하였을 뿐만 아니라 인격교육이나 도덕교육 목적으로 주요 덕목을 설정한 국내외 사례(한국, 미국, 일본, 싱가포르)를 종합적으로 분석한 경험적 자료 또한 분석하였다. 이러한 이론적 근거와 경험적 근거를 합하여 4개 이상 해당하는 덕목을 핵심 덕목으로 선정하였는데, 여기에는 지혜, 용기, 성실, 절제, 효도, 예절, 존중, 배려, 책임, 협동, 준법, 정의 등이 포함된다.

인성교육이 일정한 방향성을 갖고 의미 있는 결과를 낼 수 있기 위해서는 인성교육 내용에 대한 사회적 합의가 필요하다(김영래 외, 2015). 인성교육은 그 주된 책임자들(교사, 학교관리자, 학생, 학부모, 공동체 구성원 등)이 인성교육을 위한 주요 덕목에 대해 광범위한 지지를 보낼 때에만 성공할 수 있기 때문이다. 따라서 공통된 덕목을 확정하고 지지하는 시도는 인성교육을 위한 훌륭한 출발점이 될 것이다(유병열 외, 2012). 이를 위해서는 전문가 의견 수렴, 각계각층의 의견 수렴, 공청회와 공지를 통한 장기적 의견 수렴의 과정이 필요하다.

끝으로, 이러한 인성교육의 요소 또는 덕목의 선정에서 강조되어야 할 점은 어른들을 위한 인성교육, 즉 어른들의 시각에 따른 인성교육이 아니라 아이들의 미래의 삶을 위한 인성교육이 되어야 한다는 점이다. 미래세대인 아동 · 청소년들을 위한 인성교육에서는 전통문화에서 유래한 가치 덕목들이나 규범들을 주입하는 데에 주력하기보다는 공동체를 유지하는 데에 필요한 최소한의 가치 덕목만을 요구하고, 그들의 삶 속에서 실제로 필요하지만 결여되어 있는 인성요소를 길러 주는 데에 주력할 때 아이들의 자발적인 참여 동기를 이끌어 낼 수 있을 것이다(김영래 외, 2015).

한 개인의 인성은 특정 시기에 완성되는 것이 아니며 전 생애에 걸쳐 점진적으로 형성된다. 따라서 인성교육의 대상 또한 최소한 개념상으로는 전 연령층이라 할 수 있다. 교육과학기술부(2010b)는 「창의 · 인성교육 기본 방안」에서 이런 점을 반영하여 인성교육의 대상이 유아, 초등학생, 중학생, 고등학생, 대학생 그리고 성인학습자 등 전 연령층임을 명시하고 있다. 이렇게 볼 때, 인성교육의 내용이 되는 덕목은 생애 발달 단계 전반에 걸쳐 일관성을 가지기 때문에 인성교육 방법에는 차이가 있겠지만 인성교육의 내용과 관련해서는 특별하게 다른 점을 발견하기 어렵다. 다만 한 가지 특징적인 것은 기본 생활습관을 독립된 하나의 영역으로 구분한다는 점이다. 예를 들어, 이원영, 박찬옥, 노영희(1993)는 유아 인성교육의 구성 요소를 기본 생활습관과 사회 · 정서적 덕목 및 윤리 · 도덕적 덕목으로 구분하였는데, 기본 생활습관에는 청결, 물질만능주의 배제, 근면, 질서, 예절을, 사회 · 정서적 덕목에는 인내, 타인 입장 존중, 협동, 양보, 긍정적 사고, 타인 신뢰, 주체의식을, 윤리 · 도덕적 덕목에는 공중도덕 준수, 정직, 생명 존중, 책임감, 전통윤리 존중을 포함하였다.

한편 교육과학기술부(2011)는 미래 사회의 인재로서 갖추어야 할 측면과 우리 사회가 갖고 있는 전통적 가치를 종합하여 유아기 인성교육의 내용을 배려, 존중, 협력, 나눔, 질서, 효 등 6가지로 제시하고, 이를 토대로 교육현장에서 인성교육이 이루어질 수 있도록 하였다. 교육과학기술부(2011)의 인성교육 프로그램에서 제시한 인성교육 요소 및 하위 내용은 〈표 1-5〉와 같다.

표 1-5 만 3~5세 연령별 누리과정에서의 인성교육 요소 및 하위 내용

인성 교육 요소	정 의	하위 내용
배려	타인의 필요와 요구에 민감하게 반응, 공감하는 마음과 태도	• 친구에 대한 공감과 배려 • 가족에 대한 공감과 배려 • 이웃에 대한 공감과 배려 • 동 · 식물에 대한 배려
존중	사람이나 사물을 그 존재만으로 존중할 가치가 있음을 인식하고, 그 가치에 대하여 소중히 여기는 것	• 자신과 전통 문화에 대한 존중 • 다른 사람들과 다른 문화에 대한 존중 • 생명과 환경에 대한 존중
협력	두 명 이상의 구성원이 공동의 목표를 설정하고, 이를 달성하기 위하여 개인적 책임을 다하고 서로 조언 및 조력을 주고받는 것	• 긍정적인 상호의존성(도움 주고받기, 의견 · 정보 · 자료를 공유하기, 친밀감 형성하기), 개인적 책임감(내 역할 인식하기, 역할 완수하기, 책임감 갖기), 집단 협력(공동의 노력 평가하기)
나눔	자기 스스로 우러난 마음에서 남을 돕기 위해 하는 일로, 대가를 바라지 않고 지속적으로 도와주는 것	• 나눔의 의미 알기 • 나눔을 실천하기 • 나눔에 참여하기
질서	민주주의 사회에서 책임감 있는 민주시민으로 살아가기 위해 필요한 사회 규범을 지키는 것	• 기초질서 • 법질서 • 사회질서
효	자식으로서 인간 된 도리를 충실히 하는 것	• 부모에 대한 효 • 조부모에 대한 효 • 지역사회 어른에 대한 효

만 3~5세 연령별 누리과정은 기본 생활습관과 바른 인성을 기르는 데 중점을 두고 있으며, 누리과정의 전 영역에 걸쳐 고루 반영되어 있다. 만 3~5세 연령별 누리과정에 반영된 인성교육의 내용을 살펴보면 다음과 같다(장명림, 최은영, 김미나, 백승선, 2012, pp. 40-44).

표 1-6 신체운동 · 건강 영역에서의 인성교육 내용

내용 범주	내 용	3세	4세	5세
신체 인식하기	신체를 인식하고 움직이기	자신의 신체를 긍정적으로 인식하고 움직인다.		

신체활동에 참여하기	자발적으로 신체활동에 참여하기	다른 사람과 함께하는 신체활동에 참여한다.		
			자신과 다른 사람의 운동능력의 차이에 관심을 갖는다.	자신과 다른 사람의 운동능력의 차이를 이해한다.
	바깥에서 신체활동 하기	규칙적으로 바깥에서 신체활동을 한다.		
건강하게 생활하기	몸과 주변을 깨끗이 하기	주변을 깨끗이 한다.	주변을 깨끗이 하는 습관을 기른다.	
	바른 식생활 하기	바른 태도로 식사한다.	음식을 소중히 여기고 식사예절을 지킨다.	
안전하게 생활하기	안전하게 놀이하기	TV, 인터넷, 통신기기 등을 바르게 사용한다.	TV, 인터넷, 통신기기 등의 위해성을 알고, 바르게 사용한다.	
	교통안전 규칙 지키기	교통안전 규칙을 안다.	교통안전 규칙을 알고 지킨다.	

표 1-7 의사소통 영역에서의 인성교육 내용

내용범주	내 용	3세	4세	5세
듣기	이야기 듣고 이해하기	다른 사람의 이야기를 관심 있게 듣는다.	다른 사람의 이야기를 듣고 이해한다.	
	바른 태도로 듣기	말하는 사람을 바라보며 듣는다.	다른 사람의 이야기를 주의 깊게 듣는다.	다른 사람의 이야기를 끝까지 주의 깊게 듣는다.
말하기	상황에 맞게 바른 태도로 말하기		듣는 사람의 생각과 느낌을 고려하여 말한다.	
		상대방을 바라보며 말한다.	차례를 지켜 말한다.	때와 장소, 대상에 알맞게 말한다.
		바르고 고운 말을 사용한다.		
읽기	책 읽기에 관심 가지기	책에 흥미를 가진다.	책 보는 것을 즐기고, 책을 소중하게 다룬다.	

표 1-8 사회관계 영역에서의 인성교육 내용

내용 범주	내 용	3세	4세	5세
나를 알고 존중하기	나를 알고 소중히 여기기	나에 대해 관심을 갖는다.	나에 대해 알아본다.	
		나와 다른 사람의 차이에 관심을 갖는다.	나와 다른 사람의 차이점을 알아본다.	나와 다른 사람의 신체적, 사회적, 문화적 차이를 존중한다.
		나를 소중하게 여긴다.	나에 대해 긍정적으로 생각하고 나를 소중하게 여긴다.	
	나의 일 스스로 하기	내가 할 수 있는 일을 알아본다.	내가 할 수 있는 일을 해 본다.	내가 할 수 있는 일을 스스로 한다.
		내가 하고 싶은 일을 선택해 본다.	하고 싶은 일을 계획하고 해 본다.	
나와 다른 사람의 감정 알고 조절하기	나와 다른 사람의 감정 알고 표현하기	자신에게 여러 가지 감정이 있음을 안다.	자신의 감정을 알고 표현한다.	
		다른 사람의 감정에 관심을 갖는다.	다른 사람의 감정을 안다.	다른 사람의 감정을 알고 공감한다.
	나의 감정 조절하기	자신의 감정을 조절해 본다.		자신의 감정을 상황에 맞게 조절한다.
가족을 소중히 여기기	가족과 화목하게 지내기	가족의 소중함을 안다.		가족의 의미와 소중함을 안다.
				가족과 화목하게 지낸다.
	가족과 협력하기	가족 구성원을 알아본다.	가족 구성원의 역할에 대해 알아본다.	다양한 가족구조에 대해 알아본다.
		가족을 위하여 내가 할 수 있는 일을 알아본다.	가족을 위하여 내가 할 수 있는 일을 알아보고 실천한다.	가족은 서로 도와야 함을 알고 실천한다.
다른 사람과 더불어 생활하기	친구와 사이좋게 지내기	친구와 함께 놀이한다.	친구와 협동하며 놀이한다.	
		나와 친구의 의견에 차이가 있음을 안다.	친구와의 갈등을 긍정적인 방법으로 해결한다.	

	공동체에서 화목하게 지내기		도움이 필요할 때 다른 사람과 도움을 주고받는다.	다른 사람과 도움을 주고받고, 서로 협력한다.
		교사 및 주변 사람과 화목하게 지낸다.		
	사회적 가치를 알고 지키기		정직하게 말하고 행동한다.	
		다른 사람의 소유물을 존중한다.	다른 사람의 생각, 행동을 존중한다.	다른 사람을 배려하여 행동한다.
			친구와 어른에게 예의 바르게 행동한다.	
		약속과 규칙을 지켜야 함을 안다.	다른 사람과 한 약속이나 공공규칙을 지킨다.	
			자연과 자원을 아끼는 습관을 기른다.	
사회에 관심 갖기	우리나라에 관심 갖고 이해하기	우리나라를 상징하는 것에 관심을 가진다.	우리나라를 상징하는 것을 안다.	우리나라를 상징하는 것을 알고 예절을 지킨다.
	세계와 여러 문화에 관심 가지기		세계 여러 나라에 대해 관심을 갖는다.	세계 여러 나라에 대해 관심을 갖고, 서로 협력해야 함을 안다.
			다양한 인종과 문화에 관심을 갖는다.	다양한 인종과 문화를 알아보고 존중한다.

표 1-9 **예술경험 영역에서의 인성교육 내용**

내용범주	내 용	3세	4세	5세
예술 감상하기	다양한 예술 감상하기	나와 다른 사람의 예술 표현을 소중히 여긴다.		

표 1-10 **자연탐구 영역에서의 인성교육 내용**

내용범주	내 용	3세	4세	5세
탐구하는 태도 기르기	탐구과정 즐기기			탐구과정에서 서로 다른 생각에 관심을 갖는다.
과학적 탐구하기	생명체와 자연환경 알아보기	생명체를 소중히 여기는 마음을 갖는다.		

한편 유아기 인성교육은 유아의 연령과 해당 연령의 인지 · 정서 · 사회성 발달을 고려한 접근이 이루어져야 한다. 유아의 연령별 발달 특성과 관련된 인성 요소를 살펴보면 〈표 1-11〉과 같다.

표 1-11 유아의 연령별 발달 특성과 관련된 인성 요소

영 역	연 령	내 용	주요 인성 요소
정서	3	분노가 일어나면 땅바닥을 뒹굴기도 한다.	예절, 질서, 절제, 소통
		질투가 심해진다.	자존감, 이해, 존중
		자기주장이 강해진다.	자아 개념, 소통, 배려
		말이나 웃음으로 기쁨을 표현한다.	자존감, 소통, 공감
		자기통제를 하기 시작한다.	책임, 절제, 인내, 자존감
	4	표정, 태도, 동작 등이 풍부해진다.	소통, 정서 이해, 절제
		자신이 성인을 통제할 수 있는지 시험한다.	소통, 책임
		자신감이 증가한다.	자존감, 자아 개념
		성인의 도움 없이 스스로 하고자 한다.	책임, 자존감
		인내심이 적어 오래 기다리기 힘들다.	인내, 질서, 절제 등
		화내는 대신 다른 방법으로 불만을 해소할 수 있다.	절제, 인내, 긍정적 사고
		성취에 대한 기쁨을 느낀다.	자존감, 책임, 자아 개념
	5	새로운 시도에 대한 흥미가 높다.	자존감, 책임
		성취나 경쟁적 욕구가 충족된 일에 만족한다.	자존감, 협동, 배려, 질서
		도덕의 규칙과 행동에 많이 익숙해진다.	질서, 양심, 도덕, 책임, 절제, 정직
		다른 사람의 정서를 해석하고 예측할 수 있다.	공감, 소통, 이해, 배려, 협동
사회	3	다른 사람들의 호감을 얻고자 노력한다.	소통, 공감, 자아 개념
		남을 위할 줄 알게 된다.	배려, 나눔, 협동, 동정, 공감
		친구와 활발히 놀기 시작한다.	협동, 소통
		친구와 놀잇감을 나누어 가질 수 있다.	배려, 나눔, 공감, 공평, 절제
		친구와 함께 놀이하나 자기 뜻대로 하려고 하여 싸움이 일어난다.	소통, 절제, 협동, 질서, 공평
	4	스스로 자신의 일을 한다.	책임, 절제, 인내, 자존감
		친구와의 관계가 깊어진다.	배려, 소통, 공감, 이해 등
		친구와 싸울 때도 있지만 공동의 목적을 가지고 놀기 시작한다.	배려, 소통, 질서, 책임, 이해
		친구의 불행에 동정을 나타낸다.	배려, 공감, 이해, 존중 등

		친구들과 역할을 분담하고 조직적으로 놀이를 한다.	협동, 배려, 나눔, 질서, 책임
		필요한 규칙은 스스로 따른다.	질서, 책임, 양심, 자아 개념
	5	집단 활동에 대한 즐거움이 증가한다.	협동, 배려, 질서, 책임, 공평
		양심이 발달하여 나쁜 것은 피하고 좋은 것을 추구하려고 한다.	양심, 정직, 질서, 공평, 정의
		규칙 준수에 대한 의미를 배운다.	양심, 정직, 질서, 공평, 정의
		대인 관계가 차츰 확대된다.	배려, 나눔, 협동, 공감, 이해
		협동 놀이가 증가하여 협동심과 책임감을 느낀다.	협동, 책임
		성 역할을 배우고 문화적 관습을 익힌다.	질서, 책임, 절제
인지	3	다른 사람의 사적인 문제에 관한 관심이 많아진다.	존중, 이해
		이유와 목적을 알기 위해 끊임없이 질문을 되풀이한다.	양심, 정직, 공평, 존중
		상상 놀이가 나타난다.	공감, 소통
		생각이 머릿속에 있으면 보거나 만지지 않아도 무엇인가에 대해 생각할 수 있음을 안다.	공감, 이해
	4	원인과 결과를 때로 혼동한다.	질서, 이해
		직관적으로 생각하고 행동한다.	배려, 존중
		차분히 이야기하고 세밀하게 설명할 수 있다.	협동, 배려, 절제
		가능한 것과 불가능한 것의 구분이 많아진다.	양심, 도덕, 질서, 이해
		믿음과 소망에 따라 행동이 달라지는 것을 안다.	책임, 절제, 인내, 자아 개념
		친숙한 상황에서 다른 사람의 생각에 대해 생각할 수 있다.	공감, 이해, 배려
	5	다른 사람은 나와 생각이 다를 수 있음을 이해한다.	존중, 배려, 공감, 이해
		직관적으로 생각하고 행동한다.	배려, 존중
		궁금한 것에 대해 적극적으로 해결하려는 탐구력이 증가한다.	자아 개념, 책임
		점차 논리적이 되어 간다.	질서, 공평, 정의
		사회문화적 배경이나 동기, 능력 등에 의해 성취도가 영향을 받는다.	자존감, 책임, 절제

출처: 교육과학기술부 · 육아정책연구소(2012). 유아인성발달을 위한 부모교육 프로그램 매뉴얼.

4. 유아 인성교육의 방법

1) 인성교육의 방법

인성교육은 대체적으로 내용보다는 방법이 강조되는 특징이 있다. 사실 인성교육의 내용은 대상이 바뀐다고 해서 크게 달라질 것이 없다. 하지만 인성교육의 방법은 그렇지 않다. 이는 유아를 대상으로 하는 경우 특히 그러하다. 유아를 교육하는 방법이 청소년을 교육하는 방법과 다르듯이, 유아 인성교육의 방법 또한 초등학생이나 중·고등학생을 대상으로 하는 방법과 다를 수밖에 없다. 유아 인성교육의 방법에 대해 구체적으로 살펴보기에 앞서 먼저 일반적인 인성교육의 방법에 대해 알아보자. 인성교육의 방법으로는 여러 가지가 제안되어 있으나, 이는 크게 덕목전수모형, 가치생성모형, 절충적 통합모형의 3가지로 구분해 볼 수 있다(곽병선, 유병열, 윤현진, 1997).

(1) 덕목전수모형

인성의 함양은 교육의 역사적 사명이며, 기초적인 덕목은 습관화되도록 내면화시켜야 한다고 본다. 여기서 덕목은 정직, 인내, 관용, 자신과 타인 존중, 용기, 원만함과 같이 역사와 더불어 형성되어 온 문화, 언어, 가치 체계에 내재해 있는 것으로 반드시 중요하게 전수되어야 하는 것으로 가정한다. 인성의 교육방법으로 특별한 비법이나 왕도가 있다고 생각하지 않으며, 고전적인 세 가지 방법(즉, 본보기, 학습시키기, 실천하기)을 확고하게 실천하는 것이 최상책이라고 믿는다.

첫째, 본보기는 역사적으로 실존했거나 현존하는 인물 가운데 덕행으로 본이 될 만한 사람들의 이야기, 덕이 있는 인물로 공부할 만한 문학작품 속의 인물들을 제시하는 것이다. 용기, 근검절약, 희생을 통한 국가나 공동체 사랑, 위기 극복의 지혜를 보인 사람들, 남다른 이상과 탐구정신으로 주변의 반대와 역경을 이기고 자신의 뜻을 펼친 의지가 강한 사람들 등이 대표적 본보기가 된다. 특별히 교사는 본보기로서의 역할을 담당할 수 있어야 한다. 인성교육에서 교사는 다른 무엇보다 중요하다.

둘째, 공부하는 것이다. 여기서 공부는 위대한 동서양의 고전, 정신적 양식이 되는 산문이나 시문학 작품 등과 같은 정선된 양서를 읽고 그 내용을 습득하는 것이다. 자료의 선택이 중요하다. 학생들은 특별히 양서의 주인공들이 취한 행동이 어떠한 상황에서 일어났는지에 유의하도록 해야 하는데, 주인공들이 어떤 특정 행동을 하거나 가치를 선택한 경우 그것은 그들이 처한 역사, 문화적 상황과 연결되어 있다는 것을 알도록 해야 한다.

셋째, 배운 바를 실천에 옮기는 것이다. 실천은 공부하는 것을 보다 확실하고 정확하게 습득하게 한다. 실천은 습관을 형성하며 습관은 제2의 천성을 형성한다. 실천은 좋은 사람이 되는 가장 확실한 길이다.

(2) 가치생성모형

학생들이 갖추어야 할 덕목이나 가치는 스스로 깨달아서 선택할 대상이지, 기성세대가 특정한 가치를 일방적으로 전달하도록 해서는 안 된다는 입장이다. 아무리 기존의 가치 덕목이 바람직한 것일지라도 이것을 학생들이 일방적으로 습득하는 방식으로 학습이 이루어진다면, 인성교육은 교사(어른)들의 말을 고분고분 잘 따르는 순종적 학생들을 길러 내게 되기 십상이며, 스스로 바람직한 가치나 덕목을 세우고 이를 자발적으로 실현해 나가는 주체적인 의지를 가진 사람들로 성장하게 하기는 어렵다는 것이다. 가치생성모형은 이러한 가정에서 기존의 가치나 덕목을 일방적으로 수용하도록 하지 않고, 학생들이 스스로 주어진 상황에서 적합한 가치가 무엇인지를 생각하고 선택하도록 하는 과정을 학습의 중심과정으로 삼는다.

이 모형의 대표적인 예는 콜버그(Kohlberg)의 도덕성 발달 이론을 적용한 도덕적 사고력 신장 모형이다. 이 모형의 핵심은 학생들에게 도덕적 딜레마가 있는 가상적 상황을 제시하고, 학생들로 하여금 가치 선택을 하게 한 다음, 그 선택을 하게 된 이유에 대해서 토론하고 정당화하도록 하는 것이다. 이 모형은 학생들로 하여금 도덕적 관점을 형성하도록 도우려는 데 목적이 있다. 따라서 어느 특정한 가치를 학생들이 수용하도록 하는 수업과는 전혀 다른 방식으로 전개된다. 토론 중심의 수업이 이루어지며, 이 과정에서 학생들이 문제 상황을 정확히 이해하고 도덕적 관점을 형성하는 데 도움이 될 수 있도록 유도하는 교사의 질문이 중요한 역할을 하게 된다.

(3) 절충적 통합모형

이 모형은 앞에서 언급한 덕목전수모형과 가치생성모형을 선택적으로 종합한 절충적 모형이다. 인성교육에서는 학생들에게 기존 사회가 지지하는 덕목 가운데 보편적으로 확립된 것은 확실하게 습득하도록 해야 할 필요가 있다는 것과 가치와 덕목의 습득 과정에서 학생이 주체가 되도록 해야 한다는 입장을 취한다. 이 모형은 인성발달의 요인을 도덕적 덕목의 발달로만 국한하지 않고 지적 · 정의적 측면의 발달을 함께 중시한다. 특히 상황이 어떻게 돌아가고 있는지를 알고 근본과 지엽을 구별할 수 있는 총체적 안목을 기르는 것과 위기의 상황에서도 당황하지 않고 냉정하게 중심을 지킬 수 있는 침착성과 같은 정서적 안정을 덕목의 내면화와 함께 중시한다. 이 모형은 어느 특정 단일한 입장에 초점을 두는 모형이 아니라, 다양한 입장으로부터의 방법적 대안을 선택적으로 절충하고 통합하여 교육자 자신들이 개발하는 모형이다. 따라서 교사들의 인성교육에 대한 성숙된 이해와 이를 바탕으로 주어진 여건 상황에 적합한 모형을 스스로 창안할 수 있는 현장 적응력이 요구된다.

2) 유아 인성교육의 방법

유아를 대상으로 하는 인성교육은 각 유아교육기관의 철학, 교육과정, 교사의 특성이나 선호도 등에 따라 다양하게 시도될 수 있다. 유아 인성교육과 관련하여 많은 학자가 다양한 방법을 제시하고 있다. 푸카(Puka, 1999)는 기본적인 가치와 덕의 지도, 행동 규범의 준수, 도덕적 교훈을 주는 이야기해 주기, 바람직한 행동 특성이나 가치를 모방하기, 역사나 문학, 종교 속의 도덕적 모범 사례를 들려주고 그들의 행동을 칭찬하기, 아이들이 좋은 특성을 연습해 보고 긍정적인 가치를 추구해 볼 수 있도록 봉사활동 등을 통해 학교나 사회를 돌아볼 기회를 부여해 주기의 여섯 가지 교수 방법을 제시하였다(Arthur, 2005에서 재인용).

최민수(2011)는 영유아 인성교육 방법을 광범위하게 제시하고 있다. 그가 제시한 방법에는 역할놀이를 통한 인성교육, 문학적 접근을 통한 인성교육, 자연체험을 통한 인성교육, 토론식 문제해결 방법을 통한 인성교육, 게임을 통한 인성교육, 부모교육을 통한 가정과의 연계, 기본 생활습관 교육 강화, 생활주제에 따른 활동별 접근 인성교육, 문화 · 예술 체험활동을 통한 인성교육, 명상을 통한 인성교육, 요가를 통한 인성교육, 영상매체를 활용한 인성교육, 바깥놀이를 통한 인성교육, 전래놀이를 통한 인성교육, 숲 체험을 통한 인성교육, 꽃을 통한 인성교육, 텃밭 가꾸기를 통한 인성교육 등이 포함된다.

이처럼 유아 인성교육 방법은 실로 다양하다. 장명림 등(2012, pp. 52-56)은 현장에서 이루어지고 있는 다양한 인성교육 방법을 종합하여 다섯 가지 방법, 즉, 생활주제 중심 방법, 활동 중심 방법, 신체체험 방법, 자연체험 방법, 문화체험 방법으로 정리하였는데, 다음에서 이에 대해 살펴본다.

(1) 생활주제 중심 방법

교육과학기술부(2010a)에서 개발한 '영상매체를 활용한 유아 인성교육 활동 자료집'에는 유아 인성교육 활동 주제들, 즉, 유치원과 친구, 나와 가족, 우리 동네, 동식물과 자연, 건강과 안전, 생활도구, 교통기관, 우리나라, 세계 여러 나라, 환경과 생활, 봄·여름·가을·겨울에 따른 자료를 인성 요소와 연계하여 개발한 영상자료 프로그램이 소개되어 있다. 우리 사회의 규범과 질서에 따라 행동하면서 일상에서 겪게 되는 다양한 삶의 양식에의 적응을 돕는 내용, 즉 존중, 협력, 배려의 세 가지 인성 요소를 연계하여 현장에서 지도할 수 있도록 다양한 활동 형태 및 방법을 소개하고 있다. 인성교육을 주제 중심으로 접근할 경우 독립된 교과로 가르치기보다 교육과정 영역과 내용 속에 통합될 수 있다. 예를 들어, 이웃을 주제로 하였을 때 다음과 같은 통합된 인성 관련 주제중심 교육으로 연결할 수 있다.

【생활주제 중심 접근 – 이웃】

- 내가 경험해 본 우리 동네 표현하기: 우체국, 소방서, 경찰서, 미장원, 시장 등을 이용해 본 경험을 이야기하고, 그림 그리기, 만들기, 놀이 등의 활동을 통해 존중과 배려, 협력, 더불어 살기를 해야 하는 이유와 여러 가지 실천방안에 대한 경험을 구체화한다.
- 시장놀이: 역할과 놀이의 규칙을 정하는 과정에서 자연스럽게 나와 다른 의견에 대한 이해, 양보, 욕구 조절, 협동과 같은 인성 덕목을 증진시킨다.
- 시장 방문하기: 교육과정 속에서 이루어진 활동의 확장으로 직접 가까운 시장을 방문하여 다양한 음식과 생활용품 매매 현장을 체험하면서 물건 판매자와 구매자의 협력과 상호존중과 배려가 건전한 시장문화를 형성함을 배운다.
- 요리하기: 각 소그룹이 맡은 음식의 재료를 시장에서 사 와서, 함께 채소전을 부치거나 샐러드를 해 먹어 봄으로써 협력하는 즐거움을 느껴 본다.

(2) 활동 중심 방법

유아는 자신이 속해 있는 물리적 · 인적 환경을 다양한 방법으로 탐색한다. 그중 여러 인물의 역할을 재연해 보면서 자기중심성에서 벗어나는 경험을 하게 되고, 다른 사람의 입장을 이해하는 공감능력과 관점조망능력을 기를 수 있다. 집단 역할 놀이에서 또래들과 대화하고, 놀이를 지속하기 위해 자기 관점을 이해시키고, 갈등을 해결하거나 또래의 다른 의견에 타협하는 등의 경험을 통하여 공동체의식을 발달시키고 바람직한 사회적 관계 형성에 필수적인 자기조절력과 도덕성을 발달시킨다. 구체적인 예로, 이웃이라는 주제에 따라 소방관, 경찰, 미용사, 간호사 등이 되어 보는 놀이는 사회구성원으로서 자기 역할을 다함에 대한 책임감, 소속감, 세계에 대한 이해를 높일 수 있다.

토론식 문제해결에서는 이야기 나누기 시간에 함께 주어진 주제에 관해 반구조적인 집단 토의를 함으로써 유아 스스로 사회적 가치, 도덕, 관습 관련 갈등 상황에 대한 의견을 서로 나누면서 바람직한 가치에 대한 판단과 학습의 기회를 가질 수 있다. 예를 들어, "유치원에 새로 들어온 공룡 로봇이 하나만 있어 혼자 차지하고 싶은데 친구도 가지고 놀고 싶어 할 때 어떻게 해야 할까?"와 같은 갈등 상황에 대한 해결책으로 '차례 정하기' '시간 정하기' '함께 놀기' '역할 바꾸기' 등 나와 다른 의견이 있음을 인정하고 존중하는 법을 배울 수 있다.

또한 게임은 다수의 아동이 공동의 목표를 두고 규칙에 따라 선의의 경쟁을 하는 동시에 협동을 수행하는 놀이로 유아는 또래와의 문제해결 과정에서 자기중심적인 사고를 줄이고 타인의 관점을 수용하는 법을 배우게 된다. 스스로 규칙을 만들고 지키는 과정을 통해 자율성을 증진하고, 욕구조절능력과 준법정신을 기르게 되는 게임을 통한 인성교육은 자연스러운 놀이 속에서의 자기교수라는 점에서 유아기에 이루어질 수 있는 가장 효과적인 방법 중의 하나라 할 수 있다(최민수, 2011).

(3) 신체체험 방법

유아의 일상적인 삶에서 오는 스트레스와 긴장을 해소하여 심리적 안정감을 갖게 함으로써 올바른 인성을 기를 수 있게 하는 활동으로 명상, 체조, 요가와 같은 신체체험을 할 수 있다. 유아들에게 적절한 명상은 몸과 마음이 편안한 상태로 자세를 취한 후 서로의 느낌을 나누며 정리할 수 있다는 장점이 있다(최민수, 2011). 마음을 편히 다스리는 것이 명상이라면 요가나 체조는 몸을, 특히 순환계부터 두뇌까지 모든 내장 구조를 움직이게 하므로 유아들의 스트레스 감소와 자아 개념 향상에 효과가 있다(양희연, 조옥경, 2008). 인성교육을 위해 신체체험 방법을 사용하는 경우 교사는 유아들의 몸에 무리가 가지 않도록 준비활동을 충분히 시켜야 하고, 활동의 강도와 진행시간을 유아들의 신체발육을 고려하여 조절해야 하며, 유아가 손쉽게 따라서 할 수 있는 동작과 자세를 개발해야 한다.

(4) 자연체험 방법

유아기는 자연과의 상호작용을 통해 생명을 가진 것들과 공기나 물과 같이 생명체들이 살아가는 데 꼭 필요한 것들에 대한 경외심을 가지는 경험을 시작하는 시기다. 탐색과 관찰, 직접 기르기 등을 통해 가까이에서 느끼고, 교감하는 활동에서 오는 역동적인 경험은 부정적인 정서를 해소함으로써 만족감과 자기에 대한 긍정적인 가치를 증진시켜 주며, 나아가 생명과 자연에 대한 사랑을 느끼게 한다. 예를 들어, 토마토를 화분에 심어 키워 보거나 병아리를 키워 보는 과정에서 인내와 책임감 또한 성숙할 수 있다.

또한 사계절의 변화를 볼 수 있는 꽃과 같은 식물을 인성교육 매개체로 이용할 수 있다. 예를 들어, 꽃의 생김새, 색깔, 계절, 유래, 꽃에 대한 이야기 등의 지식 습득과 함께 꽃씨 뿌리기, 감나무나 은행나무 등 유실수 관찰하기, 봉숭아꽃 길러 손톱 물들여 보기 등의 활동을 통해 심미감과 생명에 대한 탐구와 경외심을 기를 수 있다. 류청산과 진홍섭(2003)은 꽃을 매개로 하여 낙천성, 인내심, 자율성, 성실성, 근면성, 안정성, 창의성, 집중력, 계획성, 진실성, 생명 존중, 실용성, 식습관 등 인성 관련 덕목이 신장될 수 있음을 보고하였다.

(5) 문화체험 방법

문화체험을 통해 창의적인 사고의 증진과 더불어 사는 것에 대한 의미 생각해 보기, 감상활동을 통하여 생각이나 느낌을 자유롭고 다양하게 표현하는 것, 조형 활동을 통해 직접 탐색하고 활용하는 것 모두 인성 덕목 중 심미성을 증진시키는 역할을 한다. 또 다른 방법으로 동화 읽기와 같은 문학을 통한 인성교육 방법이 있다. 다양한 장르와 주제를 아우를 수 있는 매체 중 하나인 동화는 학교뿐만 아니라 가정생활 속에서도 쉽게 접할 수 있는 장점이 있다. 동화 속의 주인공들을 통해 사랑, 용기, 감사, 인내, 협동과 같은 긍정적인 인성 덕목들을 관찰하는 경험을 하게 되며, 시공을 초월하는 이야기 속에서 상상력, 문제해결력, 창의력을 키울 기회를 갖게 되고, 궁극적으로 유아 자신과 주변 세계의 공생을 위해 갖추어야 할 생각과 태도를 학습할 수 있게 된다. 또한 문학적 접근은 간접적으로 다른 사람들의 생각과 태도를 경험할 수 있게 하므로 자기성찰을 통해 바람직한 방향의 인성적 가치를 찾게 해 준다. 주인공들의 삶을 통해 다양한 인간관, 가치관, 세계관을 간접 경험할 수 있고, 이로 인해 올바른 인성발달이 이루어진다.

한편 교육과학기술부(2011, pp. 27-29)는 유아 인성교육의 구체적인 방법으로 토의, 협동학습, 현장학습, 역할놀이, 스토리텔링, 도서 및 세대 간 지혜나눔 전문가 활용 등을 제시하였다.

① 토 의

토의는 도덕적 문제에 대해 유아들이 서로 의견을 나누고, 의견들 간에 유사점과 차이점을 찾아보며, 궁극적 · 자율적으로 문제를 해결하는 것이다. 유아들의 인지발달단계에 적합한 토론 주제를 제시하여 유아들끼리 토론을 해 나가도록 유도한다. 가정이나 유치원에서 유아들이 경험하는 다양한 갈등 상황이 토론의 주제가 될 수 있다. 유아들끼리의 토론이 잘 진행되지 않는 경우 교사가 중간에 개입하여 토론의 진행을 도울 수 있다.

② 협동학습

유아 인성교육에서 인성교육 내용들이 지식 전달에 그치지 않고 유아 수준에서 적절한 실천으로 이어질 수 있도록 협동학습을 최대한 활용하도록 한다. 협동학습의 과정에서 유아들은 집단구성원들과 공동의 목표를 달성하기 위하여 주어진 과제를 수행하고 지속하면서 자기가 맡은바 역할을 끝까지 책임감 있게 완성하려는 노력을 보임으로써 능력이 향상된다. 또한 집단구성원들과 다양한 의견을 절충하는 가운데 타인의 권리와 요구를 존중하면서 자기의 의견, 요구, 느낌 등을 적절히 표현하는 자기주장능력도 증진된다.

③ 현장학습

유아들이 현장을 직접 방문하여 체험해 봄으로써 사회적 규범과 질서를 습득하여 실천에 옮길 수 있다. 예를 들어, 어린이 교통공원을 방문하여 실제로 교통놀이 체험을 함으로써 사회적 규범으로서의 교통법규 준수의 중요성을 습득할 수 있다. 또한 유아들은 자신들의 발달단계에 맞는 사회참여적 봉사활동을 함으로써 인성을 더욱 발전시켜 나갈 수 있다. 예를 들어, 양로원을 방문하여 안마를 해 드리거나, 아름다운 가게 등을 방문하는 실천적인 경험을 통해 어려서부터 사회적 · 도덕적 인성을 함양시킬 수 있다.

④ **역할놀이**

역할놀이는 유아들로 하여금 어떤 상황 또는 장면에 처해 보게 하거나 특정 역할을 구체적으로 경험해 보게 함으로써 바람직한 인간관계나 가치의 문제를 보다 깊이 이해시키고, 도덕적 사고력과 판단능력을 향상시키고, 도덕적 행동의 성향을 증진하는 방법이다. 도덕적 딜레마 상황이나 사회적 질서나 예절을 지키지 않음으로써 생긴 상황에 관한 역할놀이는 유아들의 흥미를 끌고 주의를 집중시키면서 인성교육을 할 수 있는 좋은 방법이다.

⑤ **도서 활용**

도서를 활용한 방법은 유아들의 간접 경험을 풍부하게 하며, 다른 사람의 생활과 경험, 느낌을 공감하고 도덕적 판단 기준을 갖게 한다. 예를 들어, 역사적으로 실존했거나 현존하는 인물 가운데 덕행으로 본이 될 만한 사람들에 대한 문학작품을 제시할 수 있다.

⑥ **스토리텔링**

교훈적이고 감명 깊은 이야기를 통해 인성 덕목에 관한 유아들의 이해나 사고력을 심화하고, 감동을 통해 유아들의 실천 의욕을 증진시키는 방법이다. 이 방법은 교사가 준비하고 접근하기가 용이하다는 장점이 있지만, 유아들의 입장에서 훈화나 교훈과 같이 지루하게 느껴질 수도 있다. 따라서 교사는 유아들이 흥미로워할 수 있는 좋은 이야기 자료를 준비하여 유아들에게 감동, 감화를 주는 것은 물론 모범적 인물이나 훌륭한 도덕적 삶의 본보기를 제시함으로써 유아들이 여러 가지 인성 덕목에 대해 배울 기회를 제공해 줄 수 있다.

⑦ **세대 간 지혜나눔 전문가 활용**

세대 간 지혜나눔 전문가들을 교실에 초청하여 이야기를 듣거나 함께 활동을 해 보는 것은 인성교육의 유용한 방법이다. 인성의 덕목에 대해 알아보고, 해당 덕목을 실천할 수 있는 다양한 분야에서 일하고 있는 세대 간 지혜나눔 전문가들을 초청하여 그들의 경험을 나누어 봄으로써 유아들의 경험과 흥미를 확산시킬 수 있다.

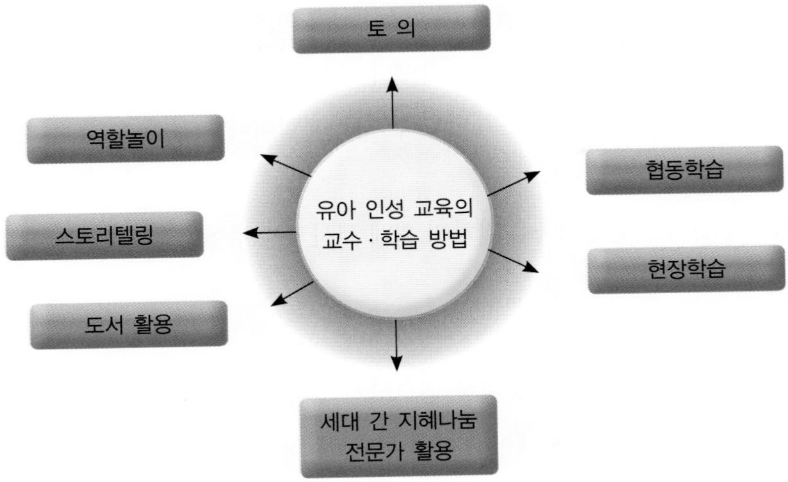

[그림 1-1] 유아인성교육의 교수학습 방법

출처: 교육과학기술부(2011). 유치원 기본과정 내실화를 위한 인성교육 프로그램. p. 29.

3) 유아 인성교육을 위한 교사의 역할 및 태도

사실 인성교육은 어제 오늘의 일이 아니다. 일선 학교현장에서는 오래전부터 인성교육을 실시해 오고 있다. 그럼에도 최근 인성교육이 다시 강조되는 것은 그간의 인성교육이 제 역할을 충분히 수행하지 못했기 때문일 것이다. 인성교육이 성공적으로 이루어지기 위해서는 여러 가지 요건이 충족되어야 하겠지만 무엇보다도 인성교육을 실행하는 교사의 역할이 중요하다 .

인성교육에서 교사가 수행해야 할 역할을 언급하기에 앞서 먼저 교사가 명심해야 할 인성교육의 원리가 있다. 이 원리는, 첫째, 인성교육이 학교생활 전반을 통해 이루어져야 하고, 둘째, 가정과 지역사회와의 협력 관계를 통해 이루어져야 하며, 셋째, 다양한 교육 방법 혹은 활동을 폭넓게 적용해야 하고, 넷째, 다양한 교육내용(학습 주제)을 통해 이루어져야 한다는 것이다(정창우, 2015).

허경철과 조난심(1994)은 인성교육의 효율적인 지도를 위한 교사의 역할을 다음과 같이 제시하고 있다. 첫째, 모든 활동영역을 통하여 인성의 학습 기회를 갖도록 배려하고 일관성 있는 지도를 하여야 하며, 둘째, 인성 덕목의 내면화와 습관화를 위하여 생활 속에서 꾸준히 학습이 이루어질 수 있도록 계획하며, 셋째, 유아들에게 모범이 되고 자상한 생활의 안내자로서 도덕적인 문제를 함께 고민할 수 있도록 하여야 하고, 넷째, 유아들이 자율적으로 인성 덕목과 관련된 문제를 결정하고 실천할 수 있도록 직접 체험이나 활동할 수 있는 기회를 제공하여야 한다.

리코나(Lickona, 1993)는 인성교육을 잘하기 위해 교사가 갖추어야 할 태도로 다음 8가지를 제시하였다.

① 교사는 유아들을 잘 배려하고 훌륭한 멘토로서 행동하고, 학습 토론과 일대일 지도를 통해 긍정적인 행동을 하는 모델이 되어야 한다.
② 유아들이 타인을 알고, 존경하고, 서로 배려하고, 자신이 존중받는 존재라고 느낄 수 있는 도덕적 공동체를 만든다.
③ 타인을 존중하는 규칙을 만들고, 그 규칙들이 자발적으로 잘 실천될 수 있도록 지도한다.
④ 유아 스스로 결정을 내리고 편안한 학습 분위기를 만든다.
⑤ 자신이 가르치는 교육내용을 통해 인성 덕목을 가르친다.
⑥ 타인에게 감사하고 공동으로 공동의 목적을 위해 일하는 능력을 개발하기 위해 협동학습법을 사용한다.
⑦ 토론, 독서를 통해 깊은 반성적 사고를 하게 한다.
⑧ 교사의 개입 없이 스스로 문제를 푸는 방법을 배우도록 갈등해결 방법을 가르친다.

제2장

유아교사의 인성

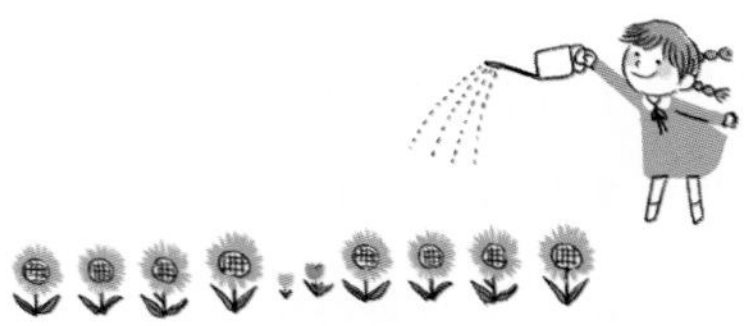

1. 유아교사 인성의 중요성

우리는 앞에서 유아 인성교육이 왜 중요하며, 어떤 내용과 방법으로 이루어져야 하는가에 대해 알아보았다. 인성교육이 유아교육 현장에서 제대로 적용되고 효과적으로 실행되기 위해서는 유아 인성교육의 내용과 방법이 중요하다. 하지만 무엇보다도 중요한 것은 인성교육을 실시하는 교사다. 전통적으로 인성교육은 부모의 책임이라고 생각해 왔고 따라서 가정교육을 매우 중요시했다. 이것은 현대 사회에서도 마찬가지다. 하지만 가정에서 인성교육을 하던 과거와는 달리 오늘날 사회의 변화로 유아들의 입소시기가 빨라지고, 교육이나 보육기관에서 보내는 시간 또한 점점 길어짐에 따라 유아교육이나 보육 기관에서 인성교육을 담당해야 하는 비중이 커졌고, 유아의 인성 형성에 교사가 매우 중요한 역할을 할 수밖에 없는 상황이 되었다. 유아기는 다른 어떤 시기보다 교실의 일과 속에서 교사가 보여 주는 행동, 말투, 성격, 태도와 외모 등을 동일시하고 모방하려는 경향이 강하게 나타나기 때문에 교사가 갖추고 있는 인성은 살아 있는 인적 환경이며 올바른 사회적 모델로서 유아가 인성을 형성하는 데 영향을 끼치게 된다(박찬옥, 서동미, 엄은나, 2013).

사실 교사의 인성은 교사라면 갖추어야 할 개인적 자질로, 오래전부터 일관성 있게 강조되어 왔다. 하지만 우리 교육 현장에서는 여전히 교사의 비윤리적이고 적절치 못한 행동으로 많은 아이가 신체적, 심리적으로 상처를 받고 있으며, 이 같은 문제는 교육 문제를 넘어서서 사회적 문제로까지 확산되어 교직사회에 대한 신뢰와 존경을 떨어트리고 있다(김경령, 서은희, 2014). 특히 미디어를 통해 유아교육 현장 속 교사의 상습적인 학대나 방임, 잘못된 훈육방식과 비윤리적 행태가 보도되면서 유아교사의 인성이 사회적으로 끊임없이 문제시되고 있다(전재선, 2013).

이런 이유로 최근 교사의 인성적 자질의 중요성이 대두했고, 교육과학기술부는 2012년부터 교직 인성을 갖춘 교사 선발을 위한 '교사 신규채용제도 개선방안'을 발표하였다. 이 개선방안의 기본 취지는 교직의 인성 요소를 강화하여 교직에 적합한 인재를 양성할 수 있도록 하자는 것이다. 이 개선방안에 의하면, 교사 양성기관은 예비교사들에게 인성검사를 2회 실시하여 그 검사 결과를 교사자격증 취득을 위한 무시험 검정평가에 반영해야 한다. 또한 임용시험에서 심층면접을 확대하여 인성에 대한 평가를 강화하도록 하여 인성이 문제가 있다고 여겨지는 예비교사를 걸러 내는 등 제도적 장치를 마련하였다. 특히 2015년 7월부터는 「인성교육진흥법」이 시행되어 교원양성기관에서는 인성 관련 과목을 필수로 개설하여 운영해야 하고, 교사로 임용된 이후에는 매년 학생들의 인성 함양을 위한 교육계획 및 교육과정을 운영해야 한다(교육과학기술부, 2015).

이러한 사회적 흐름을 반영하듯 최근에는 유아교육 현장에서 교사를 선발할 때 교사의 인성을 가장 우선시하고, 부모들 또한 유아교사들에게 인성이 가장 필요하다고 인식하여 교사에게 요구하는 자질 또한 교사의 인성으로 변화되고 있다(박영태, 이경님, 하수연, 2009; 전재선, 2011).

이러한 현상은 비단 우리에게만 국한된 것은 아니다. 외국에서도 예비교사의 역량으로 지식, 기술 외에 성향(우리의 인성에 해당)을 포함하고 있다. 예컨대, 미국의 National Council for Accreditation of Teacher Education(NCATE, 2008)은 P−12교사를 준비하는 예비교사 교육표준에 지식, 기술과 함께 교직 성향을 강조하여 제시하였고, Interstate Teacher Assessment and Support consortium(In TASC, Council of Chief State Officers, 2013)에서도 PK-1교사들을 위한 핵심표준에 실천 및 지식과 연계된 교직 성향을 포함시켰다. 호주의 Teaching Australia(2007)도 예비교사교육 인증 기준으로 예비교사의 전문적 지식, 실천, 성향을 제안하였다(조운주, 2014에서 재인용).

2. 유아교사 인성교육의 내용

유아교사 인성교육에서는 어떤 내용을 다루어야 하는가? 이에 답하기 위해서는 유아교사 인성, 즉 교직인성에 대한 개념 정의가 우선되어야 한다. 무엇을 교직인성으로 볼 것인가에 대해서는 다양한 견해가 있으나 대체로 다음 두 가지로 구분해 볼 수 있다. 하나는 교직인성을 교사가 사회의 한 구성원으로서 갖추어야 하는 바람직한 성품과 교사로서 갖추어야 하는 성품을 모두 포함하는 개념으로 보는 견해이고, 다른 하나는 사회의 구성원으로서 갖추어야 하는 바람직한 성품과 교사로서 갖추어야 하는 바람직한 성품을 구분하면서 후자만을 교직인성으로 보는 견해다. 교직인성 개발이라는 측면에서 볼 때 중요한 것은, 교육을 통해 길러야 하는 교직인성의 내용은 어떤 것이어야 하는가다. 교사에게 필요한 인성 요소는 여러 학자에 의해 다양하게 제시되어 왔다.

서경혜 등(2013)은 예비교사가 갖추어야 할 인성 요소를 선정하기 위해 미국의 32개 교원양성기관에서 제시하고 있는 예비교사의 핵심적 인성 요소를 분석하여, 교직인성을 구성하는 공통적인 요소로 자기조절, 반성적 실천, 지속적 배움, 존중, 의사소통, 협력, 윤리의식, 정의감, 책임감의 9개 요소를 추출하였다. 그리고 이를 토대로 교직인성에 대한 통합적 관점을 제시하였다. 이 관점에 의하면, 교직인성은 내적 인성, 사회적 인성, 공동체적 인성의 세 가지 차원으로 구성되는데, 내적 인성에는 자기조절, 반성적 실천과 지속적 배움이, 사회적 인성에는 존중, 의사소통과 협력이 그리고 공동체적 인성에는 책임감, 정의감과 윤리의식이 포함된다.

김용익(2014)은 전문가 집단을 대상으로 한 면접에 기초하여 초등학교 예비교사의 인성 요소를 도덕적 능력, 대인관계능력 및 감성능력으로 구분하고, 도덕적 능력에 도덕적 판단과 도덕적 실천을, 대인관계능력에 공감, 소통, 배려, 용서, 협동, 정직, 성실, 존중, 신용, 책임을, 감성 능력에 자기이해, 자기표현과 자기통제를 포함시켰다. 김경령(2013)은 현직 교사, 장학사, 교육학 교수들을 대상으로 중등교사가 갖추어야 할 인성 요소를 델파이 방식[1]으로 수렴하여 개인적 인성과 교육관으로 분류하였다. 개인적 특성으로는 성실성, 책임감, 도덕

1) 어떠한 문제에 대하여 전문가들의 설문을 통한 의견을 기초로 문제해결이나 미래 예측을 하는 방법으로 전문가합의법이라고도 한다.

성, 사회성, 신체 및 정서적 안정성, 자기이해, 교사 효능감, 소통능력을, 교육관으로는 교직 가치에 대한 믿음, 소명의식, 학생의 인권 존중, 교육적 신념과 학생에 대한 사랑, 믿음, 기대, 관심, 배려 등의 학생에 대한 열정을 하위 요인으로 제안하였다.

교사가 갖추어야 할 인성적 자질은 학교 급별에 상관없이 모두에게 요구되지만 어린 유아들을 가르치는 유아교사의 경우 특히 중요하다. 이런 이유로 많은 연구자가 유아교사의 인성 요소에 관심을 가지고 연구를 수행해 왔다. 일찍이 이은화, 배소연, 조부경(1995)은 유아교사가 갖추어야 할 인성적 자질로 유아에 대한 사랑, 성실성, 봉사성, 사려성, 인간에 대한 사랑, 원만한 인간관계, 자발성, 도덕성, 타인에 대한 긍정적 사고, 긍정적 자아관을 제시한 바 있다. 이병래, 김진호, 강정원(2005)은 인간적 자질을 바람직한 영유아교사가 갖추어야 할 자질 중 하나로 언급하면서, 세부 덕목으로 영유아에 대한 사랑, 원만한 인간관계, 자발성(적극성), 자제력, 융통성, 도덕성(정직성), 공정성, 성실성, 사려성, 봉사성, 협동심, 신체적 건강, 건전한 자아존중감, 긍정적인 인간관, 정서적 안정을 제시하였다. 이경민과 엄은나(2005)는 유아교사의 인성적 자질 요소로 유아에 대한 사랑과 이해, 인간에 대한 사랑, 성실성, 봉사정신, 사려성, 자발성, 도덕적으로 건전한 품성, 원만한 인간관계, 인내심과 공평성을 들었다. 조경자(2007)는 좋은 유아교사의 특성을 알아보는 연구에서 좋은 유아교사가 갖추어야 할 인성으로 유아 사랑, 유아 이해, 모범, 유아 존중, 도덕성, 인내, 너그러움, 모성, 엄격, 일관성, 긍정적 사고, 활발함, 성실성, 원만한 대인관계, 세심함, 믿음직함을 들었다. 이처럼 학자들이 제시하는 유아교사 인성의 범위와 요소는 매우 다양하나, 이들 요소 중 유아에 대한 사랑, 성실성, 원만한 인간관계, 도덕성은 모든 학자가 공통적으로 언급하고 있다.

최근 인성에 대한 관심이 고조되면서 유아교사 인성에 대한 연구도 활발해지고 있는데, 최근 연구에서 제시하고 있는 인성 내용에는 기존 연구에서 제시된 정의적 요소 외에 인지적 요소가 포함되고, 유아교사 인성교육의 내용을 단순하게 나열하지 않고 유목화하여 보다 체계적으로 제시하는 등 이전과 다른 특징을 보이고 있다. 예컨대, 노은호(2013)는 유아교사의 교직인성을 민감성, 공감적 이해, 교과에 대한 지식, 의사소통기술, 문제해결력 등의 인지적 요소, 유아에 대한 긍정적 신념, 교육과 교직에 대한 태도, 가치관, 신념 등의 정의적 요소, 의욕, 의지작용으로 정해진 목표를 향한 유목적적 행동을 하는 것의 심리 역동적 요소로 구분하여 제시하였다. 유주연과 김순환(2015)은 교직인성을 주체 영역과 타자 영역 그리고 주체 · 타자 영역으로 구분한 후 유아교사에게 필요한 인성 덕목으로 주체 영역에는 성실, 인내, 자율, 양심, 열정, 용기, 재치, 정직, 자신감을, 타자 영역에는 공감, 정의, 관용, 신뢰, 협동, 배려, 감사, 이해, 친밀을, 마지막 주체 · 타자 영역에는 사랑과 존중을 포함시켰다. 교직인성 요소에 대한 보다 체계적인 분류는 전재선과 최종욱(2012)의 연구에서 볼 수 있다. 이들은 다음의 〈표 2-1〉와 같이 유아교사 인성 요인을 자애, 자아 실현, 인간관계, 직무 수행 및 창의 · 인성의 다섯 가지 범주로 구분한 후 범주별로 다양한 교직인성 요소를 열거하였다.

표 2-1 유아교사 인성 요인 구성

범 주	요 인	구성 개념
자애	인간에 대한 사랑, 유아에 대한 사랑과 이해, 봉사, 이타심, 모성애, 용서	인간과 유아에 대한 사랑과 이해를 실천하는 인지적, 정의적, 행동적 특성
자아 실현	자기계발, 긍정적 자아 개념, 자아성취, 주도성, 리더십, 자기조절, 신체적 건강, 정서적 안정	신체적, 정서적 건강을 기본으로 자신의 능력을 지속적으로 개발하고 향상시키기 위해 노력하는 인지적, 정의적, 행동적 특성
인간 관계	배려, 친절, 공감적 이해, 우정, 의사소통기술, 유머감각, 겸손, 협동, 기본 예절, 공동체의식	다른 사람을 배려하고 이해하며, 협력을 통해 더불어 사는 삶을 실천할 수 있는 인지적, 정의적, 행동적 특성
직무 수행	성실성, 책임감, 사명감, 적극성, 일관성, 신뢰성, 인내심, 자발성, 열정, 활기, 신중성, 공정성, 시민정신, 도덕성, 직업윤리의식	유아교사의 직무를 잘 알고, 맡은바 직무를 수행하기 위해 필요한 직업윤리의식을 실천하는 인지적, 정의적, 행동적 특성
창의 · 인성	개방성, 비판에 대한 반응 양식, 지혜, 창의성	주변의 변화 및 문제 상황에 대해 능동적이고 긍정적으로 대처하고 적응하는 인지적, 정의적, 행동적 특성

앞에서 살펴본 바와 같이 많은 연구가 유아교사가 갖추어야 할 인성적 자질을 제안했으나, 현재까지 이에 대한 합의된 의견은 없다. 유아교사 인성교육이 체계적으로 이루어지기 위해서는 전문가, 교사, 학부모 등을 대상으로 한 의견 수렴 과정이 요구된다.

3. 유아교사 인성 함양 방안

1) 교사 인성교육의 어려움

유아교사의 인성은 유아에게 상당한 영향력을 미치는 중요한 자질이다. 이런 이유로 우리나라 교사 양성교육에서는 오래전부터 교사의 인성 계발의 중요성과 필요성을 강조해 왔다. 그럼에도 기존의 교사교육에서는 인성교육을 포함하지 않거나, 지식과 기능을 중심으로 하는 전문성에 가려져 인성에 대해서는 범교육과정적이며 간접적인 교육내용으로 인식되어 왔을 뿐이다(이경민, 2010).

유아교사가 하나의 인격체로서 갖추어야 할 인성적 자질은 예비 유아교사 양성과정을 통해 길러지는데, 교사로 입문하기 전부터 꾸준히 좋은 인성을 내면화하는 과정이 필요하다(박경옥, 2010). 신은수, 박은혜, 조운주 등(2011)은 우리나라 유치원 교원의 핵심 역량을 강화하기 위해서는 예비교사교육이 매우 중요하며 교사 양성기관의 교육과정에 인성과 관련된 교과목 혹은 프로그램 등이 제공되어야 한다고 하였다. 다시 말해, 예비 유아교사의 가치관, 신념, 태도는 예비 유아교사 양성과정에서의 경험을 통해 형성되므로 유아교사 양성교육기관에서는 교사로서의 인간적 자질과 교직에 대한 신념 및 태도 형성을 위한 교육과정 운영방안을 모색할 필요가 있다는 것이다(이병래 외, 2005). 이에 최근 통과된 「인성교육진흥법」에서는 2015년 7월 21일 이후 교원 양성과정에서 인성 관련 교과목을 다루도록 하고 있다.

하지만 교사 양성기관에서 인성교육을 실시하는 데는 많은 어려움과 문제가 있다. 김운종(2015, pp. 215-216)이 이를 구체적으로 잘 지적하고 있는데, 이를 살펴보면 다음과 같다. 첫째, 교원 양성과정에서는 인성교육의 실시나 체험 기회가 매우 제한적이다. 이는 교원 양성과정의 인성교육 실시 과정에서 겪는 가장 큰 어려움이기도 하다. 인성교육은 단기간에 특정 교과를 학습하듯이 완결되는 것이 아니라 다양한 방식으로 서서히 변화되는 특징이 있다. 이러한 맥락에서 유・초・중등학교에서는 다양한 활동 등을 통하여 교사의 노력에 따라 얼마든지 인성교육을 포함한 수업을 실시할 수 있다. 그러나 대학에서의 교육활동은 세분화된 전공 분야에서 지식 중심의 교육을 실시함으로써 인성교육을 포함할 여지가 그리 많지 않다. 둘째, 국가에서 제시하고 있는 교원 자격취득 기준을 보면 전공과목과 교직과목만으로 구성되어 있다. 이 기준에 따라 교원 양성과정의 교육과정은 전공과목과 교직과목의 편성에만 관심이 있을 뿐, 교직인성의 함양을 위한 교육과정의 마련에는 소홀한 실정이다. 더욱이 대부분의 대학에서 졸업을 위한 교양과목으로 30~38학점을 이수하도록 규정하고 있으나, 이수과목에 대한 강제성은 사라진 지 오래다. 그 결과 교원 양성과정을 이수하고 있는 학생들이 다양한 인문적 소양과 교직 품성을 함양할 수 있는 교양과목보다 실용적인 과목이나 학점을 쉽게 딸 수 있는 과목 중심으로 선택하고 있는 것이 현실이다. 셋째, 유 · 초 · 중등학교에서의 인성교육과 교원 양성과정에서의 인성교육의 차이점이다. 유 · 초 · 중등학교에서는 학생들의 인성을 함양하는 교육만 하면 되지만, 교원 양성과정에서는 예비교사들의 인성을 길러주는 교육과 더불어 교사로서 인성교육을 실시할 능력을 배양하는 교육 또한 해야 한다.

2) 예비 유아교사 인성 함양 방안

그간 소홀히 해 온 학교 본연의 역할인 인성교육에 관심과 노력을 기울여야 한다는 주장이 폭넓은 공감을 얻음에 따라 인성교육 강화를 위한 여러 방안이 논의되고 있다. 이 방안들이 실효를 거두기 위해서는 무엇보다도 교사의 인성교육 역량 강화가 시급한 실정이다.

교사의 인성교육 역량 강화를 위하여 일차적으로 현직교사 대상 연수, 컨설팅 등을 고려해 볼 수 있다. 인성교육의 실제 사례, 방법 등에 대해 배우고 실습해 보는 워크숍, 인성교육 관련 문제들에 대해 논의하고 해결책을 찾을 수 있도록 도와주는 컨설팅, 인성교육에 관한 교내 자율연수 등을 통해 현직교사의 인성교육 역량 강화를 지원할 수 있다. 아울러 교사 양성교육에서도 인성교육 역량 계발이 강화될 필요가 있다. 인성교육에 관한 이론과 방법 등에 대해 가르치는 것도 필요하겠으나, 보다 근본적으로 예비교사들이 교사로서의 인성을 계발할 수 있도록 지원하는 일이 필요하다(서경혜 외, 2013). 권동택(2015, pp. 206-208)은 교원 양성단계에서의 인성교육 방안과 관련하여 다음과 같이 제언하였다.

첫째, 교원 양성대학에서의 인성교육은 교원 양성대학의 본래적 기능의 강화에서부터 시작되어야 한다. 교사 양성대학의 교육과정은 교사로서 필요한 인성뿐 아니라 전문적인 능력과 자질을 배양하기 위한 나름의 가치 목적이 있다. 교원 양성대학에서의 일차적인 목적은 우수한 신입생을 선발하여 소정의 교육과정을 이수한 자에게 교원자격증을 부여하는 것이다. 따라서 교원임용의 과정 때문에 교원 양성대학의 본래적 기능의 교육이 위축되어서는 안

되며, 본래적 기능을 이행하는 과정에서 예비교사에 대한 인성교육의 효과를 얻을 수 있게 해야 한다. 따라서 예비교원 양성단계에서의 인성교육은 일차적으로 교원 양성대학의 본래적 기능의 강화하에 이루어져야 한다.

둘째, 예비교사 선발과정에서의 교직 인・적성 검사의 실효성을 제고하여야 한다. 현재 대부분의 사범계 학과에서는 수험생의 교직 인・적성시험 결과를 점수화하여 그 성적을 입시성적에 반영하고 있다. 교직에 대한 높은 적성과 인성을 갖춘 바람직한 인재를 선발하는 데 효과적이기 위해서는 교원양성대학의 진입 시 교직 인・적성 검사를 통해 인성이나 적성이 개선 또는 향상될 기회를 제공할 필요가 있다. 따라서 재학생들이 입학 당시에 갖춘 교직 인・적성을 높일 수 있는 방안이 보다 의도적이고 계획적으로 이루어져야 한다.

셋째, 예비교사들의 교직인성 함양을 위한 비교과 영역의 교육과정 개발이 요구된다. 교원 양성대학에서 예비교사로서의 교직인성 강화를 위한 경험 기회를 제공하도록 하며, 비교과 교육과정을 강화하여 교직인성 교육의 장을 확보할 수 있도록 다양한 동아리 활동이나 자치활동과의 연계 방안을 모색하여야 한다. 또한 교직인성 인증제 도입도 검토할 필요가 있다. 이를 위해 비교과 영역에서의 교육과정 비율을 확대하여 예비교원의 인성 함양을 위한 사례・체험 중심의 다양한 프로그램이 개발되고 운영되어야 한다.

넷째, 교양 강좌, 교직 소양 그리고 교육실습의 적극적 활용이 필요하다. 교원 양성대학을 포함하여 대학의 교양강좌는 일반적으로 고등교육을 받은 자가 일반교양을 갖추게 하는 것을 목적으로 하며, 각 대학이 추구하는 인재상을 반영한 강좌로 운영되고 있다. 그러나 교사를 양성하는 교원 양성대학의 교양 강좌는 고등교육의 교양인 양성과 함께 바람직한 교사상을 실현할 수 있는 교직 소양에 중점을 둘 필요가 있다. 특히 필수로 운영되고 있는 교직소양 관련 강좌는 교직실무보다는 교직인성 관련 강좌로 그 성격을 달리할 필요가 있다. 대신 교직실무는 교육실습을 통해 강화하는 것으로 접근하는 것이 타당하다. 한편, 현행 교육실습의 경우 수업시연능력과 교직실무능력 향상에 중점을 두고 있는데, 교육실습을 통한 실질적인 교직 인성 체험의 기회는 미흡한 실정이다. 따라서 교육실습을 교육봉사, 교육체험, 교육기부 영역의 성격을 담은 종합적인 프로그램으로 발전시킬 필요가 있다.

다섯째, 교직인성 관련 강좌의 경우 상대평가가 아닌 절대평가로 실시하여야 한다. 인성은 타인과의 관계 속에서 형성되며, 상호 경쟁 구조가 아닌 상호 협력 구조 속에서 긍정적인 다양한 경험을 통해 형성된다. 교직인성 강좌의 경우 동료 및 교수자와의 관계 형성이 무엇보다도 우선적으로 전제되어야 하며, 토론과 협동적인 수업 분위기에서 형성될 필요가 있다. 따라서 교직인성 강좌의 절대평가제 실시를 통해 상호 협력적인 관계 속에서 교직인성 역량을 높일 수 있는 수업 분위기와 수업 방법의 개선이 요구된다.

마지막으로, 학생전담지도와 다양한 사제활동의 경험을 통한 소통 문화가 강조될 필요가 있다. 학생 입학에서부터 졸업 시까지 학생과의 긴밀한 상호 관계를 통하여 예비교사로서 갖추어야 할 인성발달을 모니터링하고 교사로서의 자질을 발굴하여 교직인성 함양에 도움을 주도록 해야 한다. 학교현장에서의 학생들과의 의사소통 활성화와 학교문화 조성 능력을 제고하기 위하여 대학에서 사제 간 상호 신뢰의 기초를 마련하고 사제 간 상호 존중의 교육을 강화할 필요가 있다. 사제동행의 다양한 활동을 실시하고 교직인성 제고를 통해 일선 학교현장에서 학생들과 함께 가르치고 체험할 수 있는 능력을 갖추게 해야 한다.

3) 예비 유아교사 인성 함양 프로그램

유아교사 인성 함양의 중요성이 부각되면서 최근 몇몇 연구자를 중심으로 예비 유아교사의 인성 함양을 위한 프로그램을 개발하려는 노력이 시도되고 있다. 다음에 그러한 프로그램 중 몇 가지를 소개한다.

(1) 전재선(2013)의 예비 유아교사 인성교육 프로그램

① 교육 목적 및 목표

이 프로그램의 궁극적인 목적은 올바른 인성을 함양한 역량 있는 유아교사를 양성하는 것으로, 자신에 대한 이해와 긍정적 사고를 토대로 원만한 사회관계 능력을 기르고 유아교사로서의 기본 소양과 전문직으로서의 자기계발을 통해 성숙한 유아교사의 인성을 갖추는 것을 목표로 한다.

첫째, 자신에 대한 이해를 토대로 '나'를 긍정적으로 수용하고 자아존중의 태도를 기른다.

둘째, 인간관계에 대한 이해를 토대로 성숙한 사회인지 및 관계맺음 능력을 기른다.

셋째, 유아교사로서 갖추어야 할 기본 소양을 토대로 직무에 대한 이해와 소명감을 기른다.

넷째, 유아교사로서 갖추어야 할 전문적 소양을 토대로 지속적인 자기계발 능력을 기른다.

② 교육내용 선정 및 조직

예비 유아교사 인성교육 프로그램의 내용은 이론적 고찰과 현장 요구 조사에 기초하여 자기이해, 사회관계, 기본 소양, 자기계발이라는 4개의 교육 주제와 목표, 13개의 교육내용을 선정하였다. 이를 구체적으로 살펴보면, 첫째, 자기이해는 자신에 대한 탐색과 이해를 통해 보다 긍정적인 자아 개념을 형성할 수 있도록 자기의 이미지와 정서를 탐색하고 표현하기, 자아 개념 검사를 통해 나를 객관화하기, 긍정적으로 사고하기의 내용으로 활동한다. 둘째, 사회관계는 인간관계의 중요성을 이해하고 원만한 관계맺음능력을 형성할 수 있도록 정서적으로 공감하기, 효과적인 의사소통기술 익히기, 갈등상황 해결에 대한 내용으로 활동한다. 셋째, 기본 소양은 유아교사의 역할을 이해하고 올바른 교육신념과 의사결정능력을 형성할 수 있도록 은유를 통한 이상적인 교사상과 현장관찰을 통한 실제의 교사상을 통해 '좋은 교사'의 의미 확인하기, 교직윤리 딜레마를 통한 교육현장 이해와 올바른 의사결정에 대한 내용으로 활동한다. 넷째, 자기계발은 유아교육 전문가로서 성숙한 직업의식을 갖고 사회변화와 요구에 부응할 수 있도록 창의적으로 사고하기, 협력을 통한 문제해결, 비전 설계를 내용으로 활동한다.

③ 교수방법

워크숍, 토의 및 토론, 역할극을 중심으로 학습자의 적극적인 참여와 활발한 의사소통이 이루어질 수 있도록 하되, 활동주제에 대한 기본적 이해와 동기 유발, 원활한 활동 진행을 위해 매 회기 30~40분씩 강의를 포함한다. 또한 매 회기 활동의 주제를 유아교사와 연결 지어 사고할 수 있도록 종합토론으로 활동을 마무리하고 개별적으로 그날의 활동과 관련된 주제로 저널을 작성하도록 한다.

④ 프로그램 세부 내용

구 분	회 기	주 제	교육내용 및 교수방법
오리엔테이션	1	인성교육 프로그램	인성교육 프로그램 활동 오리엔테이션 [강의] 인성과 인성교육에 대한 이해 [활동1] 인성 자기평가 사전검사
자기이해	2	자아 탐색과 발견	[강의] 자기이해의 중요성 [활동1] 나를 찾아서 빙고게임 [활동2] 잠재된 4차원(인지/정서/과업/과제) 찾기 [과제] 힐링을 위한 자기탐구보고서 작성하기
	3	자아 개념 –Who am I?	[강의] 유아교사와 자아 개념 [활동1] 자아 개념 검사를 통한 5가지(일상적 자아, 자기수용, 타인수용, 신분 · 직업적 자아, 유아관)의 나를 이해하기 [활동2] Tag로 나를 표현하기 [개별면담] 자기탐구보고서를 토대로 상담
	4	긍정적 사고	[강의] 긍정인성과 행복 [활동1] '행복을 찾아서' 시청 및 토론 [활동2] 긍정인성 실천계획과 전략 세우기 [과제] '긍정인성 실천계획과 결과'에 대해 저널 쓰기
사회관계	5	타인 이해	[강의] 다양성과 인간관계 [활동1] 친구의 특성 찾아 캐리커처 그리기 [활동2] 공동그림 그리기 [과제] 예비 유아교사 한 사람을 선택하여 장점과 단점 분석하고 유아교사 역할과 대응시켜 저널 쓰기
	6	관점 바꾸기	[강의] 세상을 바꾸는 공감의 힘 [활동1] 등장인물의 눈으로 이야기 다시 보기 [활동2] 역할극(유아교사와 유아, 학부모, 동료, 지역사회와의 가상의 갈등 상황을 제시하고 자신의 역할에서 상대역할의 상황을 이해하기) [소집단면담] 사회인지능력 검사 및 결과에 대한 면담
	7	경청과 표현의 기술	[강의] 좋은 의사소통의 의미 [활동1] 경청 훈련 [활동2] 나의 대화는 몇 점? 효과적인 대화기술 연습 [과제] 나의 대화 방법과 기술에 대해 평가하기

기본 소양	8	이미지 만들기	[강의] 유아교사의 소양과 이미지 [활동1] 내가 생각하는 유아, 이상적인 유아교사 또는 유아교육의 이미지 그리기 [활동2] 사명서 만들기 [과제] 현장을 참관하고 유아교사의 역할 관찰 · 기록하기
	9	유아교사의 역할 이해하기	[강의] 현대사회의 유아교사의 역할 [활동1] 참관 기록내용 분석하고 공유하기 : 하루 일과 동안 교사의 상호작용 유형과 행동방식을 표준화된 준거에 따라 분석하기 [개별면담] '유아교사가 되고 싶은 이유'에 대해 면담
	10	교직윤리와 의사결정	[강의] 유아교사와 윤리의식 [활동1] 유아교육 현장에서 일어날 수 있는 딜레마 상황에 대해 토론하기 −친한 친구와 같은 반으로 편성해 달라는 학부모 −매번 수업준비 자료를 빌려 가는 동료교사 [과제] 유아교사의 권리에 대한 딜레마 과제에 대해 저널 쓰기
	11	자기평가	[강의] 자기관찰 및 자기평가의 필요성과 효과 [활동1] Leader in me; 자기관찰보고서 작성 : 하루 동안 시간대별로 자신에게 일어난 사건, 시간, 행동을 나누어 객관적으로 기록하고 반성하기 [과제] 예비 유아교사로서 교육실습 준비에 대한 평가 저널 쓰기
자기계발	12	고정관념 깨트리기	[강의] 창의적 특성과 유아교사 [활동1] RAT 훈련: 새롭게/다르게/즐겁게 [활동2] 고정관념을 깬 원아모집 광고 시냅스 만들기 [과제] 창의성 UP! − 그림 완성 과제
	13	창의적 팀워크	[강의] 창의적인 문제해결 방법 [활동1] 협동과제: 스파게티로 탑 만들기 : 스파게티 국수, 마시멜로, 테이프를 이용하여 조형물 만들기 [과제] 8회기에 작성한 사명서 내용을 준거로 예비 유아교사로서의 나를 평가하기
	14	생애주기 로드맵	[강의] 유아교사 발달단계와 감성 리더십 [활동1] 유아교사로서의 생애주기 로드맵 그리기 : 현재와 미래가 연결된 성장 로드맵 설계 및 발표 [과제] 8회기에 작성한 사명서 내용을 준거로 예비 유아교사로서의 나를 평가하기
마무리	15	프로그램을 마치고	[활동1] 인성 자기평가 사후검사 [활동2] 프로그램에 참여소감 발표 [개별면담] 프로그램을 통해 개인적으로 변화된 점과 프로그램 전반에 대한 평가

(2) 김순환, 박선혜, 남옥선(2014)의 예비교사를 위한 교직인성 프로그램

① 프로그램의 목적 및 목표

본 프로그램은 예비 유아교사들이 인성교육의 중요성을 인식하고, 자신이 함양해야 하는 기본 인성과 교직인성을 알고 일상생활과 교육현장에서 실천하는 역량을 기르는 것을 목적으로 한다. 이러한 목적을 달성하기 위한 세부적인 목표는 다음과 같다.

첫째, 예비 유아교사로서의 기본 인성과 교직인성의 필요성에 대해 알고 실천할 수 있는 역량을 기른다.

둘째, 다양한 상황 및 조건을 수용하여 타인과 협력할 수 있는 기술을 익히고 반성적인 사고를 개발하여 교사의 전문성 발달을 위해 노력하는 태도를 기른다.

셋째, 유아교사로서 갖추어야 하는 인성 덕목과 자질을 알고 이를 유아교육 현장에 적용할 수 있다.

② 프로그램의 내용

이 프로그램의 내용은 예비 유아교사가 한 인간으로 갖추어야 할 기본 인성 덕목과 교사로서 갖추어야 할 교직인성 덕목으로 구성되어 있다. 관련 선행연구에 대한 분석을 통해 교직인성을 기본 인성, 유치원 교원 핵심 역량, 유치원 교사의 윤리강령, 사회인지 영역이론이라는 네 가지 영역으로 범주화했다.

③ 프로그램의 방법

본 프로그램에 사용된 교수 방법은 예비 유아교사들의 교육현장에서 교직인성을 실현하기 위해서는 직접 경험하고 기본 인성의 개념과 목적을 깊이 이해하며 실천을 통하여 인성을 표현해야 한다는 전제하에 협동학습, 현장학습, 동기전략, 학생 주도적 학습, 비판적 사고 훈련, 시각화, 드라마, 다중지능, 영상, 다학문적 접근, 대화법, 테크놀로지 활용, 또래교수법, 스토리텔링 등을 사용하였다.

④ 프로그램의 세부 내용

주	제 목	내 용	활동방법
1	오리엔테이션	• 인성교육 프로그램 소개 • 프로그램에 대한 오리엔테이션 • 자기 소개하기 '나는 누구일까요?'	강의
2	교직인성이란?	• 교직 인성에 대한 필요성 브레인스토밍 • 관련 영상 감상 및 토론	동기전략
3	나의 삶 돌아보기	• 나의 삶 회상하기 '내 인생의 3대 뉴스' • 생애곡선 그리기 • 교사가 되기로 한 이유 생각해 보기	발표 워크숍
4	나의 교직인성은?	• '내가 생각하는 나'와 '친구가 생각하는 나' • 교사로서 나의 장점과 단점 저널 쓰기	협동학습
5 6	유아교사의 하루 살펴보기	• 유아교사의 하루 일과 예상해 보기 • 교사에게서 보이는 인성 요소 체크해 보기 • 유아교사에게 필요한 인성 요소와 교사로서 갖추어야 하는 인성에 대해 함께 논의하기	현장학습 토론
7	음악으로 인성 요소 표현하기	• 창의적 음악활동 '악기 연주' • 다양한 상황과 조건 수용, 새로운 가치와 아이디어 창출을 위하여 팀별 활동 실시	음악적 오리엔테이션
8 9	미술로 인성 요소 표현하기	• 교육 영화 감상하고 이야기 나누기 • 내가 닮고 싶은 교사의 모습을 그림으로 표현해 보기	영상활용 시각화
10	언어로 인성 요소 표현하기	• 생각을 언어로 표현하기 • 노래 가사 개사	다학문적 접근
11	유아교사에게 필요한 인성	• 동영상 자료를 보며 토의하기 • 인성이 열리는 나무	스토리텔링
12	책에서 찾은 인성	• '책'과 '사례'를 중심으로 한 소개 및 토론 • 내가 만일 그 상황이라면?	대화법
13	역할극	• 3가지 갈등 상황 살펴보기 • 유아, 부모, 교사, 동료교사, 원장 등의 역할을 나누어 역할극 하기	비판적 사고 훈련
14	유아교사 윤리강령	• 유아교사의 윤리강령 살펴보기 • '나만의 유아교사 윤리강령' 작성해 보기	학생 주도적 학습
15	인성 평가 및 마무리	• 자서전 쓰기: 교사가 되기 위한 노력, 교직인성 함양을 위한 각오 다지기 • 유아교사 윤리강령 선포식	워크숍

제2부

유아 인성교육의 내용

「인성교육진흥법」에서는 인성교육을 자신의 내면을 바르고 건전하게 가꾸고 타인, 공동체, 자연과 더불어 살아가는 데 필요한 인간다운 성품과 역량을 기르는 것을 목적으로 하는 것이라 정의하고 있다. 이에 인성의 핵심 가치로 예, 효, 정직, 책임, 존중, 배려, 소통, 협동을 제시하고 있다.

유아기에 이루어지는 인성교육은 이후의 생활과 삶의 방향 및 도덕적 행동의 수준을 결정한다는 측면에서 매우 중요하다(우영효, 2004) 할 수 있으므로 유아가 긍정적인 인성 특성을 자연스럽게 갖출 수 있도록 발달적으로 적합한 방식으로 인성교육을 지원할 필요가 있다. 이를 위해 인성교육은 유아가 바른 품성을 기르도록 부모와 교사가 바른 품성을 갖추어 올바른 모델링이 되도록 하여야 한다.

유아교육에서 유아기 인성교육의 내용으로 배려, 존중, 협력, 나눔, 질서, 효 등 6가지를 제시하고 있고(교육과학기술부, 2012) 이를 토대로 유아교육현장에서 인성교육을 실시하고 있다. 즉, 국가 수준의 교육과정인 누리과정 총론에서 만 3~5세 유아의 창의 · 인성 교육을 강조하고 있으며 특히 유아를 위한 인성교육에서 사회관계 영역뿐만 아니라 전 영역에서 다른 사람을 배려하는 마음과 태도를 기르도록 제시함으로써 유아기 인성교육의 중요성을 강조하고 있다.

인성교육은 전 생애를 통해 지속되어야 할 것이며 특히 유아기는 발달적 가소성의 특성으로 인성 또한 환경에 의해 발달 및 변화 가능할 것으로 생각되므로 어린 시기부터 바른 인성의 발달이 이루어질 수 있도록 교육하는 것이 중요하다.

이에 「인성교육진흥법」에 명시된 인성의 핵심 가치인 예, 효, 정직, 책임, 존중, 배려, 소통, 협동에 대해 알아보는 것은 유아기 인성교육을 이해하는 데 필요하다. 따라서 다음은 예, 효, 정직, 책임, 존중, 배려, 소통, 협동 인성 덕목이 무엇이고 왜 필요한지 알아보고, 국가 수준의 교육과정인 유아교육과정, 즉, 누리과정에 제시된 인성 덕목에는 이 인성 덕목들이 어떻게 제시되었는지 살펴보면서 이러한 각 인성 덕목을 실천하기 위한 방안에 대해 알아보고자 한다.

제 3 장

예

1. 의미 및 필요성

1) 의 미

옛날 중국 사람들은 우리나라 사람들이 '서로 싸우지 않고, 양보하며, 예의 바르다'는 뜻으로 '동방예의지국(東方禮儀之國)'이라고 칭송했다. 예로부터 예(禮)는 인간이 살아가면서 가장 중요하다고 생각하는 관혼상제(冠婚喪祭)에서부터 말하고, 행동하고, 의복을 입고, 음식을 먹는 등 모든 일상생활에서 지켜야 할 도리이자 규범이었다. 흔히 '예'를 말할 때 '예의'와 '예절'을 혼용하는데, 예의(禮義)란 예절을 표현하는 말투나 몸가짐을 포함한 도리를 뜻하며, 예절(禮節)이란 예의범절의 줄임말로 예의에 관한 모든 질서나 절차를 뜻한다. 즉, 예절이란 예의의 과정을 교육받거나 노력하는 과정으로, 예의가 예절보다는 더 광의적인 의미를 지닌다고 볼 수 있다.

예로부터 공자는 "예가 아닌 것은 보지 말며, 듣지 말며, 말하지 말며, 행동하지 마라."라며 예절을 강조했고, 유교문화가 바탕이 된 우리나라는 『동몽선습(童蒙先習)』 『명심보감(明心寶鑑)』 『격몽요결(擊蒙要訣)』 등을 활용하여 예절교육을 하였다. 또한 예절을 가르치는 데서는 문자로서가 아니라 실생활에서 어른들의 행동을 보고 따라 하도록 하는 실천적 교육을 하였다.

대가족을 이루며 살았던 조상들은 밥상머리 교육을 시작으로 아이들이 잘못을 하였을 때 그 자리에서 훈육하였으며, 일상생활 속에서 보이는 어른들의 모든 말과 행동이 곧 예절교육이 되었다. 어릴 때부터 스며든 자연스러운 가르침을 몸과 마음으로 익힌 아이들의 습관이나 가치관은 성인이 되어 사회생활을 하거나 인간관계를 형성하는 데 토대가 되었다. 이처럼 전통사회에서 예절은 인간관계와 사회생활을 하는 기본이었고 사람다움의 첫걸음이며, 어릴 때부터 배워야만 하는 인성 덕목의 하나였다.

그러나 다양한 가족 형태와 핵가족이 일반화된 현대사회에서 예절교육은 구시대적 가치관으로 인식되고 있다. 전통사회에서 일반적으로 널리 사용되던 예절의 내용과 절차를 그대로 답습할 필요는 없지만, 예가 일정한 문화권에서 공통적으로 이어져 온 생활양식임을 고려한다면 지금 우리에게 많은 부분 중요한 의미가 있음은 틀림없다. 따라서 전통적인 예의 의미를 그대로 재현하는 것도 가치 있지만, 현대적으로 재해석하는 관점 또한 필요하다. 즉 예의 근본정신은 그대로 유지하면서 현재에 적합한 예란 무엇인가를 고민해 봐야 한다. 예를 들면, 다문화 시대에 완전하게 접어든 현재 우리나라는 문화상대적인 관점에서도 예를 해석할 수 있어야 한다. 주관이나 원칙 없이 자기문화중심주의에만 빠지지 않고, 우리 문화에 뿌리를 둔 예의 정체성을 지키면서 다른 문화의 예를 인정하고 존중하는 개방적인 자세로 예를 바라보아야 한다.

종합해 보면, '예'란 조상들이 대대로 지켜 온 우리나라의 전통적인 규범이자 가치로, 어릴 때부터 생활 속에서 자연스럽게 체화되어 사회생활의 기본이 되었던 근본 윤리다. 이러한 전통적인 예의 정신을 바탕으로, 오늘날 예는 다양한 문화와 인종이 혼재하는 현 시대의 사회·문화적인 관점을 반영하여 그 의미도 시대에 맞게 재해석되어야 한다.

2) 필요성

'예'는 어린 시절부터 배우고 익혀 사회생활과 인간관계의 기본이 된다. 여러 학자도 예절교육은 어릴 때 자연스럽게 배우고 익혀 그것을 성인이 되어서도 실천할 수 있는 것이 가장 바람직하다고 강조해 왔다(황경애, 정귀옥, 2001). 즉 아이들에게 예절이란 어느 특정 시기에 습득되는 발달과제나 인지적 지식이 아니라 생활이 되어야 한다는 것을 의미한다.

"세 살 버릇 여든까지 간다."라는 속담처럼 어린 시절에 형성된 올바른 예절은 평생을 통해 지속되며, 인격 형성과 사회성 발달에 중요한 기초가 된다. 특히 가소성이 풍부한 유아기에 가정에서부터 기본 생활습관 및 인사예절, 식사예절 등 예절의 기초가 자리 잡아야만 자라면서 올바르고 바람직한 생활습관이 형성된다.

예절교육에 대한 부모의 인식조사를 보면, 부모들은 가정이 아닌 유아교육기관에서 예절교육을 해야 한다는 인식이 지배적으로, 가정에서의 교육적 기능이 상실되어 가고 있음을 알 수 있다(교육부, 1992). 가정에서의 예절교육에 대한 학부모의 인식 부족 현상은, 예절은 교육을 통해 이루어지며, 교육기관의 몫이라는 의미로 해석된다. 이것은 학부모가 가정교육의 중요성을 재인식하고 예절교육의 출발점은 곧 가정임을 인식하는 의식의 전환이 필요함을 의미한다.

유아교육기관에서의 예절교육도 형식적으로 이루어지는 경우가 많다. 유아교육현장의 교사들 또한 예절교육에 대한 중요성은 인식하나 매체를 이용하는 단편적인 교육에만 머물 뿐 아니라, 예의 의미와 가치를 간과하여 그 지속성에 대한 확신을 가지지 못한 채 피상적으로만 교육하고 있다. 그로 인해 체계적이지 못하고 다양하지 못한 예절교육은 형식에 치우치는 교육으로 전락할 뿐 아니라 교육과정에서 실천적 경험으로 습득되어야 하는 교육이 인지적인 교육으로 변질되고 있다. 예절은 경험에 의한 반복된 학습으로 반드시 습관화되어야 한다. 따라서 교사들은 예절이 단기간에 저절로 습득되는 덕목이 아님을 인지하고 예의 바른 언행의 모범을 보이기 위한 실천적 노력이 필요하다.

또한 예절교육은 기관과 가정의 공동의 노력 없이는 효과적인 결과를 기대하기 어려우므로 가정과 유아교육기관의 상호 연계성 있는 다각적이고, 지속적이며, 체계적인 교육이 이루어져야 한다. 유아교육기관에서는 부모가 최초의 교사임을 인식시키고, 가정에서의 예절교육 방안을 제시하며, 정기적인 부모교육을 통한 예절교육의 중요성을 인지시켜야 한다. 또한 교사는 전통예절의 기저에 흐르는 의미에 현재의 사회적인 흐름을 더하여 그것들이 우리에게 주는 암묵적인 시사점을 파악하여 아이들에게 현대적인 예의 의미를 잘 전달해야 한다.

사회와 문명은 계속적으로 변화하고 발전해 가지만, 이러한 변화 속에서도 끈을 놓지 말아야 할 교육 중 하나가 바로 인성교육이다. 급속한 경제발전으로 인해 비인간화 현상이 만연한 현대사회 속에서 인간에 대한 기본적인 예의를 지키고 행동하는 것은 이 사회를 지탱하는 힘이 된다. 특히 자라나는 아이들에게 교사와 부모는 가장 중요한 인적 환경이자 '예'의 경험적 모델임이 틀림없다. 그러므로 교사와 부모는 그들의 모든 언행이 아이들에게 거울이 된다는 책임감을 가지고 실천적 지식을 생활화해야 한다.

2. 예절의 종류

일상생활에서 유아들이 기본적으로 지켜야 할 예절은 개인 예절, 가족 예절, 식사 예절, 인사 예절, 언어 예절, 공공 예절, 전화 예절, 국가에 대한 예절이 있다(김정신, 2004). 가장 중요한 것은 기관에서는 교사, 가정에서는 부모가 기본적으로 예를 먼저 실천하고 생활해야 한다는 것이다. 더불어 동화책과 같은 매개체를 활용하거나 상황극을 해 보는 등의 실제적인 교육이 필요하다.

1) 개인 예절

모든 예절의 기본이 되는 것이 개인 예절이다.

- 바른 마음을 가진다.
- 자신의 몸을 청결하게 유지한다.
- 앉거나 서거나 걸을 때 바른 자세를 유지한다.
- 때와 장소에 맞게 단정하게 옷을 입는다.

2) 가족 예절

세상에서 가장 가까운 사이이지만 가족 간에도 예절이 있다.

- 형제자매간 예절을 지킨다.
- 친척들에 대한 예절(가계도를 이용하여 가족의 호칭과 촌수 알기)을 지킨다.
- 가족 간에 올바른 존칭을 사용한다.
- 외출 전후 가족에게 본인의 위치를 알린다.

3) 식사 예절

–식사 전 손을 씻는다.
–음식을 골고루 먹는다.
–좋아하는 음식만 골라 먹지 않는다.
–식사 중에는 TV나 스마트 기기, 책을 보지 않는다.
–돌아다니며 먹지 않는다.
–식사 후 자리를 정리한다.
–식사 후 감사 인사를 한다.

4) 인사 예절

–웃어른을 만나면 밝은 얼굴로 인사한다.
–바른 자세로 인사한다.
–때와 장소에 맞게 인사한다(부모님이 출근하거나 퇴근할 때, 유치원 오고갈 때, 다른 사람의 집을 방문했을 때, 집에 손님이 왔을 때 등).
–명절 때 절하는 방법을 안다.

5) 언어 예절

–웃어른께 존댓말을 사용한다.
–바른 언어를 사용한다(속어나 줄임말, 인터넷 용어를 사용하지 않는다.).
–상대방이 알아들을 수 있도록 정확하게 말한다.
–상대방의 말을 경청한다.

6) 전화 예절

–전화를 걸 때는 먼저 자기소개를 한 후 용건을 말한다.

–이른 아침이나 밤늦은 시간에는 전화를 하지 않는다.
–다른 사람이 대신 전화를 받았을 때는 내용을 밝히고 전해 달라고 부탁을 한다.
–전화를 잘못 걸었을 때에는 '미안합니다.'라고 정중히 사과한다.
–전화가 잘못 걸려 왔을 때에는 '잘못 걸었습니다.'라고 친절하게 말한다.
–상대방의 전화기를 허락받지 않고 만지지 않는다.

7) 공공 예절

–공공장소에서 남에게 방해되는 행동을 하지 않는다.
–차례를 지켜 시설을 사용한다.
–쓰레기를 함부로 버리지 않고 분리수거를 한다.
–교통질서를 잘 지킨다.
–길에서 자전거를 타거나 공놀이를 하지 않는다.
–공공화장실을 깨끗하게 사용한다.

8) 국가에 대한 예절

–우리나라 이름을 안다.
–우리나라 국기(태극기)를 알고 소중히 다룬다.
–우리나라 국가(애국가)를 안다.
–우리나라 국화(무궁화)를 안다.
–우리나라 대통령을 안다.
–우리나라 국경일을 안다.
–우리나라 문화유산을 안다.
–우리나라 지도를 안다.

예 사진

이웃에 대한 예절

개인 예절

국가에 대한 예절

식사 예절

전화 예절

쉬어가기

예의란, 선물을 받고 "고맙습니다."
하고 말씀드리는 것.
예의란, 밥을 먹을 때 깨끗이 먹는 것. 다 먹고 나서 "잘 먹었습니다."
하고 엄마에게 말씀드리는 것.
예의란, 손님이 오시면 현관에 나가 맞이하고
손님이 가실 때면 "안녕히 가세요." 하고 인사드리는 것.
예의란, 하고 싶은 말이 있어도 엄마와 옆집 아주머니가 얘기를 마칠 때까지
조용히 기다리는 것.
예의란, 남을 함부로 대하거나 무시하지 않는 것.
남을 존중해 주고 먼저 생각해 주는 겸손한 마음.
예의란, 버스나 전철 안에서 다른 사람의 발을 잘못 밟았을 때
얼른 "죄송합니다." 하고 사과하는 것.
예의란, 길에서 아는 어른을 만나면
모른 척하지 않고 인사드리는 것.
예의란, 남의 말을 몰래 엿듣거나 남의 행동을 엿보지 않는 것.
예의란, 전화를 받을 때 밝은 목소리로 친절하게 말하는 것.
"여보세요? 네, 안녕하세요? 잠깐만 기다리세요."
예의란, 사람들이 붐비는 곳에서 뛰어다니거나 소리 지르며 장난치지 않는 것.
예의란, 옆집에서 음식을 나눠 주었을 때 어른들께 먼저 보여 드리는 것.
혼자 먹지 않는 것.

출처 : 채인선(2005). 아름다운 가치사전 1

3. 교육과정에 제시된 예 인성 덕목

만 0~5세까지의 영유아를 위한 국가 수준의 표준보육과정이 2007년 제1차 표준보육과정, 2011년 제2차 표준보육과정, 2013년 제3차 어린이집 표준보육과정으로 개정되었다. 2013년 3월부터 적용된 제3차 어린이집 표준보육과정에서는 연령과 발달 수준을 고려하여

만 0~1세 보육과정, 만 2세 보육과정, 만 3~5세 보육과정(누리과정 포함)으로 구성된다(보건복지부, 2013).

제3차 어린이집 표준 보육과정의 만 0~2세 보육과정에서 예절은 기본생활을 통해 주로 이뤄지고 있으며, 내용범주는 '건강하게 생활하기'와 '안전하게 생활하기'다. 이 중 예절과 관련된 내용은 '건강하게 생활하기'로 개인 예절 및 식사 예절, 화장실 예절 등과 관련된 내용이다.

표준보육과정의 0~1세와 만 2세 영역의 '기본생활'영역과 '신체운동'영역을 만 3~5세 연령별 누리과정에서는 '신체운동 · 건강'영역으로 통합했다. 만 3~5세 연령별 누리과정 신체운동 · 건강 영역에 포함한 예와 관련된 내용은 '건강하게 생활하기'다.

다음은 만 0~1세, 만 2세 표준보육과정 기본생활과 관련된 예절의 내용이다.[1]

1) 만 0~1세

(1) 목표 및 내용

제3차 표준보육과정에 제시된 만 0~1세의 기본생활 목표는 '청결, 식습관, 수면, 휴식, 배변, 놀이 등의 기본생활을 통해서 건강하고 안전한 일상생활을 경험한다.'다. 내용은 '건강하고 편안한 일상생활을 경험한다.'와 '안전한 생활을 경험한다.'로, 예와 관련된 것은 '건강하고 편안한 일상생활을 경험한다.'의 내용이다.

목표	청결, 식습관, 수면, 휴식, 배변, 놀이 등의 기본생활을 통해서 건강하고 안전한 일상생활을 경험한다.
내용	건강하고 편안한 일상생활을 경험한다.

(2) 내용체계

제3차 표준보육과정에 제시된 만 0~1세의 기본생활 내용 중 예와 관련된 것은 '건강하게 생활하기'로, 이에 해당하는 내용은 '몸을 깨끗이 하기' '즐겁게 먹기' '건강한 일상생활하기'다.

1) 제시된 표들은 보건복지부(2013)의 제3차 어린이집 표준보육과정 해설서에서 발췌한 것임.

내용범주	내용
건강하게 생활하기	• 몸을 깨끗이 하기 • 즐겁게 먹기 • 건강한 일상생활하기

(3) 내용 및 세부내용

제3차 표준보육과정에 제시된 만 0~1세의 기본생활 내용 중 예와 관련된 수준별 세부내용은 다음과 같다.

<table>
<tr><th></th><th>1수준</th><th>2수준</th><th>3수준</th><th>4수준</th></tr>
<tr><td rowspan="3">몸을 깨끗이 하기</td><td colspan="4">몸이 깨끗해졌을 때 기분이 좋음을 안다.</td></tr>
<tr><td colspan="4">도움을 받아 손을 씻는다.</td></tr>
<tr><td></td><td colspan="3">도움을 받아 이를 닦는다.</td></tr>
<tr><td rowspan="3">즐겁게 먹기</td><td>편안하게 안겨서 우유(모유)를 먹는다</td><td>이유식에 적응한다.</td><td>고형식에 적응한다.</td><td>다양한 음식을 먹어 본다.</td></tr>
<tr><td colspan="2"></td><td colspan="2">도구로 음식을 먹어 본다.</td></tr>
<tr><td colspan="4">즐겁게 먹는다.</td></tr>
<tr><td rowspan="4">건강한 일상생활하기</td><td colspan="4">수면을 충분히 취한다.</td></tr>
<tr><td colspan="4">편안하게 쉰다.</td></tr>
<tr><td colspan="4">하루 일과에 편안하게 참여한다.</td></tr>
<tr><td colspan="2"></td><td colspan="2">배변의사를 표현한다.</td></tr>
</table>

2) 만 2세

(1) 목표 및 내용

제3차 표준보육과정에 제시된 만 2세의 기본생활 목표는 '건강하고 안전한 생활습관의 기초를 마련한다.'다.

내용은 '건강한 생활습관의 기초를 경험한다.'와 '안전한 생활습관의 기초를 경험한다.'로, 예와 관련된 것은 '건강한 생활습관의 기초를 경험한다.'의 내용이다.

목 표	건강하고 안전한 생활습관의 기초를 마련한다.
내 용	건강한 생활습관의 기초를 경험한다.

(2) 내용체계

제3차 표준보육과정에 제시된 만 2세의 기본 생활습관 내용은 '건강하게 생활하기'로, 이에 해당하는 내용은 '몸을 깨끗이 하기' '바르게 먹기' '건강한 일상생활하기' '질병에 대해 알기'로, 예와 관련된 내용은 '몸을 깨끗이 하기' '바르게 먹기' '건강한 일상생활하기'다.

내용범주	내 용
건강하게 생활하기	• 몸을 깨끗이 하기 • 바르게 먹기 • 건강한 일상생활하기

(3) 내용 및 세부내용

제3차 표준보육과정에 제시된 만 2세의 기본생활 내용 중 예와 관련된 수준별 세부내용은 다음과 같다.

내 용	1수준	2수준	3수준	4수준
몸을 깨끗이 하기	스스로 손과 몸 씻기를 시도한다.			
	스스로 이 닦기를 시도한다.			
바르게 먹기	음식을 골고루 먹는다.			
	도구를 사용하여 스스로 먹는다.			
	정해진 자리에서 먹는다.			
건강한 일상생활하기	일과에 따라 규칙적으로 잠을 잔다.			
	정해진 시간에 알맞게 휴식한다.			
	하루 일과에 즐겁게 참여한다.			
	정해진 곳에서 배변한다.		화장실에서 배변한다.	

3) 만 3~5세

(1) 목표 및 내용

만 3~5세 연령별 누리과정에서 예와 관련된 영역은 '신체운동 · 건강'영역의 '건강하게 생활하기'다.

목 표	건강하게 생활하기
내 용	• 일과 중 유아의 건강상태와 신체리듬을 고려하여 규칙적인 생활을 하게 하는 데 주안점을 둔다. • 스스로 이 닦기, 손 씻기, 주변을 깨끗이 하기, 바른 식생활과 옷 입기 등의 기본 생활습관을 실천하는 데 초점을 둔다.

(2) 내용 체계

만 3~5세 연령별 누리과정에서 예와 관련된 영역은 '신체운동 · 건강'영역의 '건강하게 생활하기'로 내용은 '몸과 주변을 깨끗이 하기' '바른 식생활하기' '건강한 일상생활하기' '질병 예방하기'다.

내용범주	내 용
건강하게 생활하기	• 몸과 주변을 깨끗이 하기 • 바른 식생활하기 • 건강한 일상생활하기 • 질병 예방하기

(3) 내용 및 세부내용

만 3~5세 연령별 누리과정에서 예와 관련된 영역의 연령별 세부내용은 다음과 같다.

<table>
<tr><th>내용범주</th><th>3세</th><th>4세</th><th>5세</th></tr>
<tr><td rowspan="2">몸과 주변을 깨끗이 하기</td><td colspan="2">손과 이를 깨끗이 하는 방법을 알고 실천한다.</td><td>스스로 몸을 깨끗이 하는 습관을 기른다.</td></tr>
<tr><td>주변을 깨끗이 한다.</td><td colspan="2">주변을 깨끗이 하는 습관을 기른다.</td></tr>
</table>

바른 식생활하기	음식을 골고루 먹는다.		적당량의 음식을 골고루 먹는다.
	몸에 좋은 음식에 관심을 갖는다.	몸에 좋은 음식을 알아본다.	몸에 좋은 음식을 선택할 수 있다.
	바른 태도로 식사한다.	음식을 소중히 여기고 식사 예절을 지킨다.	
건강한 일상생활하기	규칙적으로 잠을 자고, 적당한 휴식을 취한다.		
	하루 일과에 즐겁게 참여한다.		
	스스로 화장실에서 배변한다.	바른 배변 습관을 가진다.	규칙적인 배변 습관을 가진다.
질병 예방하기	질병의 위험을 알고 주의한다.	질병을 예방하는 방법을 알고 실천한다.	
	날씨에 맞게 옷을 입는다.	날씨와 상황에 알맞게 옷을 입는다.	

4. 실천방안

1) 가정에서의 예절교육

예절교육은 기본적으로 교육기관이 아닌 가정의 몫이다. 하지만 최근 교육기관에 보내는 시기가 점점 빨라지고 있어 가정에서 습관화되어야 할 예절교육 또한 교육기관으로 일임되고 있다. 따라서 부모는 가정에서의 예절교육의 중요성을 항상 인식하고 실천해야 할 것이다.

유아에게 예를 가르치는 가장 좋은 방법은 모방학습이다. 따라서 부모는 인성 발달 측면에서 자녀들의 올바른 역할모델이 되어야 한다. 유아들은 특히 좋은 행동보다 나쁜 행동을 쉽게 모방하기 때문에 자녀에게 좋은 역할 모델이 되기 위해서는 부모 자신이 먼저 바른 인성을 갖추어야 한다.

예절을 가르치는 방법 또한 유아의 모방성을 이용하면 효과적이다. 부모의 언행, 유아가 좋아하는 유아 프로그램에서 제시되는 상황들, 동화책의 내용 등을 유아들은 그대로 모방하므로 이러한 모방성을 이용한다. 또한 가정에서 유아들이 하는 놀이에 부모가 직접 참여하여 상황에 맞는 예절을 가르치는 것도 좋은 방법이다.

다음에 제시된 것은 가정에서 실천할 수 있는 예절교육의 예시다.

(1) 부모가 실천하면 효과적인 예절교육

- 부모는 친척들이나 이웃사람을 만나는 상황에서 자연스럽게 예절교육을 한다.
- 부모는 아이가 평소에 예의 바른 행동을 하였을 경우 칭찬하고 격려한다.
- 부모는 예절에 관련된 동화책을 읽어 준 후 아이가 실천하도록 도와준다.
- 부모는 마트 같은 공공장소에서 아이가 떼를 쓸 경우에 적절하게 대처한다. 예를 들면, 외출 전 집에서 미리 일어날 것 같은 상황에 대한 설명을 하여 아이를 이해시키고 약속하고 가는 것이 좋다.
- 공공장소에서 아이가 타인에게 피해를 주었을 경우, 아이가 보는 앞에서 정중히 사과하여 아이가 스스로 자신의 행동이 잘못되었음을 인지할 수 있도록 한다.
- 부모는 가족예절을 가르치고 생활화한다.

(2) 자녀가 실천하면 효과적인 예절교육

- 친구 집에 갈 때 부모님께 허락을 받는다.
- 부모님을 잘 도와드린다.
- 부모와 웃어른을 존경한다.
- 형제자매 간에 서로 배려하고 사랑한다.
- 자기 전 부모님께 인사한다.

쉬어가기

"안녕하세요?"
오늘 어린이집 선생님께 인사를 해 주셨나요?
아이들에게만 인사하라고 하고 뒤에서 가만히 계시지는 않았나요?

선생님께 인사해 주세요.
어린이집에 있는 조리사님, 기사님, 원장님 다른 여러분에게도 인사해 주세요.
부모님이 "안녕하세요."라고 인사할 때
비로소 영아들도 인사하는 법을 배우게 됩니다.

출처: 중앙육아종합지원센터(2014). 행복한 아이를 위한 부모인성교육 매뉴얼.

쉬어가기

명이 엄마의 예의교육

일곱 살 된 명이의 엄마의 교육방식을 살펴볼까요?

집에 손님이 왔는데, 명이가 존댓말을 하지 않았다.
그러나 현명한 엄마는 사람들 앞에서 아이를 나무라지 않는다.
다른 이들 앞에서 아이를 야단치는 것은 그 자체가 예의 없는 행동이다.
아이의 감정을 상하게 하거나 반발심만 유발할 뿐이다.
엄마는 명이의 잘못을 기억하고 있다가 손님이 돌아가자 명이를 불러 부드럽게 말했다.
"명아, 손님이 아까 명이한테 선물을 주실 때 그냥 받기만 하고 아무 말도 안 하더라. 명이, 선물 받으니까 좋았지? 그러면 손님한테 '감사합니다.'라고 인사했어야지, 안 그래?"
명이는 뭔가 깨달은 듯한 표정을 지었다.
"아, 맞다! 엄마, 깜빡했어요. 다음부터는 안 그러겠습니다."

이렇게 아이들을 일깨워 줌으로써 자신의 잘못을 깨닫게 해야 한다.

비슷한 경우, 다른 엄마의 교육방식을 살펴보자.

이 엄마는 네 살 된 아이가 선물을 받고 인사를 안 하자 그 자리에서 웃으며 타일렀다.
"우리 경태가 뭔가 잊은 것 같은데…."
경태가 엄마의 말을 알아듣지 못하자, 엄마는 손님에게 말했다.
"우리 경태한테 선물을 주셔서 감사합니다. 제가 경태를 대신해서 인사드릴게요."
경태는 엄마의 말을 듣고 자기가 아직 인사하지 않았다는 것을 깨달았다.
그제야 부끄러운 듯 조그마한 소리로 말했다.
"감사합니다."

출처: 탕웨이홍, 추이화팡(2006). 아이의 인생을 결정하는 36가지 습관.

2) 교육기관에서의 예절교육

교육기관에서의 예절교육은 기본적으로 유아들의 기본 습관 형성에 중점을 두어야 한다. 교사가 의도적으로 계획한 활동으로도 예절교육이 되지만 잠재적 교육과정에서도 예절교육이 이루어진다는 점을 유념해야 한다. 즉, 예절을 인지적으로 교육하려고만 하지 말고 교사 스스로 생활 속에서 실천하여 유아가 모방하여 배울 수 있도록 하여야 한다. 또한 '차 예절'이나 '절하는 방법' 등 전문적인 기술이 요구되는 예절교육은 강사 선생님을 통한 정기적인 교육을 실시하는 것도 도움이 된다.

교육기관에서 교사는 유아들이 자연스럽게 예의 바른 행동을 하고 이를 장려하는 민주적이고 도덕적인 분위기를 만들어야 할 것이다.

다음에 제시된 것은 유아교육기관에서 실천할수 있는 예절교육의 예시다.

(1) 유아교육 기관에서 예절교육을 실천하는 방법

- 교사가 모범을 보인다.
- 교사는 동화나, 동시, 동극 등 여러 가지 매체를 이용해 교육한다.
- 교사는 유아들이 역할극을 통해 자연스럽게 예절을 경험할 수 있도록 유도한다.
- 교실 내에서 지켜야 할 예절을 아이들과 함께 정하고 지킨다.
- 교사와 유아는 다른 사람의 권리와 의견을 존중한다.

(2) 유아교육기관에서 기본 생활습관 교육을 통한 예절교육

- 등원하거나 하원할 때 부모님과 선생님, 차량선생님 등 만나는 어른께 인사를 한다.
- 등원하거나 하원할 때 친구들과 반갑게 인사한다.
- 옷은 옷걸이에 걸고, 신발은 제자리에 둔다.
- 양치할 때, 식사 전후, 놀이 후 손을 씻을 때 차례를 지킨다.
- 식사 시 소리를 내거나 돌아다니거나 다른 친구를 방해하지 않는다.
- 놀다가 친구를 넘어트렸거나 부딪혔을 때 '미안해'라고 사과를 한다.
- 화장실은 다음 친구를 위해 깨끗하게 이용한다.
- 식사 시 편식하지 않고 골고루 먹으며, 정리를 깨끗이 한다.

- 차량 이용 시 차량 안에서 친구들에게 불편을 주는 행동은 하지 않는다.

(3) 예절활동 점검표를 이용하여 가정과의 연계를 돕는다.

- 점검표에 있는 내용을 유아가 잘 실천했을 경우 ☆를, 조금 부족한 경우 △를 표시한다.
- 평가는 유아 스스로, 유아-부모, 유아-유아, 유아-교사 등 자율적으로 한다.
- 부모와 교사는 예절활동의 '평가'보다 '실천'에 초점을 두어 예절이 습관화될 수 있게 지속적인 칭찬과 격려를 한다.

표 3-1 예절활동 점검표 예시

- 칭찬해요 ☆
- 조금 노력해 주세요 △

날 짜	실천 내용		평 가
예) 2015년 3월 1주	가정	친구 집에 갈 때 부모님께 허락을 받는다.	
		부모님을 잘 도와드린다.	
		형제자매 간에 서로 배려하고 사랑한다.	
		자기 전 부모님께 인사한다.	
		이웃을 만나면 인사를 한다.	
		손님이 오셨을 때 인사를 잘 하고 예의 바르게 행동한다.	
		부모님이 들어오시거나 나가실 때 인사를 한다.	
	교육 기관	등원하거나 하원할 때 부모님과 선생님, 차량선생님 등 만나는 어른께 인사를 한다.	
		등원하거나 하원할 때 친구들과 반갑게 인사한다.	
		옷은 옷걸이에 걸고, 신발은 제자리에 둔다.	
		양치할 때, 식사 전후, 놀이 후 손을 씻을 때 차례를 지킨다.	
		식사 시 소리를 내거나 돌아다니거나 다른 친구를 방해하지 않는다.	
		놀다가 친구를 넘어트렸거나 부딪혔을 때 '미안해'라고 사과를 한다.	
		화장실은 다음 친구를 위해 깨끗하게 이용한다.	
		차량 이용 시 차량 안에서 친구들이 불편을 주는 행동은 하지 않는다.	
		식사 시 편식하지 않고 골고루 먹으며, 정리를 깨끗이 한다.	

※ 실천내용은 교육기관의 환경에 따라 수정 가능하며, 가정에는 별도의 유인물로 배부할 수 있음.

표 3-2 예절교육을 위한 관련 동화 목록

책 제목	지은이/그린이 또는 옮긴이	출판사
엄마를 웃게 하는 예절사전	김진섭/ 한수진	밝은 미래
예절이 필요해	필립 잘베르/ 김벼리(옮김)	한울림어린이
후루룩 셰프의 예절 레시피	강정화/ 이희랑	다락원
마들린느의 예절수업	존 베멀먼즈 마르시아노/ 엄혜숙(옮김)	한솔수북
예절 바른 아이가 세상을 바꾼다.	양태석/ 김복화	살림어린이
레옹과 예절 이야기	아니 그루비/ 김성희(옮김)	진선아이
아빠, 전통예절이 뭐예요?	권경열/ 심창국	교학사
예절은 정말 쉽고 재밌어요.	크리스티네 메르츠 · 베티나 고첸-비크/이루리(옮김)	창조문화
이럴 땐 "고마워요!" 하는 거야	황윤선 · 황정밈/ 송수미	노란돼지
한이와 진이의 사자소학	형민사 편집부	형민사

제4장

효

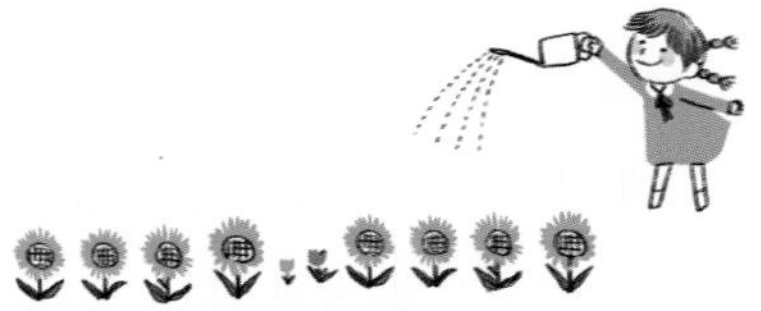

1. 의미 및 필요성

1) 의 미

한자 효(孝)는 늙은(老) 어버이를 등에 업고 있는 자식(子)의 모습을 형상화한 것이다. 즉, 부모가 자식의 등에 업혀 다녀야 할만큼 나이가 들어도, 자식은 낳아 주고 길러 준 부모를 잘 섬긴다는 것을 의미한다. 영어로 효를 표현하면 'filial duty'로, 그대로 풀이하면 '자식의 의무'다. 이처럼 동서양을 막론하고 효의 의미는 자식이 부모를 섬기는 것이 당연한 이치임을 내포하고 있다.

'효'란 협의적 의미로는 낳아 준 부모님의 깊은 사랑과 은덕에 진심으로 감사하고, 그 은혜에 보답하기 위하여 정성을 다해 공경하는 것이며, 광의적 의미로는 부모를 비롯한 어른과 스승을 대하는 기본 가치관이다. 즉, 효는 가정에서 부모와 자식 간의 협의의 윤리로 시작하여 그것이 가족윤리가 되고 또 나아가 사회국가적 윤리로 확대된다는 것이다.

중국 고대 유가의 경전인 『예기(禮記)』의 '예운편(禮運篇)'에서 '효'란 부자자효(父慈子孝)라는 기본적인 관계에서 출발한다. 여기서 '효'는 부모와 자식이 주체가 되는 인간애의 관계이며, 부모와 자식은 하늘이 맺어준 순수한 관계이므로 인간 본연의 사랑이 오가는 가장 인간적인 관계라는 것이다. 또한 『효경』에서는 “사람의 행동 중에는 효보다 더 큰 것이 없다.”라고 하였으며, “아버지를 섬기는 도리로써 임금을 섬기되 공경하는 마음을 같이 한다.”라고 하였다(정정애, 박영숙, 2009). 따라서 부자자효의 가정윤리로 시작된 협의적 의미의 효가 나아가서는 나라의 근본윤리라는 광의적 의미로 해석된다.

예로부터 우리나라는 효를 중요한 덕목으로 삼아 왔고 이를 실천해 왔다. 어린 자녀들에게는 『천자문(千字文)』과 『소학(小學)』 『동몽선습(童蒙先習)』을 가정에서 꾸준히 가르쳐 인간이 바르게 살아가야 하는 방법에 대해 가르쳤으며, 유소년이 되면 『격몽요결(擊蒙要訣)』로 인간이 살아가면서 기본적으로 행해야 하는 것에 대해 가르쳤다. 그중 『사자소학((四字小學)』은 자기수양의 방도를 수록한 교양필독서로 인의예지(仁義禮智)의 본성과 인간이 지켜야 할 오륜이 기록되어 있는데, 그 첫 장이 부모에 대한 자식의 효를 강조한 내용이다(엄기영, 2003). 이처럼 전통사회에서 효는 인간이 인간답게 살아가고자 할 때 가장 먼저 선행되어야 하는 인성 덕목 중 하나였다.

전통사회에서의 효는 모든 생활에 근본이 되는 가치관이었으나, 다양한 가족 형태와 기능이 혼재하는 현대사회에서는 전통윤리인 효의식이 점점 희박해지고 있다. 현대사회에서 효란 구시대의 낡은 이념으로 간과되고 있고, 가정에서는 부모가 마땅히 실천으로 보여 주어야 할 기본적인 효의 가치가 상실되고 있다. 사회문화적 환경이 바뀌었음에도 전통적인 효를 그대로 실천하자는 것은 아니지만, 효의 기본적인 가치는 전승되어야 한다. 즉, 전통적인 효의 근본적인 의미는 이어받되 이를 실천하는 방법은 현실적 여건에 맞도록 해야 한다.

정리하면, 효는 전통적으로 우리 조상들이 가정에서부터 중요하게 실천해 온 가치 덕목으로 국가의 중요한 바탕이 되어 왔다. 하지만 오늘날 가정에서부터 기본이 되어야 하는 효의 의미는 그 중요성을 잃어 기본적인 인간관계인 부모와 자식 관계부터 흔들리고 있다. 따라서 효를 지나버린 구시대의 가치관이 아니라 전승되어야 할 중요한 인성 덕목으로 인식하고 오늘날에 맞는 효의 의미와 방법을 찾는 것이 필요하다.

2) 필요성

지금 우리는 편리하고 빠른 기계의 홍수 속에서 가족관계를 포함한 인간관계의 어려움으로 인한 사건 · 사고들과 물질만능주의로 인한 사회적 병폐로 연일 충격적인 사건 · 사고를 접한다. 존속살해, 친족살해, 패륜행위, 성폭력 등 우리 민족의 기본정신인 효의 실천성이 결여되어 있는 시대에 살고 있다. 이러한 현대사회의 병폐를 치유하고 도덕성을 회복하기 위해서는 전통시대부터 우리 민족정신의 버팀목이며 인간을 존중하고 사랑하는 기본적인 가치가 담긴 효 교육이 필요하다.

효 교육은 어느 특정 시기에 이루어지는 발달과제가 아니라 태어날 때부터 자연스럽게 배우고 익히는 것이며, 이것은 가정에서 출발하여 점차 사회로 확대되어 나가야 한다. 그러므로 아이들의 인적 환경인 교사와 부모는 실천적 교육으로 효 교육에 접근해야 한다. 즉, 교사는 효의 교육적 가치를 인지하여 생활 속에서 자연스럽게 효를 실천하는 모습을 유아들에게 보여 주고, 효가 일상생활 속 구체적인 경험을 통해서 내면화되는 덕목 중 하나임을 간과하고 효 교육을 유아교육기관의 몫으로 전가해 버린 부모들의 효에 대한 의식 전환도 필요하다.

유아교육 현장에서도 효와 관련된 실천 자료들이 쏟아져 나오고 있으며, 효를 포함한 인성교육과 관련된 많은 연구 또한 활발하게 진행되고 있다. 그러나 기존 누리교육과정의 6개의 인성 덕목을 살펴보면, 다른 덕목에 비해 '효'에 관련된 내용이 가장 적게 구성되어 있다(이미란, 2014). 또한 일선의 교사들은 교수방법과 개념 인지의 애매함으로 인해 효 교육의 방향성을 잡지 못하고 있으며, 제시된 구체적인 실천방법 또한 부족한 실정이다.

효 교육은 단순한 지식적인 접근이나 일방적인 교수 등 인지적인 접근보다는 실천을 통한 가치명료화 및 도덕적 판단력을 기를 수 있는 접근이 필요하다(안옥련, 2010). 따라서 교육기관에서는 효 관련 그림책 활용과 토의활동, 부모님 및 이웃어른들을 도울 수 있는 방법 찾기 등의 실제적인 접근과 가정과 연계한 프로그램 개발로 효에 대한 새로운 개념의 성찰과 함께 현 시대에 맞는 실천방안을 검토해야 한다. 다문화 가정, 한부모 가정, 조부모 가정 등 다양한 가족 형태를 지니고 있는 우리 사회에서 전통적인 혈연 중심의 효를 강조하거나 대부분이 핵가족인 요즘 가정에 과거 대가족 형태에서 실천된 효의 내용들을 가르치는 것은 사회변화에 맞지 않는 이론적 접근에 불과할 뿐이다.

따라서 오늘날 효 교육은 전통적인 효의 잣대를 내세워 효를 강조하거나 현대적인 의미의 효에 집착하는 것이 아니라, 전통적인 효의 개념을 현대적 의미로 재해석하여 우리의 생활윤리로 다시 뿌리내리도록 해야 할 것이다. 인생에서 배움의 첫 단추를 끼우는 유아기의 실천적 효 교육은 미래를 향한 의미 있는 가치교육이 될 것이다.

2. 교육과정에서 제시된 효 인성 덕목

만 3~5세 연령별 누리과정 지도서는 효를 '인간 된 도리를 충실히 하는 것'으로 정의하고 부모에 대한 효, 조부모에 대한 효, 지역사회 어른에 대한 효로 나누어 이에 대한 실천방안을 제시하고 있다.

1) 효의 교육내용

- 부모님 말씀을 잘 듣고 따르기
- 부모님께 예의 바르게 행동하기
- 부모님께 존댓말을 사용하기
- 부모님 도와드리기
- 부모님께 감사하는 마음 표현하기
- 부모님을 기쁘게 해 드리기
- 주변 어른들께 예의 바르게 행동하기

출처: 교육과학기술부, 보건복지부(2013). 3~5세 연령별 누리과정 교사용 지침서.

2) 연령별로 본 효의 빈도수

만 3~5세 연령별 누리과정에 제시된 6개의 인성 덕목을 연령별로 살펴본 결과, 다른 덕목에 비해 효의 빈도수는 전체 활동의 1.3%만 구성되어 가장 적은 분포를 나타내고 있다.

표 4-1 만 3~5세 연령별 누리과정 지도서의 효 분포

효의 하위 내용	3세		4세		5세		계	
	빈도	%	빈도	%	빈도	%	빈도	%
부모에 대한 효	7	1.2	5	0.7	4	0.8	16	0.9
조부모에 대한 효	1	0.2	2	0.3	0	0.0	3	0.2
지역사회 어른에 대한 효	1	0.2	3	0.4	0	0.0	4	0.2
소계	9	1.5	10	1.5	4	0.8	23	1.3
총계	608	100	668	100	484	100	1760	100

※ 참고 1 : (%)는 만 3~5세 연령별 누리과정 지도서에 제시된 전체 인성 덕목에서 효가 차지하는 비율을 나타낸 것임.
※ 참고 2 : 총계는 만 3~5세 연령별 누리과정 지도서에 제시된 6가지 인성교육 총계.
출처: 김영미(2013). 「만 3~5세 누리과정 '교사용 지도서'의 인성교육 내용 분석」에서 부분 발췌하여 수정 · 보완 및 재구성한 것임.

3) 생활주제 면에서 본 효 활동 및 빈도수

만 3~5세 연령별 누리과정에 제시된 생활주제 면에서 살펴본 효는 '나와 가족, 우리 동네, 우리나라'에 집중되어 상당히 편향적으로 구성되어 있다.

표 4-2 생활주제 면에서 본 효 활동

나와 가족	부모님의 마음을 기쁘게 해 드려요 (부모님에 대한 효/ 이야기 나누기) 엄마, 아빠를 초대해요 (부모님에 대한 효/ 행사) 옛날이야기 (조부모님에 대한 효/ 음악활동) 어른께는 높임말을 사용해요 (조부모님에 대한 효/ 자유선택활동 · 언어) 할아버지, 할머니를 초대해요 (조부모님에 대한 효/ 행사)
우리 동네	우리 동네에 계신 할아버지, 할머니 (지역사회 어른에 대한 효/ 현장학습)
우리나라	이야기보따리 할머니(지역사회 어른에 대한 효/ 동화) 우리나라 전통예절을 배워요(지역사회 어른에 대한 효/ 동작활동) 북두칠성이 된 일곱 형제(부모님에 대한 효/ 동화) 돈 속에 숨어 있는 효 이야기(부모님에 대한 효/ 이야기 나누기)

출처: 교육과학기술부, 보건복지부(2013). 3~5세 연령별 누리과정 교사용 지침서.

표 4-3 생활주제 면에서 본 연령별 효 활동의 빈도수

생활주제	효의 하위 내용	3세		4세		5세		계	
		빈도	%	빈도	%	빈도	%	빈도	%
유치원 어린이집과 친구	부모에 대한 효	0	0.0	0	0.0	0	0.0	0	0.0
	조부모에 대한 효	0	0.0	0	0.0	0	0.0	0	0.0
	지역사회 어른에 대한 효	1	1.5	0	0.0	0	0.0	1	0.5
	소계	1	1.5	0	0.0	0	0.0	1	0.5
	총계	67	100	64	100	61	100	192	100
나와 가족	부모에 대한 효	7	8.9	5	6.7	3	6.5	15	7.5
	조부모에 대한 효	1	1.3	1	1.3	0	0.0	2	1.0
	지역사회 어른에 대한 효	0	0.0	1	1.3	0	0.0	1	0.5
	소계	8	10.1	7	9.3	3	6.5	18	9.0
	총계	79	100	75	100	46	100	200	100
우리 동네	부모에 대한 효	0	0.0	0	0.0	0	0.0	0	0.0
	조부모에 대한 효	0	0.0	0	0.0	0	0.0	0	0.0
	지역사회 어른에 대한 효	0	0.0	2	2.4	0	0.0	2	0.8
	소계	0	0.0	2	2.4	0	0.0	2	0.8
	총계	75	100	83	100	90	100	248	100
동식물과 자연	부모에 대한 효	0	0.0	0	0.0	0	0.0	0	0.0
	조부모에 대한 효	0	0.0	0	0.0	0	0.0	0	0.0
	지역사회 어른에 대한 효	0	0.0	0	0.0	0	0.0	0	0.0
	소계	0	0.0	0	0.0	0	0.0	0	0.0
	총계	71	100	61	100	26	100	158	100
건강과 안전	부모에 대한 효	0	0.0	0	0.0	0	0.0	0	0.0
	조부모에 대한 효	0	0.0	0	0.0	0	0.0	0	0.0
	지역사회 어른에 대한 효	0	0.0	0	0.0	0	0.0	0	0.0
	소계	0	0.0	0	0.0	0	0.0	0	0.0
	총계	43	100	57	100	33	100	133	100
생활도구	부모에 대한 효	0	0.0	0	0.0	1	2.5	1	0.7
	조부모에 대한 효	0	0.0	0	0.0	0	0.0	0	0.0
	지역사회 어른에 대한 효	0	0.0	0	0.0	0	0.0	0	0.0
	소계	0	0.0	0	0.0	1	2.5	1	0.7
	총계	52	100	61	100	40	100	153	100

교통기관	부모에 대한 효	0	0.0	0	0.0	0	0.0	0	0.0
	조부모에 대한 효	0	0.0	0	0.0	0	0.0	0	0.0
	지역사회 어른에 대한 효	0	0.0	0	0.0	0	0.0	0	0.0
	소계	0	0.0	0	0.0	0	0.0	0	0.0
	총계	54	100	54	100	43	100	151	100
우리나라	부모에 대한 효	0	0.0	0	0.0	0	0.0	0	0.0
	조부모에 대한 효	0	0.0	0	0.0	0	0.0	0	0.0
	지역사회 어른에 대한 효	0	0.0	0	0.0	0	0.0	0	0.0
	소계	0	0.0	0	0.0	0	0.0	0	0.0
	총계	65	100	65	100	42	100	172	100
세계 여러 나라	부모에 대한 효	0	0.0	0	0.0	0	0.0	0	0.0
	조부모에 대한 효	0	0.0	0	0.0	0	0.0	0	0.0
	지역사회 어른에 대한 효	0	0.0	0	0.0	0	0.0	0	0.0
	소계	0	0.0	0	0.0	0	0.0	0	0.0
	총계	0	0	49	100	22	100	71	100
환경과 생활	부모에 대한 효	0	0.0	0	0.0	0	0.0	0	0.0
	조부모에 대한 효	0	0.0	0	0.0	0	0.0	0	0.0
	지역사회 어른에 대한 효	0	0.0	0	0.0	0	0.0	0	0.0
	소계	0	0.0	0	0.0	0	0.0	0	0.0
	총계	53	100	51	100	46	100	150	100
봄, 여름, 가을, 겨울	부모에 대한 효	0	0.0	0	0.0	0	0.0	0	0.0
	조부모에 대한 효	0	0.0	1	2.1	0	0.0	1	0.8
	지역사회 어른에 대한 효	0	0.0	0	0.0	0	0.0	0	0.0
	소계	0	0.0	1	2.1	0	0.0	1	0.8
	총계	49	100	48	100	35	100	132	100

※ 참고 1 : (%)는 만 3~5세 연령별 누리과정 지도서에 제시된 6가지 인성 덕목에서 효가 차지하는 비율을 나타낸 것임.
※ 참고 2 : 총계는 만 3~5세 연령별 누리과정 지도서에 제시된 6가지 인성교육 총계.
출처: 김영미(2013). 「만 3~5세 누리과정 '교사용 지도서'의 인성교육 내용 분석」 논문에서 부분 발췌하여 수정 · 보완 및 재구성한 것임.

3. 실천방안

1) 가 정

(1) 가정에서의 효 교육 필요성

교육의 시작점은 언제나 가정이므로 인성교육 또한 가정에서부터 시작해야 한다. 유아기는 부모나 교사를 지속적으로 모델링하는 시기이므로 가정과 기관에서는 일관성 있는 효 교육을 위해 체계적인 교육소통이 필요하다.

대가족 형태가 주를 이룬 전통사회에서는 밥상머리 교육을 통해 아이들에게 자연스럽게 효를 가르쳤고 생활 속의 실천을 통해 본보기가 되었지만, 핵가족화된 오늘날에는 조부모는 물론이거니와 주말부부, 자녀들의 유학 등으로 가족이 함께하는 시간이 상대적으로 많이 줄어들었다. 또한 맞벌이 부부의 증가로 아이들이 유아교육기관을 접하는 시기가 점점 앞당겨지고 있어 가정보다는 유아교육기관에서 시간을 보내는 경우가 많아졌다. 이로 인해 부모들은 가정에서 중점적으로 다루어야 할 효 교육조차 유아교육기관의 몫으로 넘겨 버리고 있는 실정이다.

아이들이 잘못을 하면 가장 먼저 부모가 책임을 지고 바로잡아야 한다. 부모는 가정에서 아이들이 지켜야 할 예절과 질서를 잘 훈육하여 사회에 내보내야 하는 책임이 있다. 가정은 기본적인 인간관계의 시작점이다. 가정에서 제대로 아이를 훈육하지 않으면서 사회에 나가 훌륭하게 잘 행동하리라고 기대하는 것은 부모로서 참으로 무책임한 태도다. 아무리 유아교육기관에서 아이들에게 제대로 된 효 교육을 한들 부모의 관심과 도움 없이는 무의미하다. 따라서 유아교육기관에서는 부모들의 효 교육 의식을 함양하는 데 도움을 주기 위한 실천방안으로 부모교육 자료를 정기적으로 배부하거나 각종 효 관련 행사에 부모들을 참여시키는 것이 필요하다.

쉬어가기

미국에 한 소년이 있었다.
그 소년의 꿈은 큰 배를 조종하는 선장이 되는 것이었다.
드디어 소년은 큰 선박회사에 서류를 넣었고, 다행히도 합격되어 떠나게 되었다.
아들이 선박회사에 취직해 떠나는 날 어머니가 하염없이 눈물을 흘리며 아들을 배웅했다.
마음이 약해진 아들은 우는 어머니를 그대로 두고 떠날 수 없었다.
마침내 아들은 어머니 옆에서 살기로 결심하고, 선박회사로 떠나지 않았다.
어머니의 괴로움과 고민을 덜어 주기 위해 자신의 꿈을 포기한 아들에게 어머니는 이렇게 말했다.
"부모를 공경하는 자녀는 이 세상에서도 잘 되고 복을 받는다고 했는데 너는 큰 복을 받거라."
훗날 이 아들이 자라서 미국의 초대 대통령이 되었다.
그가 바로 조지 워싱턴이다.
만일 조지 워싱턴이 어머니를 버리고 자신만의 꿈을 찾아 떠났다면, 큰 선박회사 선장이 되었겠지만 미국의 초대 대통령은 되지 못했을 것이다.

출처: 김용진 외(2015). 행복강사들의 행복한 인성교육.

(2) 가정에서의 효 교육을 위한 실천방안(예시)

- 기본적으로 부모가 바른 인성을 갖추도록 노력한다.
- 밥상머리 교육을 통해 효의 가치를 전달한다.
- 가정에서 부모님을 위해 자녀가 할 수 있는 일을 실천해 본다.
  (예: 신발 정리하기, 심부름하기, 장난감 정리하기 등)
- 어른에게 높임말을 사용해야 하는 이유를 설명하고, 집안의 어른이나 이웃에게 높임말을 사용하는 습관을 들인다.
- 교육기관에서 아이들이 활동한 효 교육을 일관성 있게 지지하고 도와준다.
- 가계도를 이용해 자신의 뿌리를 찾는 작업을 해 본다.

효 사진

조부모와 함께하기

부모에게 감사하기

지역사회 어른들을
기쁘게 해 드리기

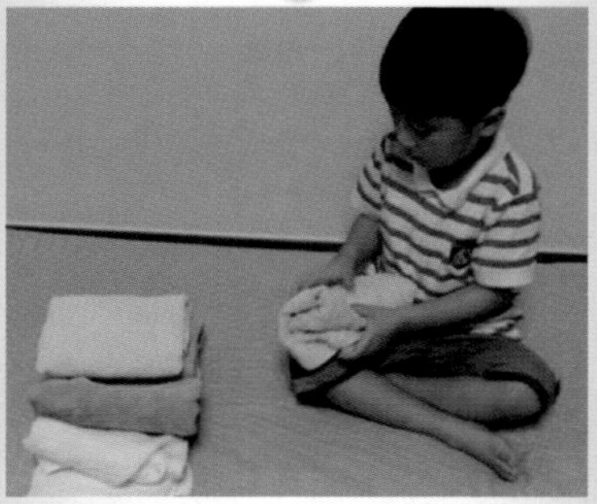

부모님 도와드리기

쉬어가기

나 자신을 깊이 들여다봐야 합니다.
내 안에 여러 해답이 있습니다.
아이에게 답이 있지 않습니다.
대개는 부모에게 답이 있습니다.
내가 왜 괴로운지, 괴로움을 어떻게 견디고 있는지
이를 어떻게 넘어갈 수 있을지 들여다보세요.
심지어 아이한테 심각한 문제가 있는 경우라 하더라도
아이를 변화시키는 답은 부모에게서 나옵니다.

출처: 서천석(2012). 하루 10분, 내 아이를 생각하다.

2) 교육기관

(1) 교육기관에서의 효 교육 필요성

유아교육기관에서 가장 영향력이 있는 사람은 원장이다. 원장의 교육철학에 따라 전반적인 교육내용이나 운영계획이 정해지는데, 기관에서 효 교육의 질과 양, 방법을 결정하는 것 또한 원장의 철학에 영향을 받는다. 그리고 교사는 아이들과 직접적인 경험을 하는 과정에서 실천적 지식을 그대로 전달하는 가장 중요한 존재다. 이처럼 아이들의 인성에 직·간접적으로 영향력을 행사하는 유아교육기관의 원장과 교사들은 스스로 효 교육에 관한 개념이나 실천지식을 인식할 필요가 있다.

최근 연구에 의하면 현직 교사들이 여러 인성 덕목 중 가장 가르치기 어려운 덕목으로 '효'를 꼽았다. 이것은 교사들이 '효'의 개념과 경계를 명확하게 인지하지 못할 뿐 아니라 부모와 자식 간의 관계에서만 바라본 협의적 의미의 효 개념으로만 효를 인식한 결과다. 만 3~5세 연령별 누리과정 지도서에도 명시되어 있듯 효는 가정에 국한되는 것이 아니라 이웃과 사회 어른까지 포함하는 광의적인 개념으로 인식해야 할 것이다.

교육기관의 효 교육 실천방안으로 가장 중요한 것은 당연히 교사의 모범이다. 유아교육기관에 종사하는 교사는 교사 그 자체가 교수자료다. 아이들은 교사의 말, 행동, 표정, 몸짓 모두를 여과 없이 그대로 받아들이고 따라 한다. 이 시기에 아이들이 가정에서 가장 많이 하는 놀이가 '선생님 놀이'라는 것이 이를 대변한다. 또한 유아기는 명확한 도덕적 판단을 내리기 어려운 시기이므로 교사가 어떠한 상황에서 한 행동을 비판 없이 그대로 받아들이게 된다. 예를 들어, 원장선생님이 교사에게 어떠한 지시를 내렸을 때 교사의 불평 어린 표정이나 말들을 아이들은 모델링할 것이고, 현장학습을 나갔을 때 걸음이 느려 횡단보도의 보행신호 동안에 미처 길을 다 건너지 못하는 노인을 도와주는 교사의 모습 또한 그대로 모델링할 것이다. 따라서 교사는 스스로 자신이 아이들에게 얼마나 큰 영향을 주는 교수매체인지를 인지해야 할 것이다.

(2) 유아교육기관에서의 효 교육 실천방안(예시)

- 매달 1회 정도 효행의 날을 운영하고, 각 가정에 효 실천 책자를 배부하여 가정에서 유아들이 효를 실천할 수 있도록 실천과제를 제시한다(예: 장난감 정리하기, 매일 '사랑해요'라고 말하고 안아 주기, 신발 정리하기, 부모님 발 씻겨 드리기 등).

표 4-4 **효 실천표 예시**

실천한 만큼 ♡하기		
실천 과제	♡	부모님 평가
부모님 어깨 주물러 드리기		
부모님 발 씻겨 드리기		
아침, 저녁 문안 인사하기		
내가 할 수 있는 집안일 도와드리기		
부모님 심부름하기		
부모님께 존댓말하기		
이웃 어른께 인사하기		
형제간에 사이좋게 지내기		

- 효와 관련된 동화나 시 읽어 주기, 동극 활동을 한다.

표 4-5 효 동화 예시

우리 할머니는 못하는 게 없어요. 내가 넘어지면 간호사가 되고, 배고플 땐 요리사가 되지요. 그런데 어느 날, 할머니가 다쳤어요. "내가 '호' 하면 할머니도 곧 나을 거야." "내가 '후후' 불면 뜨거운 죽도 금방 먹을 수 있어." 늘 할머니가 나를 돌봐 줬지만 이제는 내 차례예요. 출처: 윤희정(2014). 할머니가 아프던 날.

- 복지관이나 노인정을 방문하여 할아버지, 할머니와 함께 할 수 있는 전통 놀이를 해 본다. (예: 팽이 만들기, 공기놀이, 연 만들기 등)
- 효와 관련된 속담이나 사자성어가 생겨난 유래와 의미에 대해 토론해 본다.
- 조부모 참여수업이나 어버이날 프로그램 등 부모와 조부모가 참여할 수 있는 행사를 통하여 아이들이 효를 실천할 수 있는 다양한 활동을 구성한다.
- 효행일기를 쓴다.

쉬어가기

효와 관련된 사자성어

父慈子孝(부자자효)
부모는 자녀에게 자애로워야 하고, 자녀는 부모에게 효성스러워야 함을 이르는 말이다.

父子有親(부자유친)
가정윤리의 실천 덕목인 오륜(五倫)의 하나로, 부모와 자식은 친함이 있다는 뜻으로, 부모는 자식에게 인자하고 자녀는 부모에게 존경과 섬김을 다하라는 말이다.

事親以孝(사친이효)
신라시대 화랑이 지켜야 했던 다섯 가지 계율인 세속오계(世俗五戒)의 두 번째 계율로 효도로 어버이를 섬긴다는 뜻이다.

昏定晨省(혼정신성)
저녁에는 잠자리를 정하고, 새벽에는 살피고, 저녁에는 잠자리를 잘 정해 드리고, 새벽에는 편히 주무셨나를 살펴본다는 뜻으로 부모에게 효도하는 도리를 이르는 말이다.

反哺之孝(반포지효)
어미에게 되먹이는 까마귀의 효성이라는 뜻으로, 어버이의 은혜에 대한 자식의 지극한 효도를 이르는 말이다.

風樹之嘆(풍수지탄)
바람과 나무의 탄식. "나무가 고요하고자 하나 바람이 그치지 않고 자식이 봉양하고자 하나 부모는 기다리지 않는다."라는 말에서 나왔다. 효와 관련된 말로, 부모가 계시지 않음을 슬퍼한다는 의미다.

喪明之痛(상명지통)
아들이 죽자 상심한 나머지 밤낮으로 울다가 결국 눈이 멀고 말았다는 고사에서 나온 말로 불효 중에 가장 큰 불효는 자식이 부모보다 먼저 죽는 것이라는 말이다.

출처: 네이버 한자사전.

쉬어가기

정조의 효행

정조는 조선시대 22대 왕으로 백성을 위해 바른 정치를 펼친 분입니다. 효성 또한 지극하여 뒤주 속에서 세상을 떠난 아버지 사도세자의 명예를 회복하기 위해 아버지의 묘를 수원으로 옮기고 자주 찾아뵈었습니다.

수원에서 서울로 갈 때 지나게 되는 고갯마루에서 정조는 아버지의 묘소를 더 보고 싶은 마음에 자꾸만 아쉬워하며 "천천히 가자. 천천히 가자."라고 했다 합니다.
이에 후세 사람들은 이 고개를 '더디게, 더디게 넘어가는 고개'라는 뜻으로 더딜 지(遲) 자를 두 번 해서 '지지대 고개'라고 부르게 되었습니다.

정조가 능 행차 중 읊은 다음의 시를 보면 효심이 얼마나 깊었는지 잘 알 수 있습니다.

아침이나 저녁이나
사모하는 마음 다하지 못해
오늘 또 화성에 왔구나

부실 부실 비 내리니
배회하는 마음 둘 곳이 없어라

만약에 여기서 사흘 밤만 잘 수 있다면
더 바랄 게 없겠네

더디고 더딘 길
아바마마 생각하는 마음
흘러가는 구름 속에 생기네

출처: 조병묵(2015). 아이의 인생을 바꾸는 인성교육.

표 4-6 효 인성교육 관련 동화 목록

책 제목	지은이/그린 이	출판사
할머니가 아프던 날	윤희정/ 김호랑	아르볼
솥 안으로 들어간 거인	김선규/ 강미선	한국헤밍웨이
이 시대에 꼭 필요한 10가지 효도 & 충성 이야기	육은숙/ 손만진	학은미디어
선생님이 들려주는 효 이야기	파란마음 만들기/ 송수은	늘푸른아이들
노란상상 인성동화시리즈	엘리산다 로카/ 크리스티나 로산토스	노란상상
꽁지 닷 발 주둥이 닷 발	박청호/ 정은희	한국헤밍웨이
가은이의 배꼽인사	한태희/ 김신희	소담주니어
기본습관과 바른 인성을 길러주는 인성발달 생활동화 세트(전 30권)	요스북	키즈김영사
호랑이 형님과 나무꾼 아우	김배균/ 김완진	한국헤밍웨이
효성 깊은 며느리와 호랑이	이규희, 최은규/ 정지영	교학사
호랑이와 효자	김장성/ 백성민	이야기꽃
하늘을 감동시킨 효자	박산식/ 최지경	한국헤밍웨이

제 5 장

정 직

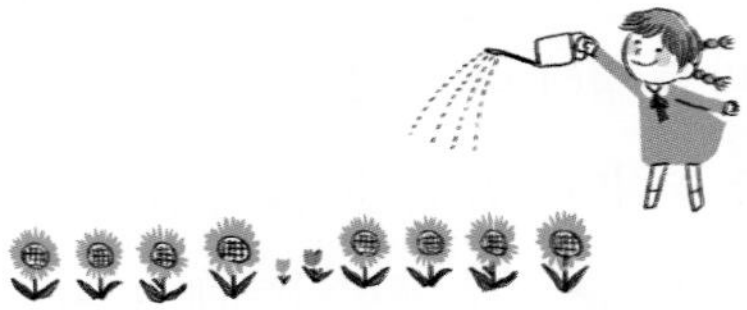

1. 의미 및 필요성

1) 의 미

정직은 교육과정에서 중요하게 다루어지는 기본 덕목으로, 우리나라 창의인성교육에서 인성이 뒷받침된 창의적 인재 육성을 위한 기본 덕목으로 중요하게 다루고 있다. 여러 연구에서도 도덕적으로 모범이 되는 사람이 지니고 있는 중요한 특성의 하나가 정직이라는 것을 밝히고 있다.

정직의 개념은 사회적 현상으로 일상생활의 복잡하고 다양한 요인과 관계되어 있고 관점에 따라 다양하게 인식되어 행동에 반영되기 때문에, 정직이라는 용어를 명확하게 규정하는 것은 쉬운 일이 아니다. 따라서 정직에 대한 다양한 견해를 살펴보는 것은 정직의 의미를 도출하는 데 필요하다. 정직에 대한 견해는 크게 세 가지 입장으로 절대적 규범으로 보는 입장, 상황 의존적으로 보는 입장, 사회적 책임으로 보는 입장으로 정리할 수 있을 것이다. 먼저, 절대적 도덕규범으로 보는 입장에서는 정직을 어떠한 상황에서도 절대적으로 지켜야 하는 규범으로 판단하고 그러한 행위를 하도록 한다(Kohlberg, 1958; Piaget, 1965). 이에 반해 두 번째 입장은 상황의존적인 입장에서 정직을 보는 것으로, 어떠한 상황에서도 절대적으로 지켜야 하는 규범으로 판단하고 그러한 행위를 하도록 하는 것이 아니라 상황에 따라 정직도 달라질 수 있다고 본다(Grinder, 1964). 세 번째 입장은 사회적 책임으로 보는 입장으로 정직이 개인 간, 집단과 집단 또는 국가와 국가 간의 관계에서 상대에 대한 신뢰를 바탕으로 한다고 본다(송명자, 1995).

정직(正直)의 사전적 의미는 '마음에 거짓이나 꾸밈이 없이 바르고 곧음(국립국어원, 2016)'으로 정의된다. 한자어로는 바를 정(正)과 곧을 직(直)을 합하여 바르고 곧음을 일컫는다. 정직과 의미가 비슷한 단어로는 솔직(率直), 진실(眞實), 정진(正眞), 경경(梗梗), 경정(梗正)이 사용되고 있다. 영어로는 정직을 'honesty'로 표현하는데, 'honesty'는 라틴어 'honestus'에서 유래된 것으로 존경, 공경, 영광의 의미인 영예(honour)를 뜻한다. 일반적으로 정직은 긍정적 성격을 표현하고자 할 때 사용되는 낱말로 근면, 온순, 공손, 겸손, 침착, 과묵, 검소, 신중과 연관 지어 표현되기도 한다.

정직이란 말을 최초로 언급한 『서경(書痙)』과 『시경(詩經)』에서는 정직을 '이치에 어긋남과 왜곡됨이 없고 임금의 도리는 곧을 것'[1]이라 하여 임금이 갖추어야 할 첫 번째 덕목으로 지적하였다. 맹자의 인의도덕론(仁義道德論)에서는 '옳고 그름을 분별하는 마음, 부끄럽게 여기는 마음, 양보하는 마음' 세 가지를 정직성의 기초로 보았으며, 정직을 있는 대로 말하고 있는 대로 하는 것, 즉 사실대로 말하고 당위대로 행동하는 것으로 정의하여 정직함을 도덕 그 자체로 보고 도덕성을 이루는 근간이라고 보았다(장희선, 2015). 또한 정직은 타인을 속이지 않고 자신이 알고 있는 것을 최대한 사실대로 표현하는 '대화에서의 정직'과, 훔치거나 부정행위를 하거나 기만과 속임수를 쓰지 않고 규칙에 따라 행동하는 '행위에서의 정직'으로 구분되기도 한다(정창우, 손경원, 김남준, 신호재, 한혜민, 2013).

한국인들이 정직의 개념을 어떻게 인식하고 있는지 분석한 연구 결과(장희선, 2015)에 의하면 한국인들은 정직을 5가지로, 즉 진실성, 준법성, 충실성, 정의성, 원칙주의로 범주화하고 있었다. 원칙주의와 진실성은 외부자의 관점에서 정직한 사람을 보았을 때 인식되는 수동적인 관점의 특성이고, 준법성과 정의성, 충실성은 행위자가 주체적으로 정직한 행동을 실천하기 위한 능동적 관점의 특성을 말한다. 이 중 원칙주의와 정의성은 개인적인 삶을 통해 나타

1) '임금의 본분은 정치를 함에 있어 마음이나 뜻이 흔들림 없이 바르게 하여야 한다'는 뜻임.

나는 특성으로 개인의 삶에 내면화된 자질이라 할 수 있으며, 준법성은 사회–관계 차원에 해당하는 것으로 상대방과의 관계에서 요구되는 '공동체 안에서의 바람직한 시민'으로 생활하기 위하여 기본적으로 지켜야 하는 능동적 행동 특성을 말한다. 이 연구에서 한국인들은 진실성을 중요한 정직 개념으로 여기고 있었는데, 거짓말하지 않기, 사실대로 말하기, 속이지 않기 등의 진실성을 정직의 핵심 요소로 인식했다.

이상과 같은 내용들을 정리하여 보면, 정직이란 마음을 곧고 바르게 가짐으로써 말과 행동에 꾸밈과 거짓이 없는 것으로 바른 말과 바른 행동을 언제나 일관되게 실천하는 것이라 할 수 있다. 이러한 정직은 신뢰의 중요한 필수 요소이기도 하며 모든 윤리적 가치관에서 가장 기본이라 할 수 있다. 따라서 정직은 행동과 의사소통에서의 정직함을 말하는 것으로 보인다. 행동에서의 정직은 규칙과 법칙에 따라 행동하는 것으로 남을 속이거나 남의 물건을 훔치지 않는 것을 말한다. 의사소통에서의 정직은 자신의 능력 내에서 있는 사실을 표현하려는 태도(믿음성, trustfulness), 타인의 잘못을 이끌거나 해를 끼치려는 의도가 없이 말하는 것(진실성, sincerity), 있는 그대로 나의 모습을 드러내고 예상하거나 관찰된 것을 솔직히 말로 드러내는 것(솔직성, honesty)이 반영되는 것이라 할 수 있다.

2) 필요성

사람과 사람이 살아가는 사회구조 속에서 정직을 기반으로 하는 신뢰는 중요하다. 속담에 "거짓말은 십 리를 못 간다." "말은 바른 대로 하고 큰 고기는 내 앞에 놓아야 한다." "입은 비뚤어져도 말은 바로 해야 한다." 등이 있다. "거짓말은 십 리를 못 간다."와 "말은 바른 대로 하고 큰 고기는 내 앞에 놓아야 한다."라는 속담은 어떤 일이나 상황에서 일시적으로 사람을 속일 수는 있지만 오랫동안 속이지는 못한다는 의미다. 또한 "입은 비뚤어져도 말은 바로 해야 한다."라는 속담은 말이란 언제나 바르게 사용하여야 한다는 의미다. 이러한 속담에서 알 수 있는 것은 말은 언제나 바르게 하여야 하고 거짓말은 일시적으로 사람을 속일 수는 있지만 오래가지 못하기에 상대를 속이려 하지 말고 사실을 있는 그대로 솔직하게 털어놓아야 한다는 것을 인식시켜 준다. 즉, 인간관계에서 매사에 정직하고 거짓이 없어야 한다는 것은 어떤 상황에서도 말과 행동을 거짓 없이 바르게 표현하여 신뢰를 얻는 것이 필요하다는 뜻으로, 이는 곧 정직을 일컫는다.

마음을 곧고 바르게 가짐으로써 말과 행동에 거짓과 꾸밈이 없는 것을 뜻하는 정직은 진실한 것으로 거짓말을 하거나 속이지 않으며 바른 행동을 하는 것이다. 따라서 정직은 사람을 수단으로 여기지 않는다. 정직한 사람은 상대를 동등하게 대하고 진실하게 대하며 인격적으로 대우하고 진심으로 대한다. 정직에 대한 인식이 없으면 인간으로서 지녀야 할 착하고 바른 마음과 사물을 옳고 그름으로 판단하고 다스리는 것에 대한 능력을 잃게 된다. 우리는 어떤 상황에서 때로는 자의든 타의든, 의도하였든 의도하지 않았든 거짓말을 하는 경우가 있을 수 있다. 하지만 그러한 거짓말은 대부분 비윤리적인 경우가 많고 순간의 행복을 줄 수 있을지는 몰라도 결국 더 큰 불행을 자초하는 결과를 이끌 수 있다.

이솝우화 '양치기 소년과 늑대'의 이야기는 정직이 얼마나 중요한지를 알려 준다. 양치기 소년이 양을 돌보던 중 심심하여 거짓말로 "늑대가 나타났다." 하고 소리쳐 마을 사람 모두를 놀라게 하였다. 놀란 마을 사람들이 양치기 소년을 구하기 위해 단숨에 달려갔으나 한낱 소년의 거짓된 장난임을 알게 되었다. 그 후에도 몇 번 계속된 거짓말에 지친 마을 사람들은 진짜 늑대가 나타났다는 소년의 다급한 외침에도 또 거짓말일 것이라 생각하고 구하러 달려가지 않았다. 이 동화는 거짓말로 사람을 속이는 것은 더 큰 불행을 초래한다는 것과 정직이 신뢰에 얼마나 중요한지를 알게 해 준다. 정직하지 않은 언행은 결국 자신을 망치고 신뢰할 수 없는 사람으로 낙인 찍히게 되며 불행을 자초하게 된다. 따라서 정직을 생활 속에서 바르고 곧게 늘 드러내도록 실천하는 것이 필요하다.

정직은 인간관계에서 상대를 믿고 신뢰하는 데 기본적이고 필요한 요소다. 정직하다는 것은 진실하고 신뢰할 수 있다는 것이다. 우리는 정직하다고 인식하는 상대를 신뢰하고 긍정적인 인상을 가지며 그 사람에 대해 좋은 평을 한다. 신뢰하고 믿을 수 있는 사회가 되기 위해서는 정직한 사회를 만들어야 하고, 정직한 사회를 만드는 것은 건강한 사회를 만드는 것이다. 따라서 생애 발달단계 중 유아기는 양심과 도덕이 발달하는 결정적 시기이자 초자아가 확립되는 데 중요한 시기이므로 실천 위주의 정직에 대한 인성교육이 필요하다.

쉬어 가기

창백하고 정직한 신하를 비호한 효종대왕(孝宗大王)

–공사견문록(公私見聞錄)–

인조(仁組)가 소현세자(昭顯世子)의 비(妃)인 강 씨(姜氏)에게 죽음을 내릴 때에 조정 신하들이 인조의 그러한 처사가 부당하다고 간하며, 간언을 받아들이지 않으면 벼슬을 버리고 가겠다고까지 하였다. 그러자 인조는 격노하여 이렇게 말하였다.

"가고 싶은 자는 가거라, 내가 말리지는 않겠다."

이때 세자로 있던 효종이 틈을 타서 인조에게 조용히 아뢰었다.

"아바마마께서 실언을 하셨습니다. 임금은 반드시 벼슬에 욕심이 없는 맑고 곧은 선비를 선택하여 조정에 두고, 그 말을 채용하여야 국가를 보전할 수 있는 것입니다. 비위에 거슬린다고 해서 화를 내고, 신하들이 물러가는 것을 그대로 두신다면 조정에 남아 있는 자들은 모두 벼슬만을 보전하려고 임금의 비위만 맞추는 비루한 자들뿐일 것입니다. 이래서는 나라가 망하지 않을 수 없습니다."

그러자 인조는 크게 뉘우쳤다.

"내가 과연 실언(失言)을 하였구나."

출처: 성백효(1996). 선조들의 명언 일화 2. pp. 125-126.

2. 교육과정에 제시된 정직 인성 덕목

교육과학기술부(2011)는 인성교육의 내용을 배려, 존중, 협력, 나눔, 질서, 효로 제시하여 유아교육 현장에서 인성교육이 이루어질 수 있도록 하였다. 또한 만 3~5세 대상의 누리과정 교사용 지도서에는 유아기의 인성 덕목을 교육하도록 활동별로 인성교육 요소를 명시함으로써 교사들이 다양한 활동에 포함된 인성교육의 내용을 인지하고 적극적으로 활용할 수 있게 하고 있다.

인성교육 내용을 정리한 연구들을 보면, 인성교육 내용으로 기본생활습관, 사회 정서적 덕목, 윤리 도덕적 덕목을 제시하면서 그중 윤리 도덕적 덕목의 구성요소로 정직을 제시하고 있다(최민수, 2011). 인성교육 내용을 개인 영역과 공동체 영역으로 나눈 연구(김숙자, 2012)에서도 개인 영역으로는 내면적 자아와 외현적 자아, 공동체 영역으로는 대인관계, 공동체의식, 민족성, 세계시민성을 제시하였는데, 그중 개인 영역의 외현적 자아에 정직을 구성요소로 제시하고 있다. 그 밖의 연구(이원영, 방인옥, 박찬옥, 1992; Berkowitz & Grych, 2000)에서도 인성 덕목으로 정직을 제시하고 있다.

이와 같이 여러 연구에서 정직이 인성교육 내용으로 제시되어 있으나 교육과학기술부에서 제시한 유아 인성교육 덕목에는 정직이 제시되어 있지 않다. 하지만 사회생활 속에서 인간이 마땅히 지켜야 할 도덕과 윤리적 규범을 알고 실천하는 것은 사회질서가 붕괴되는 위험으로부터 인간을 보호하고 정의로운 사회를 실현하는 데 필요한 것으로 이는 정직이 근간이 되어야 가능하다. 따라서 비록 정직이 유아 인성교육 요소로 제시되지는 않았지만 교육과학기술부에서 제시한 6가지 인성 덕목(배려, 존중, 협력, 나눔, 질서, 효) 중에서 정직과 관련되는 질서 인성 덕목을 살펴볼 필요가 있다.

질서란 민주주의 사회에서 책임감 있는 민주시민으로서 살아가기 위해 필요한 사회규범을 지키는 것(교육과학기술부, 2011)으로 정직, 양심, 절제, 정의를 포함하고 있다. 질서 인성 덕목의 하위 내용으로는 기초질서, 법질서, 사회질서를 제시하고 있다. 기초질서는 자신의 순서나 차례를 지켜야 하는 질서, 법질서는 교통질서와 같이 국가의 법률이나 규칙을 지켜야 하는 질서, 사회질서는 사회의 여러 요소와 집단이 조화롭게 균형을 이루는 질서를 의미하는 것으로 이러한 기초질서, 법질서, 사회질서는 정직이 기초가 되어야 가능하다 할 수 있다.

정직이 포함된 질서의 인성교육 정의 및 하위 내용을 알아보면 다음과 같다(교육과학기술부, 2011).

표 5-1 정직이 포함된 질서 인성교육의 정의 및 하위 내용

인성교육 덕목	정 의	하위 내용
질서	민주주의 사회에서 책임감 있는 민주시민으로 살아가기 위해 필요한 사회규범을 지키는 것	기초질서(자기 순서나 차례를 지켜야 하는 질서)
		법질서(교통질서와 같이 국가의 법률이나 규칙을 지켜야 하는 질서)
		사회질서(사회의 여러 요소와 집단이 조화롭게 균형을 이루는 질서)

다음으로 만 3~5세 연령별 누리과정 교사용 지도서에 제시된 질서의 인성교육 하위 내용 분포를 알아보면 다음과 같다.[2)]

표 5-2 정직이 포함된 질서 인성 덕목의 하위 내용 분포

빈도(%)

인성교육 덕목	하위 내용	3세	4세	5세	계
질서	기초질서	78(12.7)	70(10.5)	44(8.9)	192(32.1)
	법질서	10(1.6)	11(1.7)	5(1.0)	26(4.3)
	사회질서	18(2.9)	14(2.1)	20(4.1)	52(9.1)
	기타	1(0.2)			1(0.2)
	계	107(17.4)	95(14.3)	69(14.0)	271(45.7)

※참고 : (%)는 만 3~5세 연령별 누리과정 지도서에 제시된 6가지 인성 덕목에서 질서가 차지하는 비율을 나타낸 것임.

만 3~5세 연령별 누리과정 지도서에 질서의 인성교육은 총 271회 제시되어 있다. 하위 내용별로 '기초질서(192회)' '사회질서(52회)' '법질서(26회)'가 제시되어 있는데, 그중 '기초질서'를 가장 많이 다루고 있다. 연령별로는 '기초질서'는 3세(78회)에, '법질서'는 4세(11회)에, '사회질서'는 5세(20회)에 가장 많이 제시되어 있다.

이번에는 정직이 포함된 질서 인성교육이 만 3, 4, 5세 누리과정 지도서에 제시된 생활 주제별 분포를 알아보면 다음과 같다.

표 5-3 만 3세 정직이 포함된 질서 인성교육의 생활주제별 분포

빈도(%)

		*1) 유치원	나와 가족	우리 동네	*2) 동식물	*3) 건강 안전	생활 도구	교통 기관	우리 나라	*4) 환경	*5) 계절	계
질서	기초 질서	17 (2.7)	6 (1.0)	4 (0.6)	4 (0.6)	11 (1.8)	14 (2.3)	9 (1.5)	1 (0.2)	6 (1.0)	6 (1.0)	78 (12.7)
	법질서					6 (1.0)		4 (0.6)				10 (1.6)

2) 제시된 표들은 박선미(2013)의 논문 「누리과정 교사용 지도서에 나타난 인성교육 요소 분석-연령, 생활주제, 활동영역을 중심으로-」에서 부분 발췌하여 수정·보완 및 재구성한 것임.

	사회 질서	2 (0.3)		3 (0.4)		4 (0.6)	3 (0.4)	3 (0.4)		2 (0.3)	1 (0.2)	18 (2.6)
	기타									1 (0.2)		1 (0.2)
	계	19 (3.0)	6 (1.0)	7 (1.0)	4 (0.6)	21 (3.4)	17 (2.7)	16 (2.5)	1 (0.2)	9 (1.5)	7 (1.2)	107 (17.1)

※참고 1 : (%)는 만 3세 누리과정 지도서에 제시된 6가지 인성 덕목에서 질서가 차지하는 비율을 나타낸 것임.
※참고 2 : *1) 유치원/어린이집과 친구 *2) 동식물과 자연 *3) 건강과 안전 *4) 환경과 생활 *5) 봄 · 여름 · 가을 · 겨울.

만 3세 누리과정 지도서에 나타난 생활주제별 질서의 인성교육 요소는 '건강과 안전(21회)'에서 가장 많은 활동이 제시되어 있고, 그다음은 '유치원/어린이집과 친구(19회)' '생활도구(17회)' '교통기관(16회)' '환경과 생활(8회)' '우리 동네(7회) · 계절(7회)' '나와 가족(6회)' '동식물과 자연(4회)' '우리나라(1회)'순으로 활동이 제시되어 있다. 질서의 하위 내용별로는 '기초질서'는 생활주제 '유치원/어린이집과 친구'에 가장 많이 제시되어 있고, '법질서'와 '사회질서'는 '건강과 안전'에 가장 많이 제시되어 있다.

표 5-4 만 4세 정직이 포함된 질서 인성교육의 생활주제별 분포

빈도(%)

		*1) 유치원	나와 가족	우리 동네	*2) 동식물	*3) 건강 안전	생활 도구	교통 기관	우리 나라	세계	*4) 환경	*5) 계절	계
질서	기초 질서	9 (1.4)	4 (0.6)	2 (0.3)	3 (0.4)	8 (1.2)	11 (1.7)	17 (2.6)	1 (0.1)	3 (0.4)	6 (0.9)	6 (0.9)	70 (10.5)
	법질서		3 (0.4)			1 (0.1)		7 (1.1)					11 (1.6)
	사회 질서	1 (0.1)		4 (0.6)		4 (0.6)	4 (0.6)			1 (0.1)			14 (2.0)
	계	10 (1.5)	7 (1.0)	6 (0.9)	3 (0.4)	13 (1.9)	15 (2.3)	24 (3.7)	1 (0.1)	4 (0.5)	6 (0.9)	6 (0.9)	95 (14.1)

※참고 1 : (%)는 만 4세 누리과정 지도서에 제시된 6가지 인성 덕목에서 질서가 차지하는 비율을 나타낸 것임.
※참고 2 : *1) 유치원/어린이집과 친구 *2) 동식물과 자연 *3) 건강과 안전 *4) 환경과 생활 *5) 봄 · 여름 · 가을 · 겨울.

만 4세 누리과정 지도서에 나타난 생활주제별 질서의 인성교육 요소가 가장 많이 제시된 생활주제는 '교통기관(24회)'이고, 그다음이 '생활도구(15회)' '건강과 안전(13회)' '유치원/어린이집과 친구(10회)' '나와 가족(7회)' '우리 동네(6회) · 환경과 생활(6회) · 계절(6회)' '세계 여러 나라(4회)' '동식물과 자연(3회)' '우리나라(1회)'순으로 제시되어 있다. 질서의 하위 내용별로는 '기초질서'와 '법질서'는 생활주제 '교통기관'에, '사회질서'는 '우리 동네, 건강과 안전, 생활도구'에 가장 많이 제시되어 있다.

표 5-5 만 5세 정직이 포함된 질서 인성교육 생활주제별 분포

빈도(%)

		*1) 유치원	나와 가족	우리 동네	*2) 동식물	*3) 건강 안전	생활 도구	교통 기관	우리 나라	*4) 세계	*5) 환경	*6) 계절	계
질서	기초 질서	10 (2.0)		8 (1.6)		3 (0.6)	8 (1.6)	6 (1.2)		3 (0.6)	1 (0.2)	5 (1.0)	44 (8.8)
	법 질서					1 (0.2)		3 (0.6)			1 (0.2)		5 (1.0)
	사회 질서			9 (1.8)		4 (0.8)	1 (0.2)	4 (0.8)			2 (0.4)		20 (4.0)
	계	10 (2.0)		17 (3.4)		8 (1.6)	9 (1.8)	13 (2.6)		3 (0.6)	4 (0.8)	5 (1.0)	69 (13.8)

※참고 1: (%)는 만 5세 누리과정 지도서에 제시된 6가지 인성 덕목에서 질서가 차지하는 비율을 나타낸 것임.
※참고 2: *1) 유치원/어린이집과 친구 *2) 동식물과 자연 *3) 건강과 안전 *4) 세계 여러나라 *5) 환경과 생활 *6) 봄 · 여름 · 가을 · 겨울.

만 5세 누리과정 지도서에 나타난 생활주제별 질서의 인성교육은 '우리 동네(17회)'에 가장 많이 제시되어 있고, 그다음이 '교통기관(13회)', '유치원/어린이집과 친구(10회)' '생활도구(9회)' '건강과 안전(8회)' '계절(5회)' '환경(4회)' '세계 여러 나라(3회)'순으로 제시되어 있다. 질서의 하위 내용별로는 '기초질서'는 생활주제 '유치원/어린이집과 친구'에, '법질서'는 '교통기관'에, '사회질서'는 '우리 동네'에 가장 많이 제시되어 있다.

다음으로 만 3~5세 연령별 누리과정 교사용 지도서에 제시된 질서 인성교육 요소를 자유선택활동영역과 집단활동별로 알아보면 다음과 같다.[3)]

3) 제시된 표들은 박선미(2013)의 논문「누리과정 교사용 지도서에 나타난 인성교육 요소 분석–연령, 생활주제, 활동영역을 중심으로–」에서 부분 발췌하여 수정 · 보완 및 재구성한 것임.

표 5-6 만 3세 정직이 포함된 질서 인성교육의 실내외 자유선택활동영역과 집단활동별 분포 빈도(%)

	실내외 자유선택활동영역										
	쌓기	역할	쌓/역	과학	미술	수조작	음률	언어	바깥		계
질서	3 (1.0)	3 (1.0)		7 (2.3)	3 (1.0)	17 (5.5)	3 (1.0)	6 (1.9)	11 (3.6)		53 (17.3)
	집단활동										
	이야기	동화	동시	동극	신체	게임	미술	음악	요리	현장	계
질서	7 (2.4)	3 (1.0)	2 (0.7)	1 (0.3)	2 (0.7)	22 (7.6)	1 (0.3)	3 (1.0)	3 (1.0)	5 (1.7)	49 (16.7)

※참고 : (%)는 만 3세 누리과정 지도서에 제시된 6가지 인성 덕목에서 질서가 차지하는 비율을 나타낸 것임.

만 3세 누리과정 지도서에 나타난 실내외 자유선택활동 영역별 질서 인성교육은 총 53회 제시되어 있고 그중 '수조작영역(17회)'에 가장 많이 포함되어 있다. 집단활동별 질서 인성교육은 총 49회 제시되어 있으며 그중 '게임(22회)'에 가장 많이 포함되어 있다.

표 5-7 만 4세 정직이 포함된 질서 인성교육 실내외 자유선택활동영역과 집단활동별 분포 빈도(%)

	실내외 자유선택활동영역										
	쌓기	역할	쌓/역	과학	미술	수조작	음률	언어	바깥		계
질서				3 (0.9)		18 (5.6)	1 (0.3)	7 (2.2)	8 (2.5)		37 (11.5)
	집단활동										
	이야기	동화	동시	동극	신체	게임	미술	음악	요리	현장	계
질서	9 (2.7)	3 (0.9)	3 (0.9)		4 (1.2)	19 (5.7)	1 (0.3)	2 (0.6)	3 (0.9)	6 (1.8)	50 (15.0)

※참고 : (%)는 만 4세 누리과정 지도서에 제시된 6가지 인성 덕목에서 질서가 차지하는 비율을 나타낸 것임.

만 4세 누리과정 지도서에 나타난 자유선택활동 영역별 질서 인성교육은 총 37회 제시되어 있고 그중 '수조작영역(18회)'에 가장 많이 포함되어 있다. 집단활동별 질서 인성교육은 총 50회 제시되어 있으며, 그중 '게임(19회)'에 가장 많이 포함되어 있다.

표 5-8 만 5세 정직이 포함된 질서 인성교육 실내외 자유선택활동영역과 집단활동별 분포 빈도(%)

	실내외 자유선택활동영역										
질서	쌓기	역할	쌓/역	과학	미술	수조작	음률	언어	바깥		계
	1 (0.4)	2 (0.9)	1 (0.4)	1 (0.4)	1 (0.4)	9 (4.0)	2 (0.9)	4 (1.8)	12 (5.3)		33 (14.5)
	집단활동										
	이야기	동화	동시	동극	신체	미술	음악	요리	현장	과학	계
	11 (4.3)	4 (1.6)	1 (0.4)		4 (1.6)	8 (3.1)	3 (1.2)		2 (0.8)	1 (0.4)	34 (13.4)

※참고 : (%)는 만 5세 누리과정 지도서에 제시된 6가지 인성 덕목에서 질서가 차지하는 비율을 나타낸 것임.

만 5세 누리과정 지도서에 나타난 실내외 자유선택활동 영역별 질서의 인성교육 요소는 총 33회 제시되어 있고 그중 '바깥놀이(12회)'에 가장 많이 포함되어 있다. 집단활동별 질서 인성교육은 총 34회 제시되어 있으며 그중 '이야기 나누기(11회)'에 가장 많이 포함되어 있다.

이상과 같이 만 3~5세 연령별 누리과정 교사용 지도서에는 질서 인성 덕목의 하위 내용에 정직이 포함되어 있다. 즉, 질서의 하위 내용인 기초질서, 법질서, 사회질서는 정직을 기초로 하며, 그중 기초질서에 활동이 집중되어 있다. 특히 연령별로는 만 3세에 활동이 집중되어 있다.

3. 실천방안

유아가 정직의 가치를 일상생활 속에서 경험할 수 있게 하려면 먼저 부모나 교사, 어른들이 정직하게 살아가는 모습을 보여야 한다. 유아는 주위 환경으로부터 다양한 직간접적인 영향을 받으면서 긍정적인 자아가 형성된다. 또한 유아기는 신뢰감과 근면성이 형성되는 시기로 정직의 기초가 되는 신뢰감과 근면성을 체험하기 위한 다양한 환경과 경험 또한 필요하다.

정직의 기초는 영유아 시기에 부모와의 친밀한 관계에서 신뢰감이 형성되면서 싹트게 된다. 부모가 영유아의 기본적인 요구와 필요에 적절하고도 일관성 있게 반응해 주면 영아는 자신이 사랑받고 귀한 존재라는 것을 느끼면서 부모에 대한 신뢰감이 형성된다. 이러한 경험은 성장 후 타인에 대해 긍정적 인식을 갖게 하며 세상을 긍정적으로 바라보게 한다. 긍정적으로 세상을 바라보는 유아는 자신과 다른 사람에 대해 신뢰하게 되고, 다른 사람과 함께 생활하기 위해 신뢰를 기반으로 하는 정직을 터득하게 된다.

유아기에 이루어져야 할 정직에 대한 경험은 거짓말을 하지 않는 것, 규칙과 질서를 잘 지키는 것, 사랑하는 마음을 가지는 것, 올바른 양심을 가지는 것이라 할 수 있겠다. 따라서 부모나 교사가 유아에게 바른 생활의 모범을 보여 줌으로써 정직의 가치를 생활 속에서 체험하고 실천하도록 하여야 한다. 또한 유아기는 초자아가 형성되어 양심이 생겨나는 시기로 이 시기의 다양한 경험을 통해 다른 사람을 신뢰하고 관계를 맺는 기초적인 능력을 발달시키고 그 방법을 배우게 되는 중요한 시기다. 따라서 이러한 것은 가정과 유아교육기관에서의 생활 속에서 습득되기 때문에 정직을 자연스럽게 체험하도록 하여야 한다.

어린 시절의 정직에 대한 경험은 성장 후 삶의 방향과 도덕적 행동의 수준에 영향을 미치므로 유아 시기에 정직에 대한 실천 위주의 인성교육이 필요하다. 그러므로 부모나 교사는 정직하게 살아가는 모습을 보여 주고 유아가 모델링하도록 하여야 한다. 또한 일상생활을 통해 유아들이 정직의 가치를 경험할 수 있도록 하여야 하겠다. 즉, 유아들에게 정직을 심어 주기 위해 평소 유아의 질문에 진실하고 솔직하게 대답하여 항상 정직의 원칙이 적용되고 부모와 교사가 그 원칙에 충실함을 보여 주어야 한다. 만약 유아가 거짓말을 하면 벌을 주거나 약점을 잡으려 하지 말고 사실을 말할 때를 기다렸다가 그 점에 대해 적절한 칭찬을 하여 진실을 말하는 것이 중요함을 느끼게 한다. 또한 정직한 행동과 정직하지 못한 행동의 인과관계를 실례를 들어 이야기함으로써 정직함이 주는 마음의 상태에 대해 함께 이야기 나누는 것이 필요할 것이다. 아울러 정직하게 말하는 것과 행동하는 것의 중요성을 알게 하고, 정직의 긍정적인 효과와 거짓말이 가져오는 부정적인 측면에 대해 이야기 나누고 거짓이 우리에게 미치는 영향과 피해에 대해 이야기해 볼 수 있도록 한다.

정직 사진

차례 지켜 놀이기구 타기

게임할 때 규칙 지키기

시장놀이를 통한 정직 활동:
필요한 물건 구입 시 돈을 지불하기

교통규칙 지키기:
건널목을 건널 때 손 들고 건너기

여기에 유아를 위한 정직의 인성교육 관련 동화 목록을 제시하니 참고하기 바란다.

표 5-9 유아를 위한 정직 인성교육 관련 동화 목록

도서명	지은이/그린 이 또는 옮긴이	출판사
거짓말 괴물	로시기따 콘티/ 김현주(옮김)	이름다운사람들
구름빵: 약속은 지켜야 해	GIMC, DPS	한솔수북
까만 마음 하얀 마음	고정욱/ 황성혜	한국헤밍웨이
난 토마토 절대 안 먹어	로렌 차일드/ 조은수(옮김)	국민서관
다음엔 너야	에른스트 얀들/ 노만 융에/ 박상순(옮김)	비룡소
때로는 크게 때로는 작게	이미애/ 장연주	한국헤밍웨이
수박을 맛있게 먹으려면	남미영/ 김현	스마트베어
실수해도 괜찮아	케이트 뱅크스/ 보리스 쿨리코프 / 신형건(옮김)	보물창고
싫어 공주의 비밀	이은재/ 이선옥	황우
새로운 가족	최형미/ 백장미	황우
약속 꼭! 꼭 지킬게	장 르로이/ 마티유 모데/ 김미선(옮김)	키위북스
이상한 항아리	홍건국/ 김하영	황우
왜 거짓말하면 안 되나요?	김현/ 전경혜	참돌어린이
왜 훔치면 안 되나요?	이유정/ 김잔디	참돌어린이
자꾸 샘이 나는걸	김경란/ 김미선	한국헤밍웨이
줄 서세요	크리스틴 로시프레/ 김배경(옮김)	책속물고기
진짜 용기는?	최형미/ 김현영	황우
재가 그랬어요	고정욱/ 전혜령	한국헤밍웨이

제 6 장

책 임

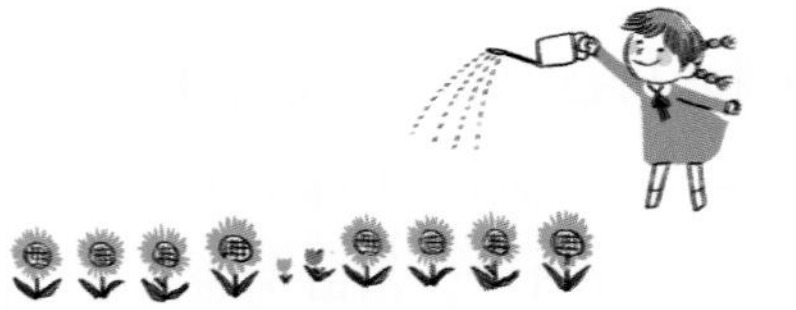

1. 의미 및 필요성

1) 의 미

우리는 어떤 상황에서 '책임을 진다'는 말을 한다. 이는 자신의 행위에 대해 설명하고 응답할 수 있음을 의미한다. 책임은 하나의 관계 개념이라 할 수 있는데, 한 인간이 자신의 행위에 대해 그 대상이 되는 존재와 그 앞에서 자신이 책임을 가져야 하는 대상을 고려하는 것이다. 즉, 책임은 행위의 주체와 그의 행위, 영향이 미치는 대상을 전제로 하며, 주체와 대상, 객체의 관계 속에서 파악된다(강성영, 1998). 따라서 책임은 행위자의 사회적 의무이며, 사회적 의무의 수행은 무엇이 허락되고 금지되는지에 대한 지식을 전제로 한다. 그러므로 어떤 행위와 그 행위로 인한 사태가 사회적 규범에 정당하게 맞을 때 그 행위는 책임적인 것이 된다.

책임(責任)의 한자어는 고대 한자의 책(責)으로부터 발전한 것으로 꾸짖을 책(責)과 맡길 임(任)의 합성어다. 責(책)은 '가시 돋친 나무로 만든 회초리'의 상형으로서 '채찍'을 본뜻으로 하는 朿(자)와 조개의 상형으로서 돈, 재물이 본뜻인 貝(패)로 이루어진 글자다(김언종, 2009). 즉, 責(책)은 돈이나 재물을 빌렸다가 약속대로 갚지 못하면 때로는 채찍질하여 꾸짖어 갚기를 독촉한 옛 풍습과 관련된 것으로 원래의 뜻은 '빚'이었다. 任(임)은 사람 人(인)에 짊어질 任(임)을 합한 글자로 '사람이 일을 맡다'는 뜻이다.

영어에서는 책임을 'responsibility' 'accountability' 'obligation' 'duty' 등으로 상황과 맥락에 따라 교차적으로 사용하고 있다. 이 중 우리말 책임의 의미와 가장 가까운 단어는 'responsibility'라 할 수 있는데, 이것은 라틴어 'respondeo'로부터 유래된 것이다. 라틴어 'respondeo'는 빚이라는 말과 연계된 것으로 우리말 책임의 한자어 뜻과 유사하다. 빚이란 법률적이고 경제적인 문제에서 다른 사람에게 갚아야 하는 것으로 지불약속이라는 의무의 개념이다. responsibility는 response(응답하다)와 ability(능력)의 합성어로 대답할 수 있는 능력, 반응할 수 있는 능력으로 풀이된다. 즉, 어떤 상황에서 어떠한 행동을 했고 누군가가 왜 그러한 행동을 했는지 물으면 어떤 이유로 그러한 행동을 했는지 당당하게 대답할 수 있어야 한다는 것을 내포하고 있다. 이에 책임을 맡는 사람은 자기의 행동으로 발생하는 것에 대해 설명하거나 회답하는 사람이라 할 수 있다. 이와 같이 책임이란 말은 초기에는 빚, 질책, 징벌 등의 의미가 강하였지만, 차츰 인간의 성품과 관련된 개념으로 발달하게 되었다.

책임(責任)의 사전적 의미는 '맡아서 해야 할 임무나 의무 또는 어떤 일과 관련하여 그 결과에 대해 가지는 의무나 부담 또는 그 결과로 받는 제재'로 정의되어 있다(국립국어원, 2016). 책임과 의미가 비슷한 단어로 임무(任務), 담당(擔當), 책무(責務), 직분(職分), 사명(使命)이 있다.

책임의 의미는 다양하여 '책임이 있다' '책임을 지다'의 의미인 부책(負責) 혹은 직책(職責), '질책하다' '탁하다' '꾸짖다'의 의미인 책문(責問) 혹은 책비(責備), '꾸짖다' '규탄하다'의 의미인 견책(譴責), '처벌하다' '징벌하다'의 의미인 책벌(責罰), '요구하다' '독촉하다'의 의미인 색취(索取) 혹은 책구(責求), '빌려주다' '빌리다'의 의미인 채(債)가 있다(김태훈, 2014). 오늘날 책임이라는 말이 맡아서 해야 하는 임무, 마땅히 해야 하는 일 또는 행위의 결과에서 발생하는 손실이나 제재를 당하는 일을 뜻하게 된 것은 이러한 다양한 의미로부터 유래한 것으로 보인다.

이상으로 책임에 대한 의미를 종합해 보면, 책임은 자기 자신과 다른 사람들의 관계망 속에서 발달한 덕목이라 할 수 있다. 책임의 개념은 이미 저지른 행위에 대해서뿐만 아니라 어떤 일을 해야 하는 것 또한 포함하며, 개인과 더불어 집단의 행위에 대해서도 책임의 문제를 거론하는 경우가 많다. 책임은 자신에게 주어진 역할을 충실히 해내는 자신의 행동에 대한 책임과 타인의 욕구충족의 기회를 방해하지 않는 범위에서 자신의 욕구를 충족할 수 있는 능력으로 정의할 수 있다(홍순정, 강경희, 박정자 외, 2013).

또한 책임은 끊임없이 자신을 성찰하게 하고 윤리적 존재로서의 도덕적 능력을 강화시키며, 이성적으로 지혜롭게 하고 자신이 마땅히 해야 하는 것을 알게 하며 하지 말아야 할 것 또한 알게 한다. 책임을 가진 사람은 행동을 할 때 자신의 책임은 어디에 있고, 책임을 위해 어떤 일을 해야 하며, 어떻게 해야 하는지 안다. 아울러 주어진 일이 자신이 감당해야 할 일이라 생각하고 곤란을 극복하는 결심과 용기를 갖는다. 반면에, 자신의 책임을 다하지 못하는 사람은 믿음과 신뢰에 대한 인격적인 실체를 상실하게 된다. 이러한 이유로 책임을 인간의 내면화된 행위규범 혹은 경향이라 할 수 있다.

2) 필요성

인간은 도덕적인 갈등 상황에 직면하면 자신이 하고자 하는 행위의 본성과 그 행위로 초래될 결과들과 자신이 해야 할 의무가 무엇인지 알고 자신의 의지대로 자유롭게 행위를 선택한다. 따라서 책임은 피하거나 숨기고 남에게 떠넘기려는 태도가 없다. 내면적으로 성숙한 사람은 오직 자기가 하는 모든 행위에서 스스로 책임지기를 원한다. 인간이 존엄한 것은 자신의 이성적 판단에 따라 행동하고 그에 따른 책임을 질 수 있기 때문이다.

책임이 있다는 것은 한 사람의 도덕의무를 이행하는 것이고, 건강한 사회를 위해 구성원 각자가 맡은 임무를 성실히 완성한다는 것이다. 책임은 인간관계에서 절대적으로 필요한 도덕행위로 자신과 타인의 관계망 속에서 발달한 덕목이다. 책임은 자신에게 부여되거나 맡아서 해야 할 임무나 의무를 다하는 자세를 말하는 것으로 책무감을 느끼고, 자기규제를 할 수 있다는 것이다.

책임을 진다는 것은 사회적으로 더불어 살아가기 위한 가치를 추구하는 것이라 할 수 있다. 규칙을 지키는 것, 질서를 지키는 것, 자신에게 주어진 일에 대해 최선을 다하고 노력하는 것, 학생 신분으로 해야 할 역할, 부모 됨의 역할, 교사로서의 역할 등 우리 생활에서 이러한 역할을 크게 보면 책임이라 할 수 있다. 나 한 사람이 맡은 역할과 직분을 다할 때 결국 성실하고 건전한 사회가 형성될 수 있고 민주적인 사회가 될 수 있다.

속담에 "핑계 없는 무덤 없다." "내 미락 네 미락" "잘되면 제 탓 못되면 조상 탓"이라는 말이 있다. “핑계 없는 무덤 없다”라는 속담은 어떤 일을 잘못하고는 온갖 이유로 책임을 회피한다는 의미다. “내 미락 네 미락”은 어떤 일이나 경우에 책임지지 않으려고 미적거린다는 의미다. “잘되면 제 탓 못되면 조상 탓”이라는 말은 일이 제대로 되지 않은 책임을 다른 사람에게 전가할 때 비유하는 의미로 사용된다. 이러한 속담들은 책임과 관련된 내용으로 어떤 일을 하는 데서의 책임의 중요성 및 필요성을 강조하는 의미로 사용된다.

책임감을 갖는다는 것은 다른 사람들로부터도 책임감을 기대한다는 의미다. 그러므로 자신이 한 행동에 대해서도 책임을 가져야 하고, 자신이 하지 않았지만 윤리적 도덕으로서 했어야 하는 행동에 대해서도 책임감을 가져야 한다.

책임을 가진다는 것은 자신이 원하든 원하지 않든, 좋든 나쁘든 그 행동의 결과를 받아들인다는 것을 의미하므로 말이나 행동에 진심을 다한다는 것이다. 흔히 내가 해야 할 일들이 무엇인지 알고 끝까지 맡아서 잘 수행하는 태도를 책임감이라 한다. 이 책임감은 자율성, 자발성, 자기통제력, 권리와 의무와도 깊은 관련이 있는 것으로 자신에 대한 통찰과 이타적인 생각 등의 인지적 발달이 되어야 가능하다고 할 수 있다.

또한 책임감은 자신의 행동에 대한 책임을 느끼는 것으로, 책임감 있는 사람은 행동하기 전과 말하기 전에 생각을 먼저 하고 정리하며 다른 사람을 돕고 옳은 일을 행하고 자신의 일에 최선을 다해 성실히 묵묵히 해 나가며 자신의 실수를 바로잡을 수 있는 사람이다. 이러한 까닭으로 우리는 책임 있게 행동하는 사람을 신뢰하게 된다.

책임감 있는 행동이란, 예를 들면 유아교육기관의 교사는 맡은 역할을 충실히 하며 유아들과 학부모들에게 책임감 있게 행동하고, 군인과 경찰관은 맡은 본분을 충실히 하며, 학생은 학생의 본분으로 맡은 역할에 최선을 다하고, 부모는 가정에서 부모 됨의 역할을 충실히 하는 것이다. 이러한 집단 속에서의 책임의식은 공동체에 속한 모든 사람이 그 공동체에 속한 사람으로서 마땅히 책임을 가지며 모든 구성원에 대한 책임 또한 가지고 있다는 것이기도 하다.

책임은 도덕성과도 밀접한 관련을 갖는다. 도덕은 사람이 마땅히 나아가야 하는 것을 체험하고 터득하는 것으로 사람이 마땅히 자신의 길로 나아간다는 것은 곧 당위를 나타내며 그것을 책임의 덕으로 범주화할 수 있다. 어떤 문제 상황에서 갈등이 발생하면 각자 자신의 행위를 되돌아보고 반성하기보다는 상대방에게 책임의 화살을 돌림으로써 상황을 악화시키는 경우가 있다. 이는 다른 사람들과의 경쟁에서 이기기 위해서는 자신의 책임에 연연할 필요가 없다는 이기적인 생각을 만든다. 책임을 회피하는 것은 문제 상황에서 사태의 본질을 해결하지 못한다. 다른 사람에게 책임을 넘기는 것은 걱정과 두려움, 죄책감, 마음의 부담감을 덜 수는 있을지 모르겠으나 문제를 근본적으로 해결해 주지는 못한다. 즉, 남을 탓 하거나 변명하면서 책임을 피하려는 것은 일시적인 방편일 수는 있겠지만 그와 관련된 문제들은 없어지지 않고 여전히 남아 있게 된다.

책임을 진다는 것은 자신의 행동에 대해 설명하고 응답할 수 있다는 것으로 마땅히 자신이 무엇을 해야 하는지를 알게 한다. 책임이 있다는 것은 곧 한 사람의 도덕의무를 이행한다는 것이므로 책임의 의의를 올바로 인식하고 이를 위해 도덕적 자아의 성장과 사회의 도덕규범이 제 기능을 발휘할 수 있도록 노력해야 한다. 따라서 유아기에 책임감을 갖고 행동하는 것을 배우는 것은 어른으로 성장하는 데 가장 중요한 과업이다. 즉, 어린 시기에 자신의 행동에 대해 옳고 그름을 판단하고 자신이 속한 집단에서 요구하는 규칙과 기준을 따르는 것은 이 시기에 중요한 과업이라 할 수 있다.

쉬어가기

어린왕자의 책임

여우가 말했다.
"비밀을 말해 줄게. 아주 간단한 거야. 잘 보기 위해서는 마음의 눈으로 보아야 해. 가장 중요한 것은 눈에는 보이지 않으니까."
"가장 중요한 것은 눈에는 보이지 않으니까."
어린왕자가 그 말을 기억해 두기 위해서 되풀이했다.

"네 장미꽃이 그토록 중요한 꽃이 된 것은, 네가 그 꽃을 위해서 바친 그 많은 시간 때문이야."
"네가 그 꽃을 위해서 바친 그 많은 시간 때문이야…."
어린왕자가 그 말을 기억해 두기 위해서 되풀이했다.
"사람들은 이 진리를 잊어버렸어. 하지만 너는 잊어버리면 안 돼." 하고 여우는 계속 이어 말했다.
"네가 길들인 것에 대해서 너는 영원히 책임을 느끼게 되는 거야. 너는 네 장미꽃에 대해 책임이 있어….”
“너는 네 장미꽃에 대해 책임이 있어….”
어린왕자는 그 말을 기억해 두기 위해 다시 한 번 되풀이해서 말했다.

출처: 채인선(2005). 아름다운 가치사전 1.

2. 교육과정에 제시된 책임 인성 덕목

책임 인성 덕목은 교육과학기술부(2011)의 유아 인성교육 덕목으로 제시되어 있지 않다. 하지만 인성 덕목 요소의 각 하위 내용을 자세히 살펴보면, 협력 인성 덕목에 책임 인성 덕목이 포함되어 있음을 알 수 있는데, 그 이유인즉 협력은 책임감, 소통, 양보, 나눔을 구성 내용으로 하고 있기 때문이다.

교육과학기술부(2011)가 제시한 협력 인성 내용은 긍정적인 상호의존성, 개인적 책임감, 집단협력으로 그중 ‘개인적 책임감’에 책임 인성 덕목이 반영되어 있는 것을 알 수 있다. 협력은 두 명 이상의 구성원이 공동의 목표를 설정하고 이를 위해 개인적 책임을 다하고 서로 조언 및 조력을 주고받는 것을 의미한다. 협력 인성 덕목의 하위 내용 중 개인적 책임감에는 내 역할 인식하기, 역할 완수하기, 책임감 갖기가 세부내용으로 제시되어 있다.

만 3~5세 연령별 누리과정 교사용 지도서의 생활주제에서 책임 인성교육활동을 예를 들면, 생활주제 ‘유치원/어린이집과 친구’에서 만 3세의 경우 ‘함께 놀이하는 유치원/어린이집’으로 주제를 선정하여 집단생활에서 지켜야 할 규칙과 약속을 알아보고 사회적 관계를 잘 형성할 수 있도록 돕는 내용을 제시하고 있다. 만 4세의 경우는 집단생활에서 지켜야 할 규칙과 약속을 알고 지키는 데 중점을, 만 5세의 경우는 자신의 욕구를 조절하고 바람직한 방향으로 문제를 해결하고 친구들과 협력하는 기회를 갖도록 하는 데 중점을 두고 교육활동을 구성하고 있다. 또한 생활주제 ‘환경과 생활’에서는 유아가 환경의 다양한 현상을 경험하거나 실험을 통해 얻은 개념들에 대해 반성적 사고를 하고 그 결과 사건 및 사물, 현상 간의 관계를 생각해 보고 더 나아가 사람과의 관계를 심도 있게 고려해 볼 수 있도록 하고 있다. 아울러 자연재해 문제와 물자 절약 및 자연환경 보호의 내용을 포함하고 있다.

이러한 내용으로 볼 때, 비록 교육과학기술부가 유아 인성 덕목으로 책임의 인성 덕목을 제시하지는 않았지만 협력 인성 덕목의 하위 내용인 '개인적 책임감'에 책임과 관련되는 인성 교육 요소를 포함하고 있음을 알 수 있다.

책임을 구성 내용으로 포함한 협력의 인성교육 정의 및 하위 내용 중 책임 인성교육은 다음과 같다(교육과학기술부, 2011).

표 6-1 책임이 포함된 협력 인성교육의 정의 및 하위 내용 중 책임 인성교육

인성교육 덕목	정 의	하위 내용
협력	두 명 이상의 구성원이 공동의 목표를 설정하고 이를 달성하기 위하여 개인적 책임을 다하고 서로 조언 및 조력을 주고받는 것	개인적 책임감(내 역할 인식하기, 역할 완수하기, 책임감 갖기)

다음으로 만 3~5세 연령별 누리과정 교사용 지도서에 제시된 협력 인성교육의 하위 내용 중 책임에 관한 인성교육 분포를 알아보면 다음과 같다.[1)]

표 6-2 책임이 포함된 협력 인성교육의 하위 내용 중 책임 인성교육에 대한 분포

빈도(%)

인성교육 덕목	하위 내용	3세	4세	5세	계
협력	개인적 책임감	41(6.7)	33(4.9)	30(6.1)	104(17.7)

※참고 : (%)는 만 3~5세 연령별 누리과정 지도서에 제시된 6가지 인성 덕목에서 책임이 차지하는 비율을 나타낸 것임.

만 3~5세 연령별 누리과정 지도서에 나타난 협력의 하위 내용인 '개인적 책임감'의 인성교육은 총 104회 제시되어 있다. 3세에는 41회, 4세에는 33회, 5세에는 30회 제시되어 있는 것으로 보아 3세 연령에 책임 인성내용이 가장 많이 제시되어 있음을 알 수 있다.

책임이 포함된 협력 인성교육이 만 3, 4, 5세 누리과정 지도서에 제시된 생활주제별 분포를 알아보면 다음과 같다.

1) 제시된 표들은 박선미(2013)의 논문 「누리과정 교사용 지도서에 나타난 인성교육 요소 분석-연령, 생활주제, 활동영역을 중심으로-」에서 부분 발췌하여 수정・보완 및 재구성한 것임.

표 6-3 만 3세 책임이 포함된 협력 인성교육의 하위 내용 중 책임 인성교육에 대한 생활주제별 분포

빈도(%)

		*1) 유치원	나와 가족	우리 동네	*2) 동식물	*3) 건강 안전	생활 도구	교통 기관	우리 나라	*4) 환경	*5) 계절	계
협력	개인적 책임감	4 (0.6)	10 (1.6)	5 (0.8)		5 (0.8)	5 (0.8)	5 (0.8)		2 (0.3)	5 (0.8)	41 (6.5)

※참고 1: (%)는 만 3세 누리과정 지도서에 제시된 6가지 인성 덕목에서 책임이 차지하는 비율을 나타낸 것임.
※참고 2: *1) 유치원/어린이집과 친구 *2) 동식물과 자연 *3) 건강과 안전 *4) 환경과 생활 *5) 봄 · 여름 · 가을 · 겨울.

만 3세 누리과정 지도서에 나타난 생활주제별 책임의 인성교육은 협력의 하위 내용인 '개인적 책임감'에 제시되어 있다고 할 수 있는데, 그중 '나와 가족(10회)'에 가장 많이 포함되어 있다. 그다음으로는 '우리 동네(5회) · 건강과 안전(5회) · 생활도구(5회) · 교통기관(5회) · 계절(5회)' '유치원(4회)' '환경(2회)'순으로 제시되어 있다. 그러나 '동식물과 자연' '우리나라'에는 제시되어 있지 않다.

표 6-4 만 4세 책임이 포함된 협력 인성교육의 하위 내용 중 책임 인성교육에 대한 생활주제별 분포

빈도(%)

		*1) 유치원	나와 가족	우리 동네	*2) 동식물	*3) 건강 안전	생활 도구	교통 기관	우리 나라	*4) 세계	*5) 환경	*6) 계절	계
협력	개인적 책임감	7 (1.1)	9 (1.4)	3 (0.4)		1 (0.1)	5 (0.8)			1 (0.1)	4 (0.6)	3 (0.4)	33 (4.9)

※참고 1: (%)는 만 4세 누리과정 지도서에 제시된 6가지 인성 덕목에서 책임이 차지하는 비율을 나타낸 것임.
※참고 2: *1) 유치원/어린이집과 친구 *2) 동식물과 자연 *3) 건강과 안전 *4) 세계 여러 나라 *5) 환경과 생활 *6) 봄 · 여름 · 가을 · 겨울.

만 4세 누리과정 지도서에 나타난 생활주제별 책임의 인성교육은 협력의 하위 내용인 '개인적 책임감'에 제시되어 있다고 할 수 있는데, 그중 '나와 가족(9회)'에 가장 많이 제시되어 있다. 그다음은 '유치원/어린이집과 친구(7회)' '생활도구(5회)' '환경(4회)' '우리 동네(3회) · 계절(3회)' '건강과 안전(1회) · 세계 여러 나라(1회)'순으로 제시되어 있다. 그러나 '동식물과 자연' '교통기관' '우리나라'에는 제시되어 있지 않다.

표 6-5 만 5세 책임이 포함된 협력 인성교육의 하위 내용 중 책임 인성교육에 대한 생활주제별 분포

빈도(%)

		*1) 유치원	나와 가족	우리 동네	*2) 동식물	*3) 건강 안전	생활 도구	교통 기관	우리 나라	*4) 세계	*5) 환경	*6) 계절	계
협력	개인적 책임감	4 (0.8)	7 (1.4)	4 (0.8)		3 (0.6)	2 (0.4)	3 (0.6)	1 (0.2)		5 (1.0)	1 (0.2)	30 (6.0)

※참고 1: (%)는 만 5세 누리과정 지도서에 제시된 6가지 인성 덕목에서 책임이 차지하는 비율을 나타낸 것임.
※참고 2: *1) 유치원/어린이집과 친구 *2) 동식물과 자연 *3) 건강과 안전 *4) 세계 여러 나라 *5) 환경과 생활 *6) 봄·여름·가을·겨울.

만 5세 누리과정 지도서에 나타난 생활주제별 책임의 인성교육은 협력의 하위 내용인 '개인적 책임감'에 제시되어 있다고 할 수 있는데, 그중 '나와 가족(7회)'에 가장 많이 포함되어 있다. 그다음으로 '환경(5회)' '유치원/어린이집과 친구(4회)·우리 동네(4회)' '건강과 안전(3회)·교통기관(3회)' '생활도구(2회)' '우리나라(1회)·계절(1회)'순으로 제시되어 있다. 그러나 '동식물과 자연' '세계 여러 나라'에는 제시되어 있지 않다.

다음으로 만 3~5세 연령별 누리과정 교사용 지도서에 제시된 책임을 포함한 협력 인성교육을 자유선택활동영역과 집단활동별로 알아보면 다음과 같다.[2)]

표 6-6 만 3세 책임이 포함된 협력 인성교육의 실내외 자유선택활동영역과 집단활동별 분포

빈도(%)

	실내외 자유선택활동영역										
협력	쌓기	역할	쌓/역	과학	미술	수조작	음률	언어	바깥		계
	19 (6.1)	2 (7.1)	1 (0.3)	9 (2.9)	17 (5.5)	12 (3.9)	8 (2.6)	10 (3.2)	20 (6.5)		98 (38.1)
	집단활동										
	이야기	동화	동시	동극	신체	게임	미술	음악	요리	현장	계
	9 (3.1)	5 (1.7)	6 (2.1)	3 (1.0)	16 (5.5)	9 (3.1)	12 (4.1)	10 (3.4)	7 (2.4)	2 (0.7)	79 (27.1)

※참고 : (%)는 만 3세 누리과정 지도서에 제시된 6가지 인성 덕목에서 협력이 차지하는 비율을 나타낸 것임.

2) 제시된 표들은 박선미(2013)의 논문 「누리과정 교사용 지도서에 나타난 인성교육 요소 분석-연령, 생활주제, 활동영역을 중심으로-」에서 부분 발췌하여 수정·보완 및 재구성한 것임.

만 3세 누리과정 지도서에 나타난 실내외 자유선택활동 영역별 책임이 포함된 협력의 인성교육은 '바깥놀이영역(20회)'에 가장 많이 포함되어 있다. 또한 집단활동별 책임이 포함된 협력의 인성교육은 '신체(16회)'에 가장 많이 포함되어 있다.

표 6-7 만 4세 책임이 포함된 협력 인성교육의 실내외 자유선택활동영역과 집단활동별 분포 빈도(%)

	실내외 자유선택활동 영역										
협력	쌓기	역할	쌓/역	과학	미술	수조작	음률	언어	바깥		계
	22 (6.8)	26 (8.0)	1 (0.3)	14 (4.3)	16 (4.9)	18 (5.6)	10 (3.1)	11 (3.4)	17 (5.2)		135 (41.6)
	집단활동										
	이야기	동화	동시	동극	신체	게임	미술	음악	요리	현장	계
	21 (6.3)	7 (2.1)	4 (1.2)	9 (2.7)	15 (4.5)	17 (5.1)	12 (3.6)	13 (3.9)	11 (3.3)	4 (1.2)	113 (33.9)

※참고 : (%)는 만 4세 누리과정 지도서에 제시된 6가지 인성 덕목에서 협력이 차지하는 비율을 나타낸 것임.

만 4세 누리과정 지도서에 나타난 실내외 자유선택활동 영역별 책임이 포함된 협력의 인성교육은 총 135회 제시되어 있고, 그중 '역할영역(26회)'에 가장 많이 포함되어 있다. 또한 집단활동별 책임이 포함된 협력의 인성교육은 총 113회 제시되어 있고, 그중 '이야기 나누기(21회)'에 가장 많이 포함되어 있다.

표 6-8 만 5세 책임이 포함된 협력 인성교육의 실내외 자유선택활동영역과 집단활동별 분포 빈도(%)

	실내외 자유선택활동영역											
협력	쌓기	역할	쌓/역	과학	미술	수조작	음률	언어	바깥			계
	13 (5.8)	12 (5.3)	1 (0.4)	9 (4.0)	19 (8.4)	15 (6.6)	7 (3.1)	15 (6.6)	10 (4.4)			101 (44.6)
	집단활동											
	이야기	동화	동시	동극	신체	게임	미술	음악	요리	현장	과학	계
	25 (9.8)	3 (1.2)	1 (0.4)	13 (5.0)	11 (4.3)	11 (4.3)	2 (0.8)	13 (5.1)	7 (2.8)	2 (0.8)		88 (34.5)

※참고 : (%)는 만 5세 누리과정 지도서에 제시된 6가지 인성 덕목에서 협력이 차지하는 비율을 나타낸 것임.

만 5세 누리과정 지도서에 나타난 실내외 자유선택활동 영역별 책임이 포함된 협력의 인성교육은 총 101회 제시되어 있고, 그중 '미술영역(19회)'에 가장 많이 포함되어 있다. 또한 집단활동별 책임이 포함된 협력의 인성교육은 총 88회로 제시되어 있는데, 그중 '이야기 나누기(25회)'에 가장 많이 포함되어 있다.

이상과 같이 만 3~5세 연령별 누리과정 교사용 지도서에는 협력의 인성 덕목에 책임이 포함되어 있음을 알 수 있다. 즉, 협력 인성 덕목의 하위 내용인 개인적 책임감에 책임이 포함되어 있으며 관련 활동은 만 3세에 좀 더 집중되어 있다.

3. 실천방안

어릴 때부터 책임감을 갖고 행동하는 것을 배우고 실천하는 것은 앞으로의 삶에 중요한 과정이라 할 수 있다.

유아기는 책임감과 협동심의 기초를 형성하게 되는 중요한 시기다. 이 시기에는 또래와의 관계를 통해 원만한 대인관계 기술을 습득하고 이를 통해 책임감과 협동심을 형성한다. 즉, 유아들은 집단 속에서 책임의 중요성을 배우고 이를 통해 협동심과 공동체 속에서의 자아성취도 경험하면서 책임감 있는 집단의식을 배우게 된다. 특히 3, 4세가 되면 자신의 활동을 위해 계획하고 수행하며 또래관계에서 협동을 하기 시작하는데 이때 유아는 주도성이 나타나기 시작하며 성인 생활의 기초를 형성할 다양한 기술을 익힐 발판을 만든다.

유아기 때부터 자신의 일을 스스로 결정하고 책임지도록 가르쳐야 한다. 어릴 때부터 독립심을 갖도록 하는 것, 자연과 이웃을 사랑하는 마음을 갖는 것, 모험과 도전에 대한 두려움을 가지지 않도록 하는 것, 자신이 한 말에 대한 책임을 갖는 것, 행동에 대한 책임을 경험하도록 하는 것이 중요하다. 예를 들면, 자신의 방을 정리정돈하고 청소하기, 자신이 머문 자리 정리하기, 사용한 쓰레기를 쓰레기통에 버리기, 동생 돌봐주기, 게임을 통한 규칙 지키기의 과정을 경험하기, 식물 키우기, 약속 지키기, 나의 역할 인식하기, 역할 완수하기, 자신의 순서나 차례 지키기, 해야 할 일을 스스로 챙기기, 쓰레기 분리수거를 통해 책임감의 이유와 의미를 알고 쓰레기를 줄이기 위해 할 수 있는 일은 무엇인지 알기 등 생활 속에서 직접 경험하는 기회를 이용해 매일 지속적, 반복적으로 책임을 경험하는 것이 필요하다.

부모가 자녀들의 행동에 대해 확고한 규칙과 기준에 따라 지시를 하거나, 하지 말아야 할 행동에 대한 이유를 부모-자녀가 함께 토론을 통해 공유함으로써 자녀들의 책임감이 높아지게 할 수 있다. 부모는 유아에게 다양한 일을 경험하게 하되 적절한 수준의 과업을 주어 자신감을 가질 수 있도록 하고 그 일을 성공적으로 해낼 수 있도록 도와주며 유아가 노력하는 것에 대해 끊임없이 격려를 해 주어야 한다. 예를 들면, 가정에서 부모가 유아에게 자신의 방을 정리정돈하거나 쓰레기를 치우도록 한다면, 그러한 활동을 통해 책임감 있는 행동을 배우게 될 것이다. 책임 있는 행동을 한다는 것은 더 많은 자유와 혜택을 누리게 되는 것으로 이는 책임 있게 행동한 것에 대한 보상이다.

책임 있는 부모는 자녀와 필요한 유대관계를 형성하고 적절한 애정과 규율을 조화롭게 하면서 책임감을 가르친다. 가정에서 유아가 책임 있는 행동을 하였을 때, 부모가 그에 적절한 보상(예를 들면, 칭찬하기, 안아 주기 등으로 보상하기)을 줌으로써 마무리를 하도록 이끌고 책임감에 대한 효과를 증진시킬 수 있다. 또한 연령에 맞는 책임감 목록을 스스로 생각해 보는 것을 통해 책임감의 중요성을 깨닫게 할 수 있다. 예를 들면, 애완동물의 먹이를 잊지 않고 주기로 약속을 하고 만약 어겼을 경우 애완동물은 어떻게 되는지 생각해 보게 하거나, 다른 사람과의 약속을 어겼을 경우에 결국 상대가 나를 신뢰하지 않게 된다는 것 등을 스스로 알게 할 수 있다.

책임감 행동은 사회적 행동과도 관련이 있다. 사회적 행동은 협력, 선의의 경쟁, 동정, 우정, 공감적 이해, 이타성 모방 등의 긍정적인 행동과 공격적, 이기적, 편견, 반항 등과 같은 부정적 행동이 있다. 이러한 사회적 행동은 개인이나 집단에 대한 행동 양식으로, 사회생활을 하기 위한 다른 사람에 대한 태도나 감정 등을 포함한 사회적 관계를 통해 학습하게 된다. 책임감은 책임감이 강한 부모나 교사 또는 지역사회의 리더들을 보고 배우게 될 수 있고, 직접 책임을 행함으로써 자연스럽게 책임 있는 행동을 배우게 된다.

부모가 자녀의 책임감을 키워 주기 위한 방법을 소개한다(홍순정 외, 2013). 첫째, 좋은 모범을 보여 준다. 자녀의 주변에서 일어나는 일들을 통해 옳고 그름을 가르쳐 줄 수 있어야 한다. 둘째, 부모와 자녀가 친밀한 관계를 유지한다. 셋째, 부모의 가치관을 자주 이야기하며 다양한 매체나 주변에서 발생하는 일들을 통해 부모의 생각을 자녀에게 자주 들려준다. 넷째, 좋은 행동을 기대한다는 말을 하여 자녀가 긍정적인 생각을 할 수 있게 한다. 다섯째,

생각을 변화시킬 수 있는 개방적인 질문을 사용한다. 그래서 자신의 행동을 논리적으로 생각하고 결과를 추론해 볼 수 있는 질문을 사용할 수 있게 한다. 여섯째, 자연스럽게 일상생활 속에서 가정의 규칙과 약속에 대해 설명을 해 준다. 이렇게 하면 가정에서 경험한 자신의 책임감이 무엇인지 자연스럽게 배우게 된다.

책임 사진

운동회를 통한 책임 활동:
우리 팀을 위해 힘껏 달리기

다 먹은 과자 상자는 재활용
분리수거함에 넣기

집안일 돕기:
신발 정리정돈하기

머문 자리 깨끗이 하기:
버려진 휴지 줍기

다음은 유아를 위한 책임의 인성교육 관련 동화 목록을 제시하니 참고하기 바란다.

표 6-9 유아를 위한 책임 인성교육 관련 동화 목록

도서명	지은이/그린 이 또는 옮긴이	출판사
게으름 벌 받은 개미	이은재/ 황수진	황우
개구리 박물관	권정희/ 김현정	황우
넌 할 수 있어, 꼬마 기관차	와티 파이퍼/ 조지 · 도리스 하우먼 / 노은정(옮김)	비룡소
내 마음대로 할 거야	이잠/ 이은선	한국헤밍웨이
서로 도우며 살아요	채인선/ 장호	한울림어린이
솔방울 당번	이은재/ 김정혜	황우
아씨방 일곱 동무	이영경	비룡소
엄마, 나도 할 수 있어요	김남길/ 하현이	한국헤밍웨이
여우네 꽃밭	최형미/ 양지현	황우
왜 마음대로 하면 안 돼?	이은재/ 윤길준	황우
왜 욕심 부리면 안 되나요?	유정원/ 최민정	참돌어린이
책임이 뭐예요?	길해연/ 박민주	키즈김영사

제 7 장

존 중

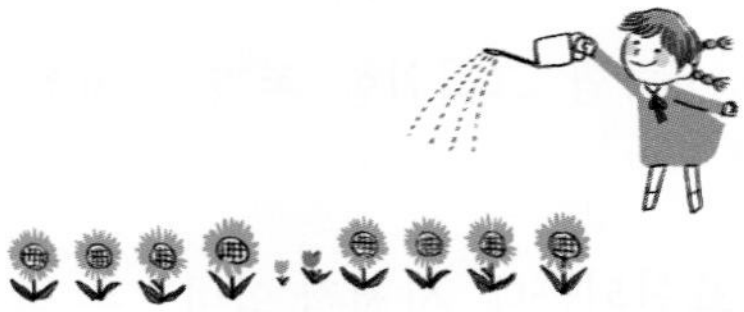

1. 의미 및 필요성

1) 의 미

“내가 원하지 않는 바를 남에게 행하지 말라.”라는 말이 있듯이 배려받고 싶으면 먼저 배려를 하고 존중받고 싶으면 먼저 존중하여야 한다.

속담 중에 “밴댕이 소갈딱지”라는 말이 있다. 이때 밴댕이는 청어과의 바닷물고기로 성질이 급하고 고약한 특성이 있다고 한다. ‘소갈딱지’는 ‘소갈머리’와 같은 뜻으로 마음이나 속생각을 낮잡아서 이르는 말이다. 따라서 “밴댕이 소갈딱지”는 ‘아주 좁고 얕은 심지(心志)’를 뜻하는 말로, 속이 좁고 마음 씀씀이가 얕은 사람을 비유하여 말할 때 많이 사용한다. 또 “산이 높아야 골이 깊다.”라는 속담은 포용력이 있어야 다른 사람들도 자신을 따르게 된다는 의미이며, “가는 말이 고와야 오는 말이 곱다.”라는 속담은 내가 먼저 상대방에게 고운 말을 하여야 상대방도 나에게 고운 말을 한다는 의미로 내가 존중받고 싶으면 내가 먼저 상대를 존중하여야 한다는 것을 의미한다. 철학자 파스칼은 “지혜로운 사람은 이해관계를 떠나 누구에게든 친절하고 어진 마음으로 대한다. 이러한 어진 마음 자체가 나에게는 따스한 체온이 되기 때문이다."라고 하였다. 즉, 상대를 존중하는 사람이 바로 지혜로운 사람이라는 것이다. 이와 같이 제시된 속담과 파스칼의 말은 존중이 사람과의 관계에서 중요함을 강조하고 있다.

존중(尊重)의 사전적 의미는 '높이어 귀하게 대함'으로 정의되어 있는데(국립국어원, 2016) 이는 다른 사람을 높이어 귀하게 대하라는 의미를 내포하고 있다. 존중(尊重)의 한자어는 '높이다' '공경하다' '우러러보다' '중히 여기다'라는 뜻을 지닌 높을 존(尊), '무겁게 하다' '소중하다' '귀중하다'라는 뜻의 무거울 중(重)으로 이루어진 것으로, '높이어 중하게 여기다'라고 풀이된다. 존중은 좋아함, 숭배, 사랑함, 그리워함, 존경, 기뻐함, 애호, 아낌의 낱말과 연결되어 사용되기도 한다.

영어로 존중은 'respect'로 표현되는데, 사전적 의미로는 존경, 경의, 가치 있는 것에 대한 찬양을 뜻하는 존경의 의미로 쓰인다. 'respect'의 어원은 '바라보다, 다시보다'라는 뜻의 라틴어 'respicere'에서 파생된 것으로 어원적 의미는 'to look back(되돌아보다)' 또는 'to look again(다시 보다)'이다. 이는 존중이 어떤 것 또는 어떤 사람의 가치나 중요성을 인정하고 염두에 두는 것으로 대상이 이미 가지고 있는 가치를 인정하는 것이며 상대에게 경의와 존경을 표시하는 것임을 의미한다.

이러한 내용으로 볼 때 존중은 다른 사람을 높이어 귀하게 대하는 것으로 다른 사람을 높이어 귀하게 대하기 위해서는 상대를 있는 그대로 볼 수 있어야 하고 긍정적으로 평가할 수 있어야 한다. 이러한 존중은 상대의 장점을 자신의 긍정적인 관찰력으로 보았다는 것이며 상대를 있는 그대로 보았다는 것이기 때문에 다른 사람과의 긍정적인 소통을 가능하게 한다.

일반적으로 존중은 자신과 타인에 대한 존중, 모든 생명과 환경에 대한 존중으로 생각해 볼 수 있다. 이는 나뿐만 아니라 다른 사람의 개성과 능력을 인정하는 것으로 인간 이해의 가장 기본적인 것이 존중이라 할 수 있다.

교육과학기술부(2011)가 인성 덕목으로 제시한 존중에 대한 정의는 '사람이나 사물은 기본적으로 그들의 존재만으로 존중할 가치가 있음을 인식하고 그 가치에 대하여 소중히 여기는 것'이며, 하위 내용으로 '자신과 전통문화에 대한 존중' '다른 사람들과 다른 문화에 대한 존중' '생명과 환경에 대한 존중'이 제시되고 있다.

이상과 같은 내용들을 종합하여 보면, 존중이란 어떤 것 또는 어떤 사람의 가치나 중요성을 인정하고 상대를 높이어 귀하게 대하는 것이라 할 수 있다. 이를 위해 나와 타인의 다름을 먼저 인정하고 그 차이를 존중해야 한다. 즉, 나와 타인은 어떤 상황의 문제나 어떤 견해가 비슷할 수는 있으나 결코 똑같을 수 없다는 것을 공감해야 상대의 생각과 입장을 진심으로 이해할 수 있을 것이다. 이는 나와 상대의 사고와 태도가 다르고 차이가 있다는 점을 인정하고 존중하는 것이며, 솔직하고 진실로 이해하고 있다는 것을 의미한다.

2) 필요성

아동기에는 자아개념이 자신에 대한 평가에 가장 큰 영향을 미치는 요소로, 자아존중감이 기초가 되어야 자신에 대한 가치감을 가지거나 긍정적인 평가를 내릴 수 있다. 아울러 자신에 대한 존중감이 형성되면 타인에 대한 존중감도 형성되는데, 이러한 이유로 자신과 타인에 대한 존중은 어린 시기부터 강조되어야 하는 인성의 중요한 덕목이라 할 수 있다.

영아기에 자신을 돌봐주는 주 양육자(주로 어머니)와의 신뢰감 형성은 이후 자신에 대한 존중감을 기르는 데 기초가 되고, 이는 성장 과정에서 타인에 대한 존중감을 형성하는 중요한 요소로 작용한다. 교육과학기술부(2011)도 인성 형성의 결정적 시기인 유아기부터 다른 사람을 배려하고 존중하며 협력적으로 살아가기 위해 인성교육이 중요함을 강조하였다.

유아기에 자신과 타인, 모든 생명체, 사물이 갖고 있는 가치를 인정하고 소중히 하는 존중에 대한 기본 윤리를 경험하는 것은 중요하다. 유아가 어렸을 때에는 어떤 경험을 하든 인성적 경험의 차이가 크지 않지만, 이러한 경험들이 습관화되면 성장 후에 큰 차이를 나타내므로 가장 강조되어야 하는 인성교육 덕목은 존중(respect)이다(Lickona, 1993).

영유아기는 사회적 관계 속에서 자신의 존재를 인식하고 앞으로 경험하게 될 대인관계를 원만하게 형성하는 능력과 태도를 발달시킬 수 있는 시기다. 유아가 자신의 가치와 존귀함을 느끼고, 자신과 다른 사람의 차이점을 알고 다름을 인식하는 것 그리고 다양한 규칙과 관습을 경험하고 다른 사람을 존중하고 겸손하게 행동하는 것을 경험하는 것이 필요하다.

따라서 존중의 인성교육은 유아가 자신을 사랑하는 마음을 가지고 주변 사람과의 관계를 소중히 여기면서 자신과 다른 사람의 차이와 다름을 인정하고 수용하는 태도를 기르는 데 중점을 두어야 한다. 아울러 인간과 생명을 가진 모든 동식물을 소중히 다루고 자신이 속한 집단과 다른 집단의 문화를 존중하는 마음을 기르도록 하여야 한다(교육과학기술부, 2011). 누군가가 자신과 다른 생각과 견해를 나타낼 때 비난하고 불평하기보다는 '그럴 수도 있을 거야!'라며 자신의 마음속에 상대를 너그러이 받아들이는 존중하는 마음들이 사회를, 더 나아가 세상을 더 따뜻하고 아름답게 만들 수 있다. 자신에게는 관대하고 타인에게는 그렇지 않은 편중된 사고방식으로 생각을 한다면 수많은 갈등으로 힘든 사회가 될 것이지만, 이러한 상대를 너그러이 받아들이는 존중은 행복한 사회로 인도하는 길이 될 수 있다. 상대가 자신과 완전히 같을 수 없다는 것을 인정하고 그 차이를 존중한다면, 화낼 일도 줄어들고 너그러운 사람이라는 주위의 호평을 얻을 수도 있을 것이다.

타인에 대한 존중을 배우기 위해 무엇보다 중요한 것은 자신을 존중하고 가치 있는 존재라 인식하는 것이다. 즉, 자신을 존중할 줄 아는 사람이 타인도 존중할 줄 알며 자신을 가치 있는 존재로 생각하는 사람이 타인의 가치도 인정할 줄 안다. 따라서 인성교육의 적기인 유아기에 자신을 존중하고 자신의 가치를 깨닫게 해 주는 교육이 무엇보다 우선시되어야 한다.

쉬어 가기

-사랑의 선물-

매일 웃어 주시나요?
매일 안아 주시나요?
매일 '사랑해'라고 말해 주시나요?
웃어 주기(1초) + 안아 주기(4초) + '사랑해'라고 말하기(2초)

7초

매일 우리 아이에게 줄 수 있는 7초의 선물
어느덧 우리 아이가
7개월이 되고
일곱 살이 되고
일흔 살이 되어도
당신이 선물한 사랑은 영원히 기억될 것이고 가슴에 가장 큰 힘으로 남을 것입니다.

출처: 부산광역시육아종합지원센터(2014). 어린이집 표준보육과정에 기초한 영유아 인성교육 프로그램.

2. 교육과정에 제시된 존중 인성 덕목

존중은 교육과학기술부(2011)의 인성교육 덕목으로 제시되어 있다. 그리고 존중은 사람이나 사물이 그 존재만으로 존중할 가치가 있음을 인식하고 그 가치에 대하여 소중히 여기고 다루는 것이라 정의하고 있다. 존중의 하위 내용으로는 '자신과 전통문화에 대한 존중' '다른 사람들과 다른 문화에 대한 존중' '생명과 환경에 대한 존중'이 제시되어 있다.

만 3~5세 연령별 누리과정 교사용 지도서에 존중의 인성 덕목 내용이 제시된 생활주제를 예를 들면, 생활주제 '동식물과 자연'에서는 더불어 살아가는 삶을 이해할 수 있도록 하고 있다. 즉, 만 5세 유아들이 동식물과 인간이 어떠한 관계를 맺고 살아가는지 공생관계를 탐색, 동식물과 자연에 대한 바른 태도와 습관을 형성할 수 있도록 구성하고 있다. 또한 생활주제 '세계 여러 나라'에서는 자연환경과 문화적 배경을 연관 지어 좀 더 깊이 있게 생각해 보는 내용을 포함하고 있다. 이를 통해 세계 여러 나라의 다양성과 동질성을 존중하고 각 나라가 협력하며 교류해야 함을 이해하고 지구촌의 자연환경을 소중히 여길 수 있도록 구성하고 있다. 생활주제 '봄 · 여름 · 가을 · 겨울'에서는 계절별로 보고, 느끼고, 즐길 수 있는 것들을 직접 체험하는 활동을 중심으로 이를 통해 자연을 소중히 여기고 감사하는 마음을 가질 수 있도록 구성하고 있다.

교육과학기술부(2011)가 제시한 존중의 인성교육 정의 및 하위 내용은 다음과 같다.

표 7-1 존중 인성교육의 정의 및 하위 내용

인성교육 덕목	정 의	하위 내용
존중	사람이나 사물은 그 존재만으로 존중할 가치가 있음을 인식하고 그 가치에 대하여 소중히 여기는 것	자신과 전통문화에 대한 존중
		다른 사람들과 다른 문화에 대한 존중
		생명과 환경에 대한 존중

다음으로 만 3~5세 연령별 누리과정 교사용 지도서에 제시된 존중의 인성교육 하위 내용 분포를 알아보면 다음과 같다.[1)]

표 7-2 존중 인성 덕목의 하위 내용 분포

빈도(%)

인성교육 덕목	하위 내용	3세	4세	5세	계
존중	자신과 전통문화에 대한 존중	78(12.7)	94(14.3)	36(7.3)	208(34.3)
	다른 사람과 다른 문화에 대한 존중	48(7.8)	67(10.0)	41(8.3)	156(26.1)
	생명과 환경에 대한 존중	76(12.3)	63(9.4)	53(10.8)	192(32.5)
	기타	10(1.6)	1(0.1)		11(1.7)
	계	212(34.4)	225(33.8)	130(26.4)	567(94.6)

※참고 : (%)는 만 3~5세 연령별 누리과정 지도서에 제시된 6가지 인성 덕목에서 존중이 차지하는 비율을 나타낸 것임.

만 3~5세 연령별 누리과정 지도서에 제시된 존중의 인성교육을 살펴보면, 만 3세는 212회, 만 4세는 225회, 만 5세는 130회 제시되어 있는데, 그중 만 4세 과정에 다른 연령에 비해 존중의 인성교육 활동이 가장 많이 포함되어 있다. 또한 존중의 하위 내용 중 '자신과 전통문화에 대한 존중(208회)' '생명과 환경에 대한 존중(192회)' '다른 사람과 다른 문화에 대한 존중(156회)' '기타(11회)'로 '자신과 전통문화에 대한 존중'을 가장 많이 포함하고 있다.

연령별로 보면 '자신과 전통문화에 대한 존중'과 '다른 사람과 다른 문화에 대한 존중'은 4세에, '생명과 환경에 대한 존중'은 3세에 가장 많이 제시되어 있다.

존중의 인성교육이 만 3, 4, 5세 누리과정 지도서에 제시된 생활주제별 분포를 알아보면 다음과 같다.

표 7-3 만 3세 존중 인성교육의 생활주제별 분포

빈도(%)

		*1) 유치원	나와 가족	우리 동네	*2) 동식물	*3) 건강 안전	생활 도구	교통 기관	우리 나라	*4) 환경	*5) 계절	계
존중	자신과 전통문화에 대한 존중	1 (0.2)	14 (2.3)			2 (0.3)		1 (0.2)	60 (9.7)			78 (12.7)

1) 제시된 표는 박선미(2013)의 논문 「누리과정 교사용 지도서에 나타난 인성교육 요소 분석-연령, 생활주제, 활동영역을 중심으로-」서 부분 발췌하여 수정 · 보완 및 재구성한 것임.

	다른 사람과 다른 문화에 대한 존중	4 (0.6)	17 (2.7)	23 (3.7)	1 (0.2)		1 (0.2)	1 (0.2)			1 (0.2)	48 (7.8)
	생명과 환경에 대한 존중	2 (0.3)		5 (0.8)	45 (7.3)	5 (0.8)	4 (0.6)			5 (0.8)	10 (1.6)	76 (12.2)
	기타									10 (1.6)		10 (1.6)
	계	7 (1.1)	31 (5.0)	28 (4.5)	46 (7.5)	7 (1.1)	5 (0.8)	2 (0.4)	60 (9.7)	15 (2.4)	11 (1.8)	212 (34.3)

※참고 1 : (%)는 만 3세 누리과정 지도서에 제시된 6가지 인성 덕목에서 존중이 차지하는 비율을 나타낸 것임.
※참고 2 : *1) 유치원/어린이집과 친구 *2) 동식물과 자연 *3) 건강과 안전 *4) 환경과 생활 *5) 봄 · 여름 · 가을 · 겨울.

만 3세 누리과정 지도서에 나타난 생활주제별 존중의 인성교육은 생활주제 '우리나라(60회)'에 가장 많이 제시되어 있으며, 그다음이 '동식물과 자연(46회)' '나와 가족(31회)' '우리 동네(28회)' '환경(15회)' '계절(11회)' '유치원/어린이집과 친구(7회) · 건강과 안전(7회)' '생활도구(5회)' '교통기관(2회)'순으로 많이 제시되어 있다.

존중의 하위 내용별로 보면, '자신과 전통문화에 대한 존중(78회)'은 생활주제 '우리나라(60회)'에, '다른 사람과 다른 문화에 대한 존중(48회)'은 '우리 동네(23회)'에, '생명과 환경에 대한 존중(76회)'은 '동식물과 자연(45회)'에 가장 많이 포함되어 있다.

표 7-4 만 4세 존중 인성교육의 생활주제별 분포

빈도(%)

		*1) 유치원	나와 가족	우리 동네	*2) 동식물	*3) 건강 안전	생활 도구	교통 기관	우리 나라	*4) 세계	*5) 환경	*6) 계절	계
존중	자신과 전통문화에 대한 존중	4 (0.6)	15 (2.3)	7 (1.1)		4 (0.6)	1 (0.1)	3 (0.4)	59 (8.9)			1 (0.1)	94 (14.1)
	다른 사람과 다른 문화에 대한 존중	7 (1.1)	11 (1.7)	13 (2.0)		2 (0.3)	3 (0.4)	3 (0.4)		22 (3.3)		6 (0.9)	67 (10.1)
	생명과 환경에 대한 존중		2 (0.3)	3 (0.4)	37 (5.6)	4 (0.6)	1 (0.1)	1 (0.1)		2 (0.3)	8 (1.2)	5 (0.8)	63 (9.4)
	기타	1 (0.1)											1 (0.1)

	계	12 (1.8)	28 (4.3)	23 (3.5)	37 (5.6)	10 (1.5)	5 (0.6)	7 (0.9)	59 (8.9)	24 (3.6)	8 (1.2)	12 (1.8)	225 (33.7)

※참고 1 : (%)는 만 4세 누리과정 지도서에 제시된 6가지 인성 덕목에서 존중이 차지하는 비율을 나타낸 것임.
※참고 2 : *1) 유치원/어린이집과 친구 *2) 동식물과 자연 *3) 건강과 안전 *4) 세계 여러 나라 *5) 환경과 생활 *6) 봄 · 여름 · 가을 · 겨울.

만 4세 누리과정 지도서에 나타난 생활주제별 존중의 인성교육은 생활주제 '우리나라(59회)'에 가장 많이 제시되어 있으며, 그다음이 '동식물과 자연(37회)' '나와 가족(28회)' '세계 여러 나라(24회)' '우리 동네(23회)' '유치원/어린이집과 친구(12회) · 계절(12회)' '건강과 안전(10회)' '환경(8회)' '교통기관(7회)' '생활도구(5회)'순으로 제시되어 있다.

존중의 하위 내용별로 보면 '자신과 전통문화에 대한 존중(94회)'은 생활주제 '우리나라(59회)'에, '다른 사람과 다른 문화에 대한 존중(67회)'은 '세계 여러 나라(22회)'에, '생명과 환경에 대한 존중(63회)'은 '동식물과 자연(37회)'에 가장 많이 제시되어 있다.

표 7-5 만 5세 존중 인성교육의 생활주제별 분포

빈도(%)

		*1) 유치원	나와 가족	우리 동네	*2) 동식물	*3) 건강 안전	생활 도구	교통 기관	우리 나라	*4) 세계	*5) 환경	*6) 계절	계
존중	자신과 전통문화에 대한 존중	9 (1.8)	4 (0.8)	7 (1.4)		2 (0.4)	1 (0.2)		13 (2.6)				36 (7.2)
	다른 사람과 다른 문화에 대한 존중	2 (0.4)	8 (1.6)	7 (1.4)	3 (0.6)	2 (0.4)	2 (0.4)	3 (0.6)	1 (0.2)	7 (1.4)	6 (1.2)		41 (8.2)
	생명과 환경에 대한 존중	1 (0.2)	4 (0.4)	3 (0.6)	10 (2.0)	4 (0.4)	3 (0.6)	1 (0.2)	2 (0.4)	1 (0.2)	16 (3.3)	8 (1.6)	53 (9.9)
	계	12 (2.4)	16 (2.8)	17 (3.4)	13 (2.6)	8 (1.2)	6 (1.2)	4 (0.8)	16 (3.2)	8 (1.6)	22 (4.5)	8 (1.6)	130 (25.3)

※참고 1 : (%)는 만 5세 누리과정 지도서에 제시된 6가지 인성 덕목에서 존중이 차지하는 비율을 나타낸 것임.
※참고 2 : *1) 유치원/어린이집과 친구 *2) 동식물과 자연 *3) 건강과 안전 *4) 세계 여러 나라 *5) 환경과 생활 *6) 봄 · 여름 · 가을 · 겨울.

만 5세 누리과정 지도서에 나타난 생활주제별 존중의 인성교육은 생활주제 '환경(22회)'에 가장 많이 제시되어 있으며, 그다음이 '우리 동네(17회)' '나와 가족(16회) · 우리나라(16회)' '동식물과 자연(13회)' '유치원/어린이집과 친구(12회)' '건강과 안전(8회) · 세계 여러 나라(8회) · 계절(8회)' '생활도구(6회)' '교통기관(4회)'순으로 많이 제시되어 있다.

존중의 하위 내용별 인성 요소를 보면 '자신과 전통문화에 대한 존중(36회)'은 생활주제 '우리나라(13회)'에, '다른 사람과 다른 문화에 대한 존중(41회)'은 '나와 가족(8회)'에, '생명과 환경에 대한 존중(53회)'은 '환경(16회)'에 가장 많은 활동이 제시되어 있다.

다음은 생활주제별 인성활동 내용을 정리한 것이다.

표 7-6 존중 관련 생활주제별 유아 인성활동

연령	생활주제	소주제	활동명	인성 덕목 하위 내용		활동 유형	활동 구분
				*1) 표준보육과정	*2) 누리과정		
3세	나와 가족	소중한 나	나는 특별해요!	나에 대해 긍정적으로 생각하기	자신과 전통문화에 대한 존중	자유선택 활동	언어
	건강과 안전	즐거운 운동과 휴식	마음이 힘들 때	다른 사람들과의 관계를 소중히 여기기	다른 사람들과 다른 문화에 대한 존중	대소집단 활동	이야기 나누기
	교통기관	여러 가지 육상 교통기관	이런 길이 있다면…?	다른 사람의 말을 경청하고 적절히 반응하기	다른 사람들과 다른 문화에 대한 존중	자유선택 활동	미술
	우리나라	우리나라 역사와 자랑거리	나만의 손수건	우리나라에 관심을 갖고 자랑스럽게 생각하기	자신과 전통문화에 대한 존중	자유선택 활동	미술
	환경과 생활	물과 우리 생활	물을 깨끗이	생명을 소중히 여기고 사랑하기	생명과 환경에 대한 존중	대소집단 활동	이야기 나누기

	우리 동네	우리 동네 사람들	노엘의 산책	다름을 인정하고 긍정적으로 수용하기	다른 사람들과 다른 문화에 대한 존중	대소집단 활동	동화
	동식물과 자연	자연과 더불어 사는 우리	아름다운 산책길	생명을 소중히 여기고 사랑하기	생명과 환경에 대한 존중	실외 놀이	
4세	우리 나라	우리나라의 자랑거리	한지공예를 해 봐요	우리나라에 관심을 갖고 자랑스럽게 생각하기	자신과 전통문화에 대한 존중	자유선택 활동	미술
	세계 여러 나라	세계 여러 나라 사람들의 생활	꼬마야! 꼬마야!	다름을 인정하고 긍정적으로 수용하기	다른 사람들과 다른 문화에 대한 존중	실외 놀이	
	환경과 생활	빛과 우리 생활	빛을 내는 말	다른 사람들과의 관계를 소중히 여기기	다른 사람들과 다른 문화에 대한 존중	자유선택 활동	언어
	동식물과 자연	자연과 더불어 사는 우리	아픈 나무가 있어요	생명을 소중히 여기고 사랑하기	생명과 환경에 대한 존중	실외 놀이	
5세	교통 기관	교통기관의 변천 과정과 구조	내 친구가 꿈꾸는 자동차는?	다른 사람의 말을 경청하고 적절히 반응하기	다른 사람들과 다른 문화에 대한 존중	대소집단 활동	이야기 나누기
	환경과 생활	소리와 우리생활	층간소음을 줄여요!	다른 사람과의 관계를 소중히 여기기	다른 사람들과 다른 문화에 대한 존중	대소집단 활동	이야기 나누기

*참고: *1)은 '어린이집 표준보육과정에 기초한 영유아 인성교육 프로그램'(부산광역시육아종합지원센터, 2014)에서 만 3~5세 인성 덕목 하위 내용만 부분 발췌함.

*2)는 '만 3~5세 연령별 누리과정'에 제시된 인성 덕목의 하위 내용임.

다음으로 만 3~5세 연령별 누리과정 교사용 지도서에 제시된 인성교육 요소를 연령별로 자유선택활동영역과 집단활동별로 알아보면 다음과 같다.

표 7-7 만 3세 존중 인성교육의 실내외 자유선택활동과 집단활동별 분포

빈도(%)

	자유선택활동영역										
	쌓기	역할	쌓/역	과학	미술	수조작	음률	언어	바깥		계
존중	4 (1.3)	4 (1.3)		11 (3.6)	18 (5.8)	22 (7.1)	7 (2.3)	12 (3.9)	20 (6.5)		98 (31.8)
	집단활동										
	이야기	동화	동시	동극	신체	게임	미술	음악	요리	현장	계
	15 (5.2)	25 (8.6)	13 (4.5)	1 (0.3)	15 (5.2)	2 (0.7)	11 (3.8)	17 (5.9)	8 (2.8)	8 (2.8)	115 (39.8)

※참고 : (%)는 만 3세 누리과정 지도서에 제시된 6가지 인성 덕목에서 존중이 차지하는 비율을 나타낸 것임.

만 3세 누리과정 지도서에 나타난 실내외 자유선택활동 영역별 존중의 인성교육 요소는 총 98회 제시되고 있는데, 그중 수조작영역(22회)에 가장 많이 포함되어 있다. 그다음으로는 '바깥놀이(20회)' '미술영역(18회)' '언어영역(12회)' '과학영역(11회)'순으로 많이 포함되어 있었다.

집단활동에서는 존중 인성교육이 115회 제시되어 있는데, 가장 많은 인성 요소가 포함된 활동은 '동화(25회)'이고, 그다음이 '음악(17회)' '이야기 나누기(15회) · 신체(15회)'순으로 많이 제시되어 있었다.

표 7-8 만 4세 존중 인성교육의 실내외 자유선택활동영역과 집단활동별 분포

빈도(%)

	실내외 자유선택활동영역										
	쌓기	역할	쌓/역	과학	미술	수조작	음률	언어	바깥		계
존중	8 (2.5)	9 (2.8)		9 (2.8)	30 (9.3)	22 (6.8)	7 (2.2)	16 (4.9)	8 (2.5)		109 (33.8)
	집단활동										
	이야기	동화	동시	동극	신체	게임	미술	음악	요리	현장	계
	26 (7.7)	20 (6.0)	7 (2.1)	2 (0.6)	13 (3.9)	7 (2.1)	9 (2.7)	18 (5.4)	9 (2.7)	5 (1.5)	116 (34.7)

※참고 : (%)는 만 4세 누리과정 지도서에 제시된 6가지 인성 덕목에서 존중이 차지하는 비율을 나타낸 것임.

만 4세 누리과정 지도서에 나타난 실내외 자유선택활동영역에서 존중의 인성교육 요소는 총 109회 제시되어 있는데, 그중 인성이 가장 많이 포함된 영역은 '미술영역(30회)'이고, 그다음은 '수조작영역(22회)' '언어영역(16회)'순이었다. 집단활동에서는 총 116회 제시되어 있고,

그중 ‘이야기 나누기(26회)’에 가장 많이 포함되어 있다. 그다음은 ‘동화(20회)’ ‘음악활동(18회)’ ‘신체활동(13회)’순이었다.

표 7-9 만 5세 존중 인성교육의 실내외 자유선택활동영역과 집단활동별 분포

빈도(%)

	실내외 자유선택활동영역											
	쌓기	역할	쌓/역	과학	미술	수조작	음률	언어	바깥			계
존중	1 (0.4)	3 (1.3)		9 (4.0)	17 (7.5)	13 (5.8)	1 (0.4)	10 (4.4)	5 (2.2)			59 (26.0)
	집단활동											
	이야기	동화	동시	동극	신체	게임	미술	음악	요리	현장	과학	계
존중	38 (15.0)	12 (4.7)	2 (0.8)		4 (1.6)	2 (0.8)	2 (0.8)	8 (3.1)				68 (26.8)

※참고 : (%)는 만 5세 누리과정 지도서에 제시된 6가지 인성 덕목에서 존중이 차지하는 비율을 나타낸 것임.

만 5세 누리과정 지도서에 나타난 실내외 자유선택활동영역에서 존중의 인성교육 요소는 총 59회 제시되어 있으며, 특히 ‘미술영역(17회)’에 가장 많이 포함되어 있고, 그다음이 ‘수조작영역(13회)’ ‘언어영역(10회)’순이었다. 집단활동에서는 존중이 총 68회 제시되었는데, 특히 ‘이야기 나누기(38회)’에 가장 많이 포함되어 있고, 그다음이 ‘동화(12회)’ ‘음악(8회)’순이었다.

이상과 같이 만 3~5세 연령별 누리과정 교사용 지도서에는 인성 덕목 중 존중이 가장 많이 제시되어 있다. 연령별로는 4세에 가장 많이 제시되어 있고, 그다음이 3세, 5세순이었다. 또한 생활주제별로는 존중의 하위 내용 중 ‘생명과 환경에 대한 존중’은 생활주제 ‘동식물과 자연’에, ‘자신과 전통문화에 대한 존중’은 ‘우리나라’에, ‘다른 사람과 다른 문화에 대한 존중’은 ‘세계 여러 나라’에 활동이 집중되어 있다.

3. 실천방안

존중은 우리 삶의 많은 부분에서 중요한 역할을 한다. 모든 사람은 존중받고자 하는 욕구가 있다. 자신이 존중받는다고 느낄 때 자신이 가치 있고 존엄하다고 느낄 것이며, 주체성을 지니고 있다고 느낄 것이다. 선한 인성의 소유자는 기본적으로 자신과 다른 모든 사람을 존중한다. 부모에게 존중받는 아이들은 스스로 가치 있는 귀한 존재라는 것을 느끼게 되고, 그러한 생각이 다른 사람을 존중하며 귀한 존재라고 인식하는 사람으로 성장하게 한다.

어린 시기에 일상생활 속에서 존중을 경험하는 기회를 가지는 것은 이후 다른 사람을 존중하게 될 기초를 형성하게 된다. 일상생활에서 자신에 대해 긍정적으로 생각하고 주위 사람들과의 관계를 소중히 여기며 타인의 말을 경청하고 적절히 반응하는 활동을 통해 경험할 수 있다. 이를 위해 가정이나 유아교육기관에서 존중의 기회를 경험하고 실천할 수 있는 활동으로는 바르게 인사하기, 고운 말 사용하기(예: 고맙습니다, 내가 도와줄게 등), 친구의 장점 이야기하기, 친구와의 차이와 다름을 인정하고 갈등을 긍정적인 방법으로 해결하기, 유아-부모간에 바람직한 관계 유지하기, 동식물을 기르면서 생명 사랑을 실천하기, 감사할 줄 알기, 예절 지키기, 전통문화에 관심을 가지고 자긍심을 갖기, 다양한 인종과 문화에 관심을 가지고 존중하기, 세계 여러 나라의 다양성을 존중하고 함께 협력하고 교류하는 것을 이해하기, 자연환경을 소중히 여기기, 환경오염과 자연 파괴로 인한 자연재해 문제와 예방을 주제로 토의하기, 친구의 장점을 이해하고 함께 활동을 경험하기, 친구와 함께 일을 완수하려는 의지 갖기, 규칙의 중요함을 알고 지키기 등을 통해 존중에 대한 교육을 할 수 있을 것이다.

상대를 존중하려면 존중하는 방법을 알아야 한다. 여기에 존중을 표현하고 실천하기 위한 기본적인 규칙을 제시하고자 한다(이병석, 이찬숙, 김경윤 외, 2010).

첫째, 인간은 존재만으로 존엄한 존재로 대우받을 권리를 가진다. 따라서 다른 사람의 가치와 존엄성을 존중하여야 한다.

둘째, 남에게 대접받고자 하는 대로 남에게 대접하여야 한다. 그리스 철학자 아리스토텔레스(Aristotle)의 "우리는 다른 사람들이 우리에게 행동하기를 원하는 것처럼 다른 사람에게 행동해야 한다."라는 말은 남에게 대접받고자 한다면 내가 먼저 남에게 대접하며 살아야 한다는 것을 의미한다.

셋째, 상대방에게 먼저 호의와 정중함을 보여야 한다. 타인과 상호작용할 때 상대방을 친절한 마음으로 대하고 좋게 생각하고 있음을 보여 주는 태도나 분위기를 상대방이 느끼도록 하여야 한다.

넷째, 상대방과의 차이점에 대해 관대하고 그들을 인격과 능력으로 판단하여야 한다. 다른 사람에게 존중을 표현하는 것은 그들의 정체성에 대해 관대하다는 것을 의미하며, 자신의 정체성과 다름을 인정하고 받아들이는 것이다. 또한 순간적인 판단을 피하는 것이기도 하다.

다섯째, 상대가 스스로 선택하게 하고 자유의지를 가지도록 하여야 한다. 모든 사람은 자신의 권리에 의해 자신의 삶을 통제하도록 한다. 자신이 어떻게 행동할 것인지는 스스로 선택하는 자유의지에 따를 문제다. 따라서 부모나 교사는 올바른 선택이 무엇인지 안내하고 보여 주어야 한다.

여섯째, 합리적인 사회적 규준과 관습을 존경하여야 한다. 사회는 품행에 대한 규약이 있고 더 나은 행동에 대한 특정한 기대를 가지고 있다. 따라서 자신이 속한 문화를 존중하는 것은 가장 기본적인 원칙이다.

일곱째, 실제적 혹은 위협적인 폭력을 피하여야 한다. 모든 사람은 기본적인 권리와 자유의지를 사용할 권리와 수용되고 관대하게 다루어질 권리 및 안전의 권리를 부여받는다. 어떤 이유에서든 폭력의 사용과 위협은 타인의 인간으로서의 권리를 방해하는 것이다. 따라서 어린 나이일 때부터 다른 사람에 대한 폭력은 수용될 수 없음을 인식시키고 배우게 하는 것이 중요하다.

존중 사진

화단에 물 주기

씨앗 심기

동물 먹이 주기:
새 모이 주기

탐구활동을 통한 생각 존중하기:
왜 그럴까?

여기에 유아를 위한 존중의 인성교육 관련 동화 목록을 제시하니 참고하기 바란다.

표 7-10 유아를 위한 존중 인성교육 동화 목록

도서명	지은이/그린 이 또는 옮긴이	출판사
그래도 넌 내 짝꿍	아오키 히로에/ 김난주(옮김)	아이세움
너, 또 때릴 거니?	한미호/ 심수근	한국혜밍웨이
노엘의 산책	루리코 듀아/ 다카하시 히치코/ 박문성(옮김)	창해
들리니?	하이지마 노부히코/ 김정화(옮김)	아이세움
모래 속에서 찾은 보물	마이클 에반스/ 정소영(옮김)	통큰세상
반쪽이	이미애/ 이억배	보림
백구	김민기/ 권문희	사계절
살색은 다 달라요	캐런 카츠/ 신형건(옮김)	보물창고
선생님은 너를 사랑해 왜냐하면	강밀아/ 안경희	글로연
숲	마크 마틴/ 아이생각(옮김)	키즈엠
왜 친구를 놀리면 안 되나요?	김정신/ 이수경	참돌어린이
에디에게 잘해 주렴	버지니아 플레밍/ 프롤이드 쿠퍼/ 강연숙(옮김)	느림보
중요한 사실	마거릿 와이즈 브라운/ 최재은/ 최재숙(옮김)	보림
찬다 삼촌	윤재인/ 오승민	느림보
컬러풀 월드	시시 와이넌스, 키스 토머스, 앨빈 러부 3세/ 멜로디 스트롱	세용
쿠키 한 입의 우정 수업	에이미 크루즈 로젠탈/ 제인 다이어/ 최현경 (옮김)	책읽는곰
헨리의 자유 상자	엘린 레빈/ 카디르 넬슨/ 김향이(옮김)	뜨인돌어린이
두 친구의 새끼줄	김선규/ 정민혜	한국혜밍웨이

쉬어가기

유아의 '존중' 인성을 깨우는 대화
– 존중을 키우는 "아! 그렇구나!"–

〔생활 속 대화는 이렇게〕

"아! 그렇구나!"
"아! 그렇구나! 듬직한 우리 ◯◯는 블록 놀이를 좋아하는구나."
"아! 그렇구나! ◯◯는 ◯◯를 하고 있구나."
"기다려 줄게. 천천히 말해 보렴."
"◯◯는 엄마에게 참 소중한 사람이란다!"
"◯◯가 있어 엄마는 행복하다."
"지금 이렇게 하는 것을 보니 앞으로는 더 잘할 것 같은데."

〔생활 속에서 존중을 실천하려면〕

* 아기는 몸으로 요구를 나타낸다. 잘 관찰하여 몸이 보내는 신호를 읽도록 주의 깊게 관찰하고 즉시 반응하여 요구를 해결해 주어야 한다.
* '야' '너'보다는 이름을 불러 주도록 한다. 형용사가 붙은 이름 부르기(즐거운 ㅇㅇ)는 자녀가 크는 데 예언처럼 반영될 것이다.
* 요구나 질문을 하였을 때는 5초간 기다린다. 아이는 빨리 답을 하거나 바로 행동하기 어렵다.
* 관심 보이기는 바람직한 존중 방법이다. 평가하는 것이 아니라 관찰된 내용을 사실대로 말해 주도록 한다.

출처 : 부산광역시육아종합지원센터(2014). 어린이집 표준보육과정에 기초한 영유아 인성교육 프로그램.

제8장

배 려

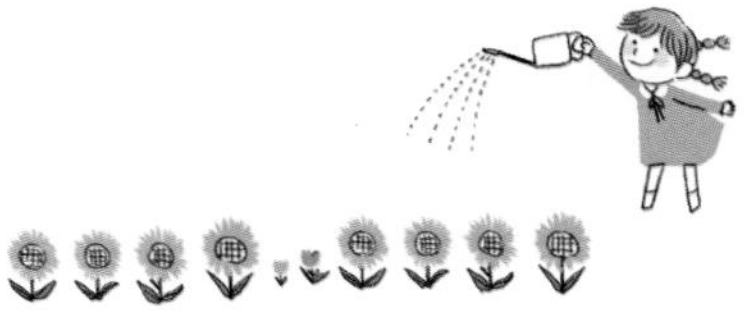

1. 의미 및 필요성

1) 의 미

가족구조의 변화, 성취지향주의, 컴퓨터와 스마트폰 같은 전자기기와의 일방적 소통에 익숙한 현대의 아이들을 위해 반드시 필요한 것은 다른 사람과 어울리며 함께 살아갈 수 있는 방법과 기술을 익히는 것, 더불어 살아가는 관계를 형성하는 것이다. 이를 위해서는 배려가 기초가 되어야 한다.

배려(配慮)의 사전적 의미는 '도와주거나 보살펴 주려고 마음을 씀'이라 정의된다(국립국어원, 2016). 한자어로 배(配)는 '짝', 려(慮)는 '생각하다'로 '짝과 같은 마음으로 상대를 생각해 주는 마음'으로 해석된다. 유사한 의미의 단어로는 배의(配意), 생각(生角), 염려(念慮)가 있다. 아낌, 애호(愛好), 존중(尊重), 그리워함, 사랑함, 기뻐함, 좋아함, 존경(尊敬), 숭배(崇拜)와 연결 지어 쓰이기도 한다. 영어로는 'care'로 표현되며, 보살핌, 돌봄의 의미로 사용된다.

배려란 나와 상대방, 환경에 대해 사랑과 관심을 갖고 잘 관찰하여 보살펴 주는 것이다. 즉, 타인과의 관계에서 타인에 대한 보살핌과 관심 및 이해를 통해 다른 사람과의 관계를 회복하고 더불어 자신을 되돌아보고 성장시킬 수 있는 윤리적인 기본 원리다.

배려는 타인에 대한 윤리로서 타인에 대한 관심과 주의, 타인의 이익을 자신의 이익보다 우선시하는 것, 타인의 성장에 관심을 갖고 이를 위해 실제 도와주고자 하는 행동 그리고 배려받는 사람이 배려하는 사람에게 응답하는 과정을 통한 배려하는 사람의 지속적인 배려 의지까지도 포함한다.

한편, 배려를 사람과의 관계를 중시한 관계 윤리로 강조하고 발달시킨 학자들의 배려에 대한 견해를 살펴보는 것은 그 의미를 이해하는 데 도움이 될 것이다. 대표적인 학자는 배려 이론의 초석을 다진 Gilligan과 배려를 실생활에 활용할 수 있도록 배려 이론을 체계화한 Noddings다.

Gilligan(1982/1997)의 배려윤리는 공동체적인 유대를 중시한다. 다른 사람에 대한 사랑과 배려, 원만한 인간관계 유지, 다른 사람을 돌보는 따뜻한 감성과 책임감을 강조한 관계 지향적인 도덕성을 제시하였으며, 배려를 '엮어져 있는 관계망을 형성하고 유지하기 위한 헌신'이라 정의하였다. 즉, 어부가 촘촘한 그물을 유지하기 위해 매일 그물을 정성스럽게 만져 주고 손질하듯이 사람과 사람 간의 관계를 유지하는 데서는 다른 사람에 대한 사랑과 관심, 책임, 배려를 실천하려는 헌신적인 노력이 이루어질 때 튼튼한 인간관계를 유지할 수 있다는 것이다. 다시 말해, 배려는 다른 사람과의 건강한 관계망을 형성하기 위한 정성으로 다른 사람을 향한 마음과 행동이라고 본다.

배려이론을 체계화한 Noddings(1984)는 배려를 타인의 의견을 수용하고 상대방의 필요에 민감하게 대응하는 실천 윤리로 규정하였으며, 배려를 서로 주고받아야 하는 쌍방향적인 관계성으로 보아 배려가 성립되기 위해서는 배려하는 사람과 배려받는 사람이 존재해야 한다고 하였다. 또한 진정한 배려는 배려하고자 하는 사람에게 진심 어린 마음으로 다가가 관심을 갖고 보살피며 돕고자 하는 것이라 하였다.

따라서 Noddings(1992/2002)는 배려를 다른 사람에 대한 관심과 주의, 다른 사람의 이익을 자신의 이익보다 먼저 생각하는 것, 다른 사람의 성장에 대해 관심을 가지고 이를 위해 도움을 주고자 하는 행동, 그리고 배려를 받는 상대가 배려하는 사람에게 고마움으로 응답하는 과정을 통해 배려하는 사람이 지속적으로 배려하고자 하는 의지까지 포함하여 그 의미를 확대하여 설명하였다.

또한 Noddings(1984)는 배려의 구성요소로 전념(engrossment), 공감(empathy), 수용

(receptivity), 확언(confirmation)을 제시하였는데, 전념은 배려받는 상대의 의견을 개방적인 자세로 경청하고 선입견을 갖지 않는 것이고, 공감은 감정이입이라 하여 상대의 입장에서 어떻게 느낄지 이해하는 감정이며, 수용은 배려받는 사람을 받아들이고 지지하는 것이라고 하였다. 또한 확언은 상대방의 내면에 있는 가장 좋은 점을 찾아 인정하고 발휘할 수 있게 도와주는 역할이라 하였다. 따라서 배려를 다른 사람에 대해 선입견을 갖지 않고, 다른 사람의 입장에서 수용하고 경청하며, 함께 공감을 통해 상대의 마음을 이해하고, 상대의 강점을 인정하고 지지하는 것으로 보았다. 그러므로 배려가 역동적이면서도 상호적으로 계속 발달하기 위해서는 다른 사람의 어려움을 공감하고 걱정하는 정서적인 요소와 다른 사람의 상황과 입장을 이해하는 인지적인 요소, 다른 사람에게 도움의 행위를 실천할 수 있는 행동적인 요소의 통합적인 조화가 필요하다.

이상과 같이 배려의 의미를 종합해 보면, 배려란 타인의 입장과 마음을 헤아려 보살펴 주고, 다른 사람의 어려움을 함께 염려하고 걱정하며, 상대의 고통을 자신의 고통처럼 느껴 타인을 위해 자신을 희생할 줄 아는 마음이다. 또한 배려란 서로에게 영향을 미치는 쌍방향적인 관점으로 변화되었고, 배려가 상호적으로 계속 발달하려면 개인의 긍정적인 배려 경험이 중요하다 하겠다. 아울러 배려는 다른 사람의 상황과 입장을 이해하는 인지적인 측면, 다른 사람의 어려움을 함께 공유하며 느끼고 걱정하는 정서적인 측면, 다른 사람에게 구체적인 도움을 행동으로 실천하는 행동적인 측면이 함께 조화되어야 가능하다. 따라서 배려받은 사람이 배려하는 사람의 보살핌에 대해 응답하는 과정을 통해 배려하는 사람은 배려 동기가 촉진되고, 그러한 배려 행동이 증진되게 함으로써 배려가 더욱 발달하고 강화될 수 있다.

2) 필요성

가족구조의 변화, 자녀 수의 감소, 성취지향주의 교육환경과 사회로 인해 가족 및 형제들을 통해 배려를 경험하고 배우는 기회는 없거나 점점 줄어들고 있다. 더군다나 컴퓨터, 스마트폰 같은 전자기기의 일방적인 의사소통과 몰입으로 사람과 직접 대면하여 상호작용하는 기회마저 박탈되고 있다. 이는 대인관계에서 경험할 수 있는 다양한 상호작용 기회를 줄어들게 한다.

인간은 사회적 동물로 혼자 살아갈 수 없고 다른 사람과 더불어 살아가야 하는 존재이기 때문에 남을 배려하면서 원만한 관계를 유지하여야지만 행복한 삶을 영위할 수 있다. 배려는 역동적인 것으로 다른 사람을 배려한다는 것은 관용, 양보, 친절, 봉사, 헌신을 한다는 것이다. 배려가 상호적이고 역동적으로 발달하기 위해서는 긍정적인 다양한 배려 경험을 많이 하는 것이 필요하고, 원만한 대인관계를 위해서는 타인에 대한 배려가 매우 중요하다. 타인의 필요와 요구에 민감하게 반응하고 공감하는 것은 상대방에게 진심 어린 마음으로 다가가 관심을 갖고 보살피고 돕고자 하는 애정이 표현된 형태다.

배려하는 사람과 배려받는 사람 간의 상호적이며 쌍방향적인 형태로 배려하는 사람이 배려받는 사람을 수용하고 감사의 마음을 표현할 때 배려가 완성된다고 한 Noddings(1984)의 말처럼 배려받는 사람이 배려를 수용하고 고마움을 표현함으로써 배려하는 사람의 배려 의지와 동기가 증진되며, 이러한 배려의 동기와 의지가 또 다른 형태의 배려로 전달되는 순환적 과정을 통해 배려 관계가 더욱 증진될 수 있다. 이러한 배려 관계는 배려의 감정과 행동을 증진시키는 데 필요하다.

따라서 유아기부터 다른 사람을 배려하고 존중하며 협력적으로 살아가는 경험과 실천교육이 필요하다. 다른 사람과의 좋은 관계성을 높일 수 있는 배려교육을 통해 유아들이 건강하고 행복하게 성장할 수 있을 것이다. 또한 사회생활에서 사람들이 어떻게 생각하고 느끼고 행동해야 하는지 친사회적 행동을 통해 타인과의 상호작용을 배우고 의사소통에 필요한 다양한 기술을 익히며 타인을 존중하는 방법을 배울 수 있다.

배려하는 사람과 배려받는 사람 사이에 이루어지는 '관계성'에 기초한 배려는 다른 사람의 입장과 마음을 이해하고 보살펴 주며 함께 염려, 걱정하고 상대방의 고통을 자신의 고통으로 느낄 수 있게 하기에 자신을 희생할 줄 아는 마음이 생기며, 이러한 결과는 또래관계에서 발생할 수 있는 다양한 갈등을 줄일 수 있을 뿐만 아니라 즐거운 단체생활을 할 수 있는 기초가 된다. 또한 이러한 결과는 이후의 생활에 영향을 미치므로 배려의 삶은 필요하고 중요하다.

유아기는 상대방의 마음과 의도를 인지하는 능력이 발달하는 시기로 상대방의 입장이 되어 보고 감정에 이입해 보면서 상대가 원하는 것이나 필요한 것이 무엇인지 정확하게 인지하고 적절하게 반응할 수 있도록 하는 것이 필요하다. 따라서 가족, 친구, 이웃에 대한 배려와 함께, 타인과 자연의 공존적인 관계를 알고 배려하는 마음을 가지도록 하는 인식과 태도를 형성시킬 수 있는 배려에 대한 교육이 필요하다.

2. 교육과정에 제시된 배려 인성 덕목

배려는 교육과학기술부(2011)의 인성교육 덕목으로 제시되어 있다. 배려는 타인의 필요와 요구에 민감하게 반응하고 공감하는 마음과 태도로 제시되며, 배려의 하위 내용으로는 '친구에 대한 배려' '가족에 대한 배려' '이웃에 대한 배려' '동식물에 대한 배려'가 제시되고 있다.

만 3~5세 대상의 누리과정 교사용 지도서에 제시된 배려의 인성교육 내용을 예를 들면, 생활주제 '동식물과 자연'에서 만 4세의 경우 탐구적인 성향을 계발할 수 있도록 하고 더불어 살아가는 삶을 이해할 수 있도록 내용을 구성하고 있다. 만 5세의 경우는 동식물과 인간이 어떠한 관계를 맺고 살아가는지 공생관계를 탐색하고 동식물과 자연에 대한 바른 태도와 습관을 형성할 수 있도록 구성되어 있다.

교육과학기술부(2011)가 제시한 배려의 인성교육 정의 및 하위 내용은 다음과 같다.

표 8-1 배려 인성교육의 정의 및 하위 내용

인성교육 덕목	정의	하위 내용
배려	타인의 필요와 요구에 민감하게 반응하고 공감하는 마음과 태도	친구에 대한 배려
		가족에 대한 배려
		이웃에 대한 배려
		동식물에 대한 배려

만 3~5세 연령별 누리과정 교사용 지도서에 제시된 배려의 인성교육 하위 내용 분포를 알아보면 다음과 같다.[1]

1) 제시된 표는 박선미(2013)의 논문 「누리과정 교사용 지도서에 나타난 인성교육 요소 분석-연령, 생활주제, 활동영역을 중심으로-」에서 부분 발췌하여 수정·보완 및 재구성한 것임.

표 8-2 배려 인성 덕목의 하위 내용 분포

빈도(%)

인성교육 덕목	하위 내용	3세	4세	5세	계
배려	친구에 대한 배려	38(6.2)	26(3.9)	34(6.9)	98(17.0)
	가족에 대한 배려	5(0.8)	6(0.9)	9(1.8)	20(3.5)
	이웃에 대한 배려	12(1.9)	27(4.1)	23(4.7)	62(10.7)
	동식물에 대한 배려	25(4.1)	16(2.4)	12(2.4)	53(8.9)
	기타		1(0.1)		1(0.1)
	계	80(13.0)	76(11.4)	78(15.8)	234(40.2)

※참고 : (%)는 만 3~5세 연령별 누리과정 지도서에 제시된 6가지 인성 덕목에서 배려가 차지하는 비율을 나타낸 것임.

만 3~5세 연령별 누리과정 지도서에 제시된 배려의 인성교육은 '친구에 대한 배려(98회)' '이웃에 대한 배려(62회)' '동식물에 대한 배려(53회)' '가족에 대한 배려(20회)'로 제시되어 있는데, 그중 '친구에 대한 배려'를 가장 많이 포함하고 있다. 연령별로 보면, '친구에 대한 배려'는 3세, '가족에 대한 배려'는 5세, '이웃에 대한 배려'는 4세, '동식물에 대한 배려'는 3세 연령에 가장 많이 제시되어 있다.

배려 인성교육이 만 3, 4, 5세 누리과정 지도서에 제시된 생활주제별 분포를 알아보면 다음과 같다.[2)]

표 8-3 만 3세 배려 인성교육의 생활주제별 분포

빈도(%)

		*1) 유치원	나와 가족	우리 동네	*2) 동식물	*3) 건강 안전	생활 도구	교통 기관	우리 나라	*4) 환경	*5) 계절	계
배려	친구에 대한 배려	14 (2.2)	9 (1.5)			1 (0.2)	7 (1.1)	4 (0.6)			3 (0.5)	38 (6.1)
	가족에 대한 배려		4 (0.6)								1 (0.2)	5 (0.8)
	이웃에 대한 배려			9 (1.5)		1 (0.2)				1 (0.2)	1 (0.2)	12 (2.1)
	동식물에 대한 배려			2 (0.3)	18 (2.9)		1 (0.2)				4 (0.6)	25 (4.0)

2) 제시된 표는 박선미(2013)의 논문 「누리과정 교사용 지도서에 나타난 인성교육 요소 분석-연령, 생활주제, 활동영역을 중심으로-」에서 부분 발췌하여 수정·보완 및 재구성한 것임.

	계	14 (2.2)	13 (2.1)	11 (1.8)	18 (2.9)	2 (0.4)	8 (1.3)	4 (0.6)		1 (0.2)	9 (1.5)	80 (13.0)

※참고 1 : (%)는 만 3세 누리과정 지도서에 제시된 6가지 인성 덕목에서 배려가 차지하는 비율을 나타낸 것임.
※참고 2 : *1) 유치원/어린이집과 친구 *2) 동식물과 자연 *3) 건강과 안전 *4) 환경과 생활 *5) 봄 · 여름 · 가을 · 겨울.

만 3세 누리과정 지도서에 제시된 생활주제별 배려의 인성교육은 '동식물과 자연(18회)'에 가장 많이 제시되어 있다. 그다음은 '유치원/어린이집과 친구(14회)' '나와 가족(13회)' '우리 동네(11회)' '계절(9회)' '생활도구(8회)' '교통기관(4회)' '건강과 안전(2회)' '환경(1회)'순으로 많이 제시되어 있다. 그러나 '우리나라'에는 제시되어 있지 않다.

배려의 하위 내용별로 보면, '친구에 대한 배려(38회)'는 생활주제 '유치원/어린이집과 친구(14회)'에, '가족에 대한 배려(5회)'는 '나와 가족(4회)'에, '이웃에 대한 배려(12회)'는 '우리 동네(9회)'에, '동식물에 대한 배려(25회)'는 '동식물과 자연(18회)'에 가장 많이 제시되어 있다.

표 8-4 만 4세 배려 인성교육의 생활주제별 분포

빈도(%)

		*1) 유치원	나와 가족	우리 동네	*2) 동식물	*3) 건강 안전	생활 도구	교통 기관	우리 나라	*4) 세계	*5) 환경	*6) 계절	계
배려	친구에 대한 배려	13 (2.0)	1 (0.1)	2 (0.3)		5 (0.8)	3 (0.4)				1 (0.1)	1 (0.1)	26 (3.8)
	가족에 대한 배려		5 (0.8)			1 (0.1)							6 (0.9)
	이웃에 대한 배려	3 (0.4)	1 (0.1)	12 (1.8)			2 (0.3)	4 (0.6)		2 (0.3)	2 (0.3)	1 (0.1)	27 (3.9)
	동식물에 대한 배려				13 (2.0)						1 (0.1)	2 (0.3)	16 (2.4)
	기타					1 (0.1)							1 (0.1)
	계	16 (2.4)	7 (1.0)	14 (2.1)	13 (2.0)	7 (1.0)	5 (0.7)	4 (0.6)		2 (0.3)	4 (0.5)	4 (0.5)	76 (11.1)

※참고 1 : (%)는 만 4세 누리과정 지도서에 제시된 6가지 인성 덕목에서 배려가 차지하는 비율을 나타낸 것임.
※참고 2 : *1) 유치원/어린이집과 친구 *2) 동식물과 자연 *3) 건강과 안전 *4) 세계 여러 나라 *5) 환경과 생활 *6) 봄 · 여름 · 가을 · 겨울.

만 4세 누리과정 지도서에 제시된 생활주제별 배려의 인성교육이 가장 많이 포함된 주제는 '유치원/어린이집과 친구(16회)'였다. 그다음이 '우리 동네(14회)' '동식물과 자연(13회)' '나와 가족(7회) · 건강과 안전(7회)' '생활도구(5회)' '교통기관(4회) · 환경(4회) · 계절(4회)' '세계(2회)'순으로 많이 제시되어 있다.

배려의 인성교육 하위 내용별로 보면, '친구에 대한 배려(26회)'는 생활주제 '유치원/어린이집과 친구(13회)'에, '가족에 대한 배려(6회)'는 '나와 가족(5회)'에, '이웃에 대한 배려(27회)'는 '우리 동네(12회)'에, '동식물에 대한 배려(16회)'는 '동식물과 자연(13회)'에 가장 많이 제시되어 있다.

표 8-5 만 5세 배려 인성교육의 생활주제별 분포

빈도(%)

		*1) 유치원	나와 가족	우리 동네	*2) 동식물	*3) 건강 안전	생활 도구	교통 기관	우리 나라	*4) 세계	*5) 환경	*6) 계절	계
배려	친구에 대한 배려	14 (2.8)	4 (0.8)	8 (1.6)		1 (0.2)	3 (0.6)	2 (0.4)				2 (0.4)	34 (6.8)
	가족에 대한 배려		7 (1.4)				2 (0.4)						9 (1.8)
	이웃에 대한 배려		2 (0.4)	14 (2.8)		1 (0.2)	4 (0.8)	1 (0.2)			1 (0.2)		23 (4.6)
	동식물에 대한 배려			3 (0.6)	8 (1.6)						1 (0.2)		12 (2.4)
계		14 (2.8)	13 (2.6)	25 (5.0)	8 (1.6)	2 (0.4)	9 (1.8)	3 (0.6)			2 (0.4)	2 (0.4)	78 (15.6)

※참고 1 : (%)는 만 5세 누리과정 지도서에 제시된 6가지 인성 덕목에서 배려가 차지하는 비율을 나타낸 것임.
※참고 2 : *1) 유치원/어린이집과 친구 *2) 동식물과 자연 *3) 건강과 안전 *4) 세계 여러 나라 *5) 환경과 생활 *6) 봄 · 여름 · 가을 · 겨울.

만 5세 누리과정 지도서에 제시된 생활주제별 인성교육이 가장 많이 포함된 생활주제는 '우리 동네(25회)'고, 그다음은 '유치원과 친구(14회)' '나와 가족(13회)' '생활도구(9회)' '동식물과 자연(8회)' '교통기관(3회)' '건강과 안전(2회) · 환경(2회) · 계절(2회)'순으로 많이 제시되어 있다.

존중의 하위 내용별로 보면, '친구에 대한 배려(34회)'는 생활주제 '유치원/어린이집과 친구(14회)'에, '가족에 대한 배려(9회)'는 '나와 가족(7회)'에, '이웃에 대한 배려(23회)'는 '우리 동네(14회)'에, '동식물에 대한 배려(12회)'는 '동식물과 자연(8회)'에 가장 많이 제시되어 있다.

다음은 생활주제별 인성활동 내용을 정리한 것이다.

표 8-6 배려 관련 생활주제별 유아 인성활동

연령	생활 주제	소주제	활동명	인성 덕목 하위 내용		활동유형	활동 구분
				*1) 표준보육 과정	*2) 누리 과정		
3세	우리 동네	우리 동네 사람들	우리 동네 사람 들은요?	다른 사람의 배려에 감사하기	이웃에 대한 배려	현장학습	
	동식물과 자연	궁금한 동식물	얼룩무늬가 싫어	다른 사람의 정서에 공감하기	동식물에 대한 배려	대소집단 활동	동화
	생활 도구	다양한 생활도구	빨래 널기	다른 사람을 위해 적절한 도움 제공하기	가족에 대한 배려	자유선택 활동	수조작 놀이
	유치원/어린이집과 친구	유치원/어린이집에서 만난 친구	내가 도울 수 있는 일이 있니?	다른 사람을 위해 적절한 도움 제공하기	친구에 대한 배려	대소집단 활동	이야기 나누기
	동식물과 자연	자연과 더불어 사는 우리	달팽이와 함께 살아요	다른 사람을 위해 적절한 도움 제공하기	동식물에 대한 배려	자유선택 활동	과학
	생활 도구	다양한 생활도구	아빠는 발명왕	다른 사람을 위해 적절한 도움 제공하기	가족에 대한 배려	대소집단 활동	동화
	세계 여러 나라	세계 여러 나라 사람들의 생활	피부색은 달라도 우리는 친구	다른 사람의 입장에서 생각하기	이웃에 대한 배려	대소집단 활동	동화
	환경과 생활	빛과 우리 생활	빛을 내는 말	다른 사람들과의 관계를 소중히 여기기	동식물에 대한 배려	자유선택 활동	언어

4세	유치원/어린이집과 친구	유치원/어린이집에서 만난 친구	내가 도울 수 있는 일이 있니?	다른 사람을 위해 적절히 도움 제공하기	친구에 대한 배려	대소집단 활동	이야기 나누기
	동식물과 자연	자연과 더불어 사는 우리	달팽이와 함께 살아요	다른 사람을 위해 적절히 도움 제공하기	동식물에 대한 배려	자유선택 활동	과학
	생활 도구	다양한 생활도구	아빠는 발명왕	다른 사람을 위해 적절히 도움 제공하기	가족에 대한 배려	대소집단 활동	동화
	세계 여러 나라	세계 여러 나라 사람들의 생활	피부색은 달라도 우리는 친구	다른 사람의 입장에서 생각하기	이웃에 대한 배려	대소집단 활동	동화
5세	유치원/어린이집과 친구	유치원/어린이집에서 만난 친구	‘갈등해결’책 만들기	다른 사람의 입장에서 생각하기	친구에 대한 배려	자유선택 활동	언어
	나와 가족	소중한 가족	돼지책 가족의 문제해결	다른 사람을 위해 적절한 도움 제공하기	가족에 대한 배려	대소집단 활동	역할극
	우리 동네	우리 동네 사람들	기쁨을 드려요	다른 사람을 위해 친절 베풀기	이웃에 대한 배려	현장학습	
	건강과 안전	맛있는 음식과 건강	골고루 먹어요	다른 사람을 위해 양보하기	가족에 대한 배려	일상	점심 및 간식
	교통 기관	고마운 교통기관	비워 둬야 할 자리	지역사회의 규칙 알아보고 지키기	이웃에 대한 배려	대소집단 활동	이야기 나누기
	환경과 생활	소리와 우리 생활	‘소리를 줄여 주세요’ 마크 만들기	다른 사람의 입장에서 생각하기	이웃에 대한 배려	자유선택 활동	미술

*참고 : *1)은 ‘어린이집 표준보육과정에 기초한 영유아 인성교육 프로그램’(부산광역시육아종합지원센터, 2014)에서 만 3~5세 인성 덕목 하위 내용만 부분 발췌함.

*2)는 ‘만 3~5세 연령별 누리과정’에 제시된 인성 덕목의 하위 내용임.

다음으로 만 3~5세 연령별 누리과정 교사용 지도서에 제시된 인성교육 요소를 자유선택활동영역과 집단활동별로 살펴보면 다음과 같다.[3)]

표 8-7 만 3세 배려 인성교육의 실내외 자유선택활동과 집단활동별 분포

빈도(%)

	실내외 자유선택활동영역										
	쌓기	역할	쌓/역	과학	미술	수조작	음률	언어	바깥		계
배려	3 (1.0)	7 (2.3)		2 (0.6)	2 (0.6)	2 (0.6)	4 (1.3)	5 (1.6)	11 (3.6)		36 (11.6)
	집단활동										
	이야기	동화	동시	동극	신체	게임	미술	음악	요리	현장	계
	16 (5.5)	8 (2.8)	2 (0.7)		2 (0.7)	1 (0.3)	3 (1.0)	6 (2.1)	1 (0.3)	1 (0.3)	40 (13.7)

※참고 : (%)는 만 3세 누리과정 지도서에 제시된 6가지 인성 덕목에서 배려가 차지하는 비율을 나타낸 것임.

만 3세 누리과정 지도서에 나타난 실내외 자유선택활동영역에서 배려의 인성교육 활동은 총 36회 제시되어 있는데, 그중 '바깥놀이(11회)'에 가장 많이 포함되어 있다. 그다음은 '역할영역' '언어영역'순으로 많이 제시되어 있다. 집단활동에서는 배려가 총 40회 제시되어 있는데 '이야기 나누기(16회)'에 가장 많이 제시되어 있고, 그다음은 '동화(8회)' '음악활동(6회)'순이었다.

표 8-8 만 4세 배려 인성교육의 실내외 자유선택활동영역과 집단활동별 분포

빈도(%)

	실내외 자유선택활동영역										
	쌓기	역할	쌓/역	과학	미술	수조작	음률	언어	바깥		계
배려	6 (14.9)	7 (2.2)		4 (1.2)	1 (0.3)	5 (1.5)	1 (0.3)	6 (1.9)	3 (0.9)		33 (23.2)
	집단활동										
	이야기	동화	동시	동극	신체	게임	미술	음악	요리	현장	계
	17 (5.1)	6 (1.8)	5 (1.5)	3 (0.9)	3 (0.9)	3 (0.9)		4 (1.2)	2 (0.6)	1 (0.3)	44 (13.2)

※참고 : (%)는 만 4세 누리과정 지도서에 제시된 6가지 인성 덕목에서 배려가 차지하는 비율을 나타낸 것임.

3) 제시된 표는 박선미(2013)의 논문 「누리과정 교사용 지도서에 나타난 인성교육 요소 분석–연령, 생활주제, 활동영역을 중심으로–」에서 부분 발췌하여 수정 · 보완 및 재구성한 것임.

만 4세 누리과정 지도서에 나타난 실내외 자유선택활동영역에서 배려의 인성교육은 총 33회 제시되어 있는데, 그중 '역할영역(7회)'에 가장 많이 포함되어 있다. 그다음은 '언어영역(6회)'과 '쌓기영역(6회)' '수조작영역(5회)'순이었다. 집단활동에서는 배려가 총 44회 제시되어 있고, 그중 '이야기 나누기(17회)'에 가장 많이 제시되어 있다. 그다음은 '동화(6회)' '동시(5회)'순으로 많이 제시되어 있다.

표 8-9 만 5세 배려 인성교육의 실내외 자유선택활동영역과 집단활동별 분포

빈도(%)

	실내외 자유선택활동영역											
	쌓기	역할	쌓/역	과학	미술	수조작	음률	언어	바깥			계
배려	3 (1.3)	4 (1.8)		2 (0.9)	1 (0.4)	5 (2.2)	3 (1.3)	4 (1.8)	4 (1.8)			26 (11.5)
	집단활동											
	이야기	동화	동시	동극	신체	게임	미술	음악	요리	현장	과학	계
배려	15 (5.9)	6 (2.4)	5 (2.0)	6 (2.4)	4 (1.6)	7 (2.8)		4 (1.6)	2 (0.8)	2 (0.8)	1 (0.4)	52 (20.7)

※참고 : (%)는 만 5세 누리과정 지도서에 제시된 6가지 인성 덕목에서 배려가 차지하는 비율을 나타낸 것임.

만 5세 누리과정 지도서에 나타난 실내외 자유선택활동영역에서 배려의 인성교육 활동은 총 26회 제시되어 있고, 그중 '수조작영역(5회)'에 많이 제시되어 있다. 그다음은 '역할영역(4회) · 언어영역(4회) · 바깥놀이(4회)' '쌓기영역(3회) · 음률영역(3회)'순으로 많이 제시되어 있다. 집단활동은 배려가 총 52회 제시되어 있고, 그중 '이야기 나누기(15회)'에 가장 많이 제시되어 있다. 그다음은 '게임(7회)' '동화(6회) · 동극(6회)'순으로 제시되어 있다.

이상과 같이 만 3~5세 연령별 누리과정 교사용 지도서에는 인성 덕목 중 배려가 존중 다음으로 많이 제시되고 연령별로 골고루 제시되어 있다. 생활주제별로는 배려의 하위 내용 중 '친구에 대한 배려'는 '유치원/어린이집과 친구'에, '가족에 대한 배려'는 '나와 가족'에, '이웃에 대한 배려'는 '우리 동네'에, '동식물에 대한 배려'는 '동식물'에 가장 많이 제시되어 있다.

3. 실천방안

배려심이란 상대방의 입장을 헤아리고, 상대방을 위해 나 자신의 손해를 감수할 줄 알며, 도움이 필요한 사람을 외면하지 못하고 도와주려는 책임감 있는 마음이다.

배려의 실천 교육방법으로 본보기, 대화, 실천, 인정과 격려를 제시할 수 있다(Noddings, 1984). 본보기는 배려를 위한 도덕교육의 가장 핵심적인 방법으로, 배려능력은 자신이 배려를 경험하고 배려를 베푼 경험에 의해 발생된다. 이것은 교사가 유아들과의 관계에서 말과 행동을 통해 모범을 보여 주는 배려의 본보기와 유아들을 보살펴 주는 사람으로서의 역할을 통해 느낄 수 있도록 하여야 할 것이다.

Noddings(1984)는 배려를 실천해 볼 수 있는 교육방법이 기회의 제공이라 하였는데, 학교에서 정규교과목 외에 봉사활동과 협력학습을 제안하였다. 봉사활동은 인간의 상호의존성과 나눔 가치를 경험하게 해 주며 더불어 살아가는 동반자로서의 인식을 심어 준다. 또한 협력학습은 배려의 의미를 이해하고 실제적인 경험을 하며 인간관계의 중요성과 협력의 중요성을 얻게 된다. 따라서 교사는 봉사활동과 협력학습이 서로를 돕는다는 것을 인식시킴으로 인해 배려를 실천하는 기회로 삼을 수 있다.

유아기는 상대방의 마음과 의도를 인지하는 능력이 발달하는 시기다. 유아기의 배려교육은 상대방의 입장이 되어 보고 공감해 봄으로써 상대가 원하거나 필요한 것을 알고 적절하게 반응할 수 있도록 하여야 한다. 따라서 가족, 친구, 이웃에 대한 배려뿐만 아니라 동식물을 배려하는 마음도 가질 수 있도록 하는 것도 필요하다.

또한 유아교육기관과 같은 공동생활을 통해 유아가 협동심을 배우고 서로 배려하며 친절을 베푸는 것을 익히면서 배려의 의미를 체험할 수 있도록 하여야 한다. 이에 유아교육기관에서 실천할 수 있는 활동으로는 일상생활에서 친구의 입장에서 생각하고 행동하기, 친구의 정서에 대해 공감하고 적절히 반응하기, 자신보다 친구를 먼저 생각하기, 친구를 위해 양보하기, 친구에게 친절을 베풀고 적절한 도움을 제공하기, 동식물의 습성을 알고 적절하게 다루기 등이 있고, 이러한 놀이활동 속에서 경험할 수 있도록 하는 것이 필요하다.

다양한 매체를 통해 유아에게 배려심을 가르칠 수도 있다. 예를 들면, 동화를 통한 방법으로 친사회적이면서도 비폭력적인 동화책을 선택하게 하여 사회성 발달에 도움이 되게 한다.

즉, 동화 속 친사회적 주제와 그러한 행동을 한 주인공에 대한 개방적인 질문을 사용하여, 주인공의 동기와 행동에 대해 생각하고 이해할 기회를 줌으로써, 타인의 욕구와 권리에 대해 이해할 기회를 줄 수 있다. 또한 친사회적 방송 프로그램이나 비디오를 시청하게 하여 친사회적 행동을 모방하게 할 수도 있다. 이때 부모와 함께 시청하면서 친사회적 행동에 대한 이야기를 나눈다면 좋을 것이다. 아울러 친구의 장점을 이해하고 함께 활동을 경험하기, 친구와 함께 공동의 일을 완수하려는 의지 갖기, 친구 관계를 친밀하게 유지하며 배려하기, 규칙의 중요함을 알고 지키기 등을 실천할 수 있을 것이다.

배려의 인성 덕목은 자연스럽게 일상생활을 통해 반복적으로 경험하여 습관이 되도록 하는 것이어야 한다. 일상생활 속에서 다른 사람과의 필요한 배려 행동을 경험하고, 상황 속에서 필요한 배려 행동을 실천해 보는 것이 필요하다. 따라서 배려심과 이타심을 키우기 위해 부모와 교사가 배려의 모델이 되어 행동으로 보여 주는 것이 최상의 교육이 될 수 있다. 즉, 부모나 교사가 유아들을 배려함으로써 다른 사람을 배려하는 태도를 모방하도록 가르칠 수 있을 것이다.

배려 사진

배려를 위해 이런 말을 해 보아요

친구들과 사이좋게 지내기:
"친구야! 함께 놀자."

친구 도와주기:
"친구야! 내가 도와줄게."

동생에게 놀이기구 양보하기:
"동생아~ 네가 먼저 타.
언니가 밀어 줄게."

동생과 그림책 함께 보기:
"누나가 그림책 읽어 줄 테니
함께 보자."

다음은 유아를 위한 배려의 인성교육 관련 동화 목록을 제시하니 참고하기 바란다.

표 8-10 유아를 위한 배려의 인성교육 동화 목록

도서명	지은이/ 그린 이 또는 옮긴이	출판사
간식을 먹으러 온 호랑이	주디스 커/ 최정선(옮김)	보림
거인의 식탁	홍건국/ 한지원	황우
나와 우리	이선미	글로연
내가 언제 동생 낳아 달랬어	마사 알렉산더/ 서남희(옮김)	보림
내 보물 1호 티노	김영수	비룡소
내 친구 루이	에즈라 잭 키츠/ 정성원(옮김)	비룡소
돼지책	앤서니 브라운/ 허은미(옮김)	웅진주니어
떠돌이 개	마크 시몽/ 백영미(옮김)	작은 책방
로쿠베, 조금만 기다려	하이타니 겐지로/ 초 신타/ 햇살과 나무꾼(옮김)	양철북
반딧불이야 고마워	남미영/ 김현	스마트베어
사과나무의 꿈	허페즈 미라프타비/ 주잔네 베히도른/ 이옥용(옮김)	베틀북
아기 오리들한테 길을 비켜 주세요	로버트 머클로스키/ 이수연(옮김)	시공주니어
아낌없이 주는 나무	셸 실버스타인/ 이재명(옮김)	시공주니어
아빠는 발명왕	캔더스 플레밍/ 보리스 쿨리코프/ 강형복(옮김)	키즈엠
이럴 땐 "고마워요" 하는 거야	황윤선, 황정임/ 송수미	노란돼지
피부색은 달라도 우리는 친구	미로 프레만/ 최용은(옮김)	키즈엠
황소와 도깨비	이상 / 한병호	다림

쉬어가기

유아의 '배려' 인성을 깨우는 대화
–'배려'를 키우는 "그래 그래!"–

〔생활 속 대화는 이렇게〕
"그래그래! 그렇게 하고 싶구나."
"그래그래! 네가 원하는 것은 ~이구나."
"그래그래! 그래서 ~, 그래서 ~그렇구나."
"그래그래! 기다려 줄게, 천천히 하렴."
"그래그래! 너는 지금 더 놀고 싶구나. 그래, 더 놀렴. 5분 후에 이제 잠자러 가자!"
"으~응. 그래그래!"
"아~하. 그래그래!"

〔생활 속에서 배려를 실천하려면〕
* 아이를 위한 배려는 아이를 이해하는 것에서부터 시작한다.
* 몸과 마음을 아이에게 맞춰 낮춘다.
* 아이의 요구를 정확하게 파악하고 만족할 수 있도록 행동한다.
* 남에게 피해를 주지 않는 범위에서 요구는 모두 들어준다. 그러면 아이는 사랑받고 있다고 느끼고 자신의 가치를 긍정적으로 여기게 된다.
* 시간과 몸을 충분히 사용하여 행동하고 기다려 준다. 배려는 인내가 반드시 필요하다.

출처 : 부산광역시육아종합지원센터(2014). 어린이집 표준보육과정에 기초한 영유아 인성교육 프로그램.

제 9 장

소 통

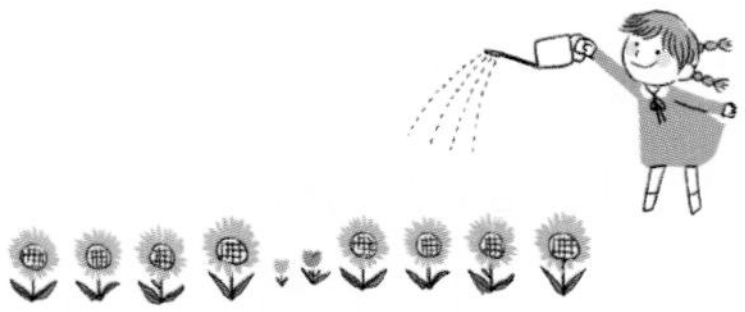

1. 의미 및 필요성

1) 의 미

인간은 태어나면서부터 양육자인 부모를 비롯한 여러 성인과의 상호작용을 통해 의사소통 기술을 배우고 사회성이 발달하게 된다. 그러나 최근에는 소통의 대상이 제한적이거나 많은 시간 아이를 기계에 내맡기는 부모들로 인해 아이들이 자라면서 타인과 바람직한 인간관계를 맺는 데 어려움을 겪는다. 또한 이러한 인간관계의 어려움은 가정과 사회에서 일어나는 여러 문제의 원인이 되기도 한다.

최근에는 '소통의 시대'라는 슬로건을 내걸고 사회 다방면에서 소통의 필요성이 제기되고 있다. 가정, 학교, 직장에서의 인간관계뿐 아니라 세대 간, 문화 간, 장애인과 비장애인 간, 지도자와 국민 간의 소통 등 급속한 경제발전으로 놓쳐 버린 인간관계의 회복을 위한 처방전처럼 소통의 붐이 일고 있다. 이러한 현상은 사회 곳곳에서 일어나고 있는 인간성 상실문제나 반인륜적 행위, 우울로 인한 여러 사건의 원인을 소통의 부재에서 찾는 사회적 분위기를 반영한다.

소통의 사전적 의미는 '사물이 막힘이 없이 잘 통함' '서로 잘 통함'이다. 영어로는 'Communication' 'Interaction'으로 표현된다. 일반적으로 인간관계에서 소통을 말할 때 대부분 '의사소통'과 같은 맥락으로 해석한다. 의사소통은 언어를 포함한 여러 상징적 매개를 이용하여 둘 이상의 사람이 서로 느낌이나 의견, 정보를 교환함으로써 서로에 대해 이해하고 영향을 줄 수 있는 모든 과정으로, 인간관계의 필수적인 수단이다(최외선, 김갑숙, 최선남, 2001).

의사소통에는 음성이나 부호를 상징화하여 문자나 언어로 서로의 의사를 교환하는 언어적 의사소통과, 문자나 언어가 아닌 느낌이나 행동에 의해 의사소통하는 비언어적 의사소통이 있다. 따라서 의사소통은 언어적인 행위뿐 아니라 여러 매개체를 이용하여 생각과 감정을 전달하는 비언어적 행위도 포함한다. 인간은 가정과 사회에서 끊임없이 서로의 감정과 생각을 나누며 의사소통을 한다. 이를 통해 서로를 이해하게 되고 유대감이 생기며 갈등이 줄어든다. 이처럼 소통은 인간관계나 사회생활에서 중요한 역할을 한다.

최근 서점가에 베스트셀러로 올라간 책 중에는 인간관계에 관련된 책이 많다. 이것은 가정과 사회생활을 하는 데 가장 힘든 부분이 사람과의 소통이라는 점과, 원활한 소통방법을 찾고자 하는 심리의 반영이다. 소통의 의미 그대로 '서로 잘 통하려면' 제일 먼저 해야 할 일은 상대방의 말을 경청하고 지지해 주는 것이다. 인간관계에서 가장 쉽지만 어렵고 가장 지혜로운 것이 바로 '잘 들어 주는 것'이기 때문이다. 모두가 자신을 피력하기에 바쁜 요즘에는 특히 더 어렵지만 진정한 소통을 위한 가장 빠른 길이기도 하다.

종합하면, 인간은 태어나 부모를 만나는 순간부터 소통을 시작해 성장하는 동안 끊임없이 사람들과 소통하며 살아간다. 진정한 소통은 상대방이 보내는 언어적인 신호뿐 아니라 마음의 신호를 함께 받아들여 나의 신호로 답하는 것이다. 따라서 현대는 복잡 다양한 환경으로 인해 깨져 버린 인간관계의 소통 신호를 복원하는 일이 필요하다.

2) 필요성

요즘 한국 사회는 디지털 환경과 과도한 개인주의로 소통의 부재 현상이 일어나고 있으며, 이로 인한 여러 사회적 문제점으로 인간관계의 위기를 겪고 있다. 사회가 복잡해지고 다양한 미디어가 발달함에 따라 아이들은 어릴 때부터 컴퓨터나 스마트폰을 접하면서 가족이나 또래친구들과의 인간적인 교류가 줄어들고, 핵가족화로 양육에 대한 사회적 지지를 얻기 어려운 상황에 놓인 부모들은 쉽게 TV나 스마트폰에 아이들을 맡기고 있다.

전통사회에서의 인간관계라고 하면 수직적인 인간관계가 대부분이었다. 소통을 잘하기 위해서는 자신을 잘 표현하고 상대방의 말을 경청하는 것이 기본인데, 보수적이고 권위적인 시대이던 전통사회에서는 자신을 자유롭게 표현하는 것이 어려웠다. 하지만 서구화의 영향으로 점점 수평적인 인간관계로 변화되는 현대에서 자유롭게 자신의 의견을 표현함에도 서로 소통이 잘 되지 않는다. 그 이유를 찾자면, 인간과의 소통보다는 기계와의 소통이 많아졌으며, 기다림의 여유를 주지 않은 채 빠르게 움직이는 생활 속에서 상대방의 말을 듣기보다는 자신의 의견을 주장하기에만 급급하기 때문이다.

많은 학자는 의사소통의 시작이 '경청'이라고 했다. 자신의 의견을 말하는 것보다 듣는 것이 우선되어야 한다는 것이다. 듣는 것도 그냥 듣는 것이 아니라 '잘' 들어야 한다. 우리나라에서 부모들이 가장 두려워하는 존재가 바로 '중2'라고 말하고, '중2병'이라는 말까지 생겼다. 부모들은 아이들의 말과 행동을 이해하지 못하고 참을성의 한계를 느낀다고 하고, 아이들은 부모가 자신의 말을 잘 들어 주지 않는다며 불만을 호소하고 반항을 한다. 이러한 소통의 부재 현상은 단지 귀로 들리는 언어적 메시지로만 상대방의 신호를 파악하기 때문이다. 진정한 소통은 귀로 듣는 언어적인 메시지가 아니라 서로가 전달하고자 하는 마음의 메시지를 읽어야 한다.

발달 특성상 유아들은 자신의 생각을 언어로 표현하는 데 한계가 있다. 아이들은 부족한 언어 표현 대신 눈빛, 행위, 표정, 상황 등 비언어적인 신호로 자신을 표현한다. 따라서 우리는 아이의 언어뿐 아니라 아이가 전달하는 총체적인 메시지로 아이의 언어를 해석해야 하며, 발달단계에 맞는 의사소통 기술과 방법을 적절하게 습득시켜 주어야 한다.

유아기 의사소통능력은 여러 연구에서 밝혀진 것처럼 사회적 소속감, 대인관계 기술 습득, 탈자기중심화, 자아 개념 형성에 긍정적인 영향을 미칠 뿐 아니라 의사소통을 잘하는 유아일수록 또래들에게 수용도가 높고 만족스러운 또래관계를 형성한다(유나영, 이승연, 2012; 정의경, 황해익, 2000). 반면 효과적이지 못한 의사소통은 자신과 사회에 대한 부정적 이미지를 형성하는 원인이 된다. 유아가 또래와 원만한 관계를 형성하기 위해서는 주의 깊게 경청할 줄 알고, 상황에 맞게 표현할 수 있으며, 타인을 이해하고 공감할 줄 알아야 한다.

의사소통은 인간이 태어나 사회생활을 하는 데 필수적인 요소다. 상대방의 말을 듣고 이해하고, 상황에 맞게 언어로 표현하는 의사소통기술에 대한 교육은 언어발달이 가장 활발한 유아기에 이루어지는 것이 효과적이라고 볼 수 있다. 따라서 유아들의 인적 환경인 부모와 교사는 올바른 언어 사용과 비언어적인 기술을 적절하게 잘 실천하여 유아들의 올바른 모델링 대상이 되어야 한다.

2. 의사소통

1) 의사소통의 발달과정[1)]

의사소통 발달이 시작되는 시기에 대해서는 학자마다 견해가 다르다. 최근 과학전문지 사이언스에 실린 연구보고서에 의하면 옹알이가 아기의 또 다른 의사표현의 수단이라고 했다. 실험을 한 교수팀에 의하면, 아기들은 옹알이를 할 때 주로 입의 오른쪽 부위를 사용하고, 웃거나 다른 소리를 낼 때는 입의 왼쪽 부위를 사용한다. 즉 오른쪽 입술은 언어를 관장하는 좌뇌의 통제를 받고 있다는 의미다. 이 실험에 의하면 옹알이는 아기들에게 일종의 언어인 셈이다.

또한 생후 9개월에서 13개월 사이의 아기들은 언어가 아닌 몸짓으로 표현하는 '베이비 사인'을 사용한다. 그들은 아기들이 처음에 부모의 동작을 유심히 관찰하고, 그다음에 부모가 표현하는 사인을 이해하기 시작하며, 마지막으로 베이비 사인으로 말하려고 노력한다는 것을 발견했다(EBS 아기성장보고서 제작팀, 2013).

이처럼 인간은 태어나면서부터 자신을 표현하기 위해 언어적, 비언어적 의사소통을 하고 있음을 알 수 있다. 의사소통의 단계를 구분하는 것은 학자들마다 다르고 아이들의 발달정도도 개인마다 다르지만, 연령별로 세분화해서 기술하면 다음과 같다.

(1) 만 0~1세

초보적인 의사소통 기술은 태어난 지 한 달 만에도 나타난다. 영아들은 사람들의 얼굴과 말소리를 구별할 수 있는 선호성이 생기기 시작하며, 생후 2개월이 되면 울음소리 또한 다양하게 분화된다. 아플 때 우는 고통울음, 불편한 상황에서 우는 불만울음, 요구사항을 전하는

---

1) EBS 아기성장 보고서 제작팀(2013)과 이경순(2006)의 내용을 수정 · 보완함.

정상울음 등 울음소리로 자신의 의사를 분명히 전달하게 된다. 3~4개월이 되면 어떤 의사소통이 가장 효과적인지를 알고 주위 사람들과 상호작용을 하게 된다. 또한 8개월까지는 상호작용은 하나 목표에 대한 자각이 없으며, 8개월부터 12개월까지는 의도적인 의사소통을 한다. 즉, 태어나서 12개월까지는 언어능력이 부족하므로 대부분의 의사소통을 비언어적으로 표현하는 것을 알 수 있다.

(2) 만 2~3세

만 2세 정도의 유아들은 타인이 말을 하면 말뜻을 이해하여 행동으로 반응하는 경향을 보인다. 만 3세가 되면서부터 유아들은 타인을 의식하여 자신이 하고자 하는 이야기 외에 타인에게 맞는 말을 하기 시작한다.

(3) 만 4~5세

만 4세가 되면 듣는 사람의 상황에 맞는 어휘를 구사할 수 있게 된다. 예를 들면, 자신보다 어린 연령의 아이에게 설명을 해야 할 경우는 간단한 어휘를 사용하고, 자신보다 연령이 높은 사람과 이야기할 경우는 복잡한 문장을 사용한다. 만 5세가 되면 자기중심성 경향에서 벗어나는 시기이므로 또래관계에서 우호적이고 관대해진다. 또한 말을 할 때 차례를 기다려 주거나 다른 사람이 계속해서 말을 이어 가도록 도와줄 수 있는 세련된 의사소통 기술을 보인다. 즉 유아기 후반에는 언어적 표현 외에 글이나 그림 등 여러 가지 매체를 이용하여 자신의 생각을 전달할 수 있다. 또한 타인과 이야기를 할 때 상대방이 이해했는지 아닌지를 고려하여 이야기할 수 있으며, 상대방의 연령과 상황까지도 파악해서 이야기한다.

2) 의사소통의 구성요소[2)]

(1) 화자와 청자

이야기를 하는 사람을 화자(話者)라 하고, 이야기를 듣는 사람을 청자(聽者)라고 한다. 의사소통이 되려면 기본적으로 화자와 청자가 있어야 한다.

---

2) 서해석(2009)의 내용을 수정 · 보완함.

(2) 경험의 장

의사소통에서 대화를 하는 사람의 경험의 정도, 특징, 다양성 등에 따라 공감할 수 있는 질이 달라진다.

(3) 메시지

메시지의 종류는 다양하다. 문자나 그림 또는 언어적, 비언어적 수단으로 자신이 전달하고자 하는 것을 말한다. 의사소통을 잘하는 사람은 정확하고 전달력 있게 자신의 의견을 표현한다.

(4) 채 널

채널은 메시지를 전달하는 데서 말하는 사람과 듣는 사람 사이를 연결하는 수단이다. 채널 기능을 하는 것에는 청각, 후각, 미각, 촉각 등이 있다. 현대에는 과학 기술의 발전으로 이러한 채널이 다양해졌다. 그중 대표적인 것이 라디오, TV, 신문, 전화, 인터넷 등 매스미디어다.

(5) 잡 음

의사소통이 원활하지 못하게 방해하는 요인이다. 잡음이 존재하면 자신이 전달하고자 하는 내용을 정확하게 전달할 수 없으며, 상대방이 하는 말을 이해하는 것도 어려워진다. 잡음에는 물리적 잡음, 심리적 잡음, 의미적 잡음이 있다. 물리적 잡음은 자동차 경적이나 큰 음악 소리처럼 외부에서 실제적으로 들리는 잡음을 말한다. 심리적 잡음은 편견이나 딴 생각 등 심리적으로 복잡한 상황을 말한다. 의미적 잡음은 상대방이 의미를 해석할 수 없는 본인만 아는 전문적인 단어나 표현을 말한다.

(6) 피드백

피드백은 스스로에게 하는 자아 피드백과 다른 사람의 의견에 자신의 반응을 전달하는 피드백이 있다. 의사소통 과정에서는 피드백을 통해 자신이 상대방에게 느끼는 감정과 생각을 전달할 수 있고, 이를 통해 감정적 교류가 가능해진다.

(7) 상 황

의사소통을 할 수 있는 시간적, 공간적, 문화적, 정치적, 경제적, 심리적 조건 등의 환경을 말한다. 이야기의 주제나 상황에 따라 그 환경도 적절해야 한다.

3) 언어적 의사소통과 비언어적 의사소통

언어적 의사소통은 말로써 전하는 형태로 메시지가 정확하게 전달되지만, 말하는 사람의 의도를 듣는 사람이 명확하게 판단하는 데는 어려움이 있다. 예를 들면, 말로는 "괜찮아."라고 하지만 표정이나 몸짓, 어조가 그렇지 않은 경우는 말하는 사람의 메시지를 정확하게 전달받았다고 할 수 없다. 따라서 말하는 사람의 정보를 정확하게 받아들이기 위해서는 듣는 사람이 비언어적 의사소통도 함께 받아들여야 한다.

비언어적 의사소통이란 언어가 아닌 다른 요소로 의사소통을 하는 것이다. 대부분의 성인은 비언어적 의사소통보다 언어적 의사소통을 많이 사용하지만, 자신의 생각을 충분히 언어적으로 전달하기 어려운 유아기에는 부모, 교사, 또래 등 타인과의 상호작용 시 비언어적 의사소통을 많이 사용한다. 이는 비언어적 의사소통이 언어로는 표현할 수 없는 감정을 전달할 수 있기 때문이다. 비언어적 의사소통의 유형 분류에 대해서는 학자마다 의견이 다양한데, 조규락과 이정미(2015)는 다음과 같이 구분했다.

표 9-1 비언어적 의사소통 유형

유형	설명	예시
신체언어 (kinesics)	몸의 동작	눈 맞춤, 제스처, 자세, 표정 등
공간적 행위 (proxemics)	말하는 사람과 듣는 사람의 물리적 거리나 상대적 위치	공간적 거리
유사언어 (paralanguage)	말과 함께 나오는 소리	말버릇, 음색, 음질, 소리의 크기, 말의 속도, 어조, 어투, 음의 정확도, 사투리 등
가공적 행위 (artifacts)	외모에 변화를 주는 행위	옷차림, 화장, 장신구 등

출처: 조규락, 이정미(2015)의 '수업 중에 나타나는 학생의 비언어적 의사소통 행동에 대한 교사의 경험과 감정 · 정서 인식'에서 발췌함.

3. 교육과정에 제시된 소통 인성 덕목

제3차 어린이집 표준보육과정에서 '의사소통'영역은 유아가 글이나 말을 사용한 의미 있는 경험을 통해 자신의 생각이나 경험, 느낌을 타인에게 표현하는 것을 즐기며, 타인이 전달하는 내용을 바르게 이해하는 태도와 능력을 기르기 위한 영역이다(교육과학기술부, 보건복지부, 2013). 의사소통 영역은 네 가지 내용범주로 나뉘는데, 듣기, 말하기, 읽기, 쓰기다. 연령별 의사소통의 목표, 내용체계 및 세부내용은 다음과 같다.

만 0~1세, 만 2세는 제3차 표준보육과정을, 만 3~5세는 3~5세 연령별 누리과정 지도서를 참고하였다.

1) 만 0~1세

(1) 목표 및 내용

목 표	말소리를 구분하고 의사소통의 기초를 마련한다.
내 용	• 주변의 소리와 말소리 듣기에 관심을 가진다. • 표정, 소리, 몸짓으로 자신의 생각과 느낌을 표현한다. • 짧은 그림책이나 친숙한 환경 인쇄물에 관심을 가진다. • 끼적이기에 관심을 가진다.

(2) 내용체계

내용범주	내 용
듣 기	• 주변의 소리와 말소리 구분하여 듣기 • 경험과 관련된 말 듣고 알기 • 운율이 있는 말 듣기 • 말하는 사람을 보기
말하기	• 발성과 발음으로 소리 내기 • 표정, 몸짓, 말소리로 말하기 • 말할 순서 구별하기

읽 기	• 그림책과 환경 인쇄물에 관심 가지기
쓰 기	• 끼적이기

(3) 내용 및 세부내용

가. 듣 기

<table>
<tr><th></th><th>내 용</th><th>1수준</th><th>2수준</th><th>3수준</th><th>4수준</th></tr>
<tr><td rowspan="7">듣기</td><td rowspan="3">주변의 소리와 말소리 구분하여 듣기</td><td colspan="3">여러 가지 소리와 말소리 듣기에 흥미를 보인다.</td><td>친숙한 낱말의 발음에 흥미를 보인다.</td></tr>
<tr><td colspan="4">익숙한 목소리를 듣고 그것에 반응한다.</td></tr>
<tr><td colspan="2"></td><td colspan="2">높낮이와 세기 등 말소리의 차이에 반응한다.</td></tr>
<tr><td rowspan="2">경험과 관련된 말 듣고 알기</td><td colspan="4">눈앞에 보이는 경험과 관련된 말에 반응한다.</td></tr>
<tr><td></td><td colspan="3">자신의 이름이 불리면 듣고 반응한다.</td></tr>
<tr><td>운율이 있는 말 듣기</td><td colspan="4">운율이 있는 짧은 말소리를 관심 있게 듣는다.</td></tr>
<tr><td>말하는 사람을 보기</td><td colspan="2">말하는 사람의 눈을 마주 바라본다.</td><td colspan="2">말하는 사람의 표정, 몸짓을 관심 있게 본다.</td></tr>
</table>

나. 말하기

<table>
<tr><th></th><th>내 용</th><th>1수준</th><th>2수준</th><th>3수준</th><th>4수준</th></tr>
<tr><td rowspan="5">말하기</td><td rowspan="3">발성과 발음으로 소리 내기</td><td colspan="2" rowspan="2">여러 가지 소리를 내고 옹알이를 한다.</td><td colspan="2">여러 가지 말소리를 즐겁게 내 본다.</td></tr>
<tr><td colspan="2">의미 있는 음절을 내 본다.</td></tr>
<tr><td colspan="2">옹알이와 말소리에 대해 말로 반응해 주면 모방하여 소리를 낸다.</td><td colspan="2">교사의 말을 모방하여 발음한다.</td></tr>
<tr><td>표정, 몸짓, 말소리로 말하기</td><td>표정과 소리로 의사표현을 한다.</td><td>표정, 몸짓, 소리로 의사표현을 한다.</td><td colspan="2">표정, 몸짓, 말소리로 의사표현을 한다.</td></tr>
<tr><td>말할 순서 구별하기</td><td colspan="4">말할 순서에 따라 표정, 몸짓, 말소리로 반응한다.</td></tr>
</table>

다. 읽 기

	내 용	1수준	2수준	3수준	4수준
읽 기	그림책과 환경 인쇄물에 관심 가지기	다양한 감각 책을 탐색해 본다.			
				사물과 주변의 친숙한 환경 인쇄물에 관심을 가진다.	
		읽어 주는 짧은 그림책에 관심을 가진다.			

라. 쓰 기

	내 용	1수준	2수준	3수준	4수준
쓰 기	끼적이기	끼적이기에 관심을 가진다.			

2) 만 2세

(1) 목표 및 내용

목 표	의사소통 능력의 기초를 기른다.
내 용	• 다른 사람의 말과 짧은 이야기 듣는 것을 즐긴다. • 자신의 생각과 느낌을 말로 주고받기를 즐긴다. • 그림책이나 환경 인쇄물에 관심을 가지며, 글의 내용에 흥미를 가진다. • 글자 형태 끼적이기에 관심을 가진다.

(2) 내용체계

내용범주	내 용
듣 기	• 말소리 구분하여 듣고 의미 알기 • 짧은 문장 듣고 알기 • 짧은 이야기 듣기 • 말하는 사람을 주의 깊게 보기
말하기	• 낱말과 간단한 문장으로 말하기 • 자신의 원하는 것을 말하기 • 상대방을 바라보며 말하기
읽 기	• 그림책과 환경 인쇄물에 흥미 가지기
쓰 기	• 끼적이며 즐기기

(3) 내용 및 세부내용

가. 듣 기

<table>
<tr><th rowspan="9">듣 기</th><th>내 용</th><th>1수준</th><th>2수준</th></tr>
<tr><td rowspan="2">말소리 구분하여 듣고 의미 알기</td><td>친숙한 낱말의 발음에 흥미를 보인다.</td><td>친숙한 낱말의 발음에 관심을 가지고 듣는다.</td></tr>
<tr><td colspan="2">다양한 말소리의 차이를 구분한다.</td></tr>
<tr><td rowspan="2">짧은 문장 듣고 알기</td><td>낱말을 듣고 친숙한 사물과 사람을 찾아본다.</td><td>일상생활과 관련된 친숙한 낱말을 듣고 뜻을 이해한다.</td></tr>
<tr><td colspan="2">친숙한 짧은 문장을 듣고 반응한다.</td></tr>
<tr><td>짧은 이야기 듣기</td><td colspan="2">짧은 이야기와 노랫말 등을 즐겁게 듣는다.</td></tr>
<tr><td>말하는 사람을 주의 깊게 보기</td><td colspan="2">말하는 사람의 표정, 몸짓, 억양 등을 주의 깊게 보고 듣는다.</td></tr>
</table>

나. 말하기

<table>
<tr><th rowspan="8">말하기</th><th>내 용</th><th>1수준</th><th>2수준</th></tr>
<tr><td rowspan="3">낱말과 간단한 문장으로 말하기</td><td>눈앞에 보이는 친숙한 사물의 이름을 발음해 본다.</td><td>친숙한 낱말을 발음해 본다.</td></tr>
<tr><td colspan="2">일상생활에서 경험한 새로운 낱말에 관심을 가진다.</td></tr>
<tr><td colspan="2">일상생활의 반복적인 일이나 친숙한 상황을 한두 낱말이나 간단한 문장으로 말해 본다.</td></tr>
<tr><td rowspan="2">자신이 원하는 것을 말하기</td><td colspan="2">표정, 몸짓, 말소리로 의사표현을 한다.</td></tr>
<tr><td>자신이 원하는 것을 한두 낱말로 말해 본다.</td><td>자신이 원하는 것을 낱말이나 짧은 문장으로 말해 본다.</td></tr>
<tr><td>상대방을 바라보며 말하기</td><td colspan="2">말할 순서에 상대방을 바라보며 말을 주고받는다.</td></tr>
</table>

다. 읽 기

	내 용	1수준	2수준
읽 기	그림책과 환경 인쇄물에 홍미 가지기	그림책과 환경 인쇄물에 있는 그림과 내용에 관심을 가진다.	
		친숙한 그림과 환경 인쇄물을 보고 읽는 흉내를 내 본다.	
		선호하는 그림책들을 읽어 주면 집중하여 듣는다.	

라. 쓰 기

	내 용	1수준	2수준
쓰 기	끼적이며 즐기기	의도적으로 끼적인다.	
		자기 이름 끼적이기에 관심을 가진다.	

3) 만 3~5세

(1) 듣 기

가. 목표 및 내용

–일상생활에서 사용하는 낱말과 문장, 좀 더 긴 구조로 이루어진 이야기, 동요, 동시, 동화 등 문학적 요소가 담긴 이야기를 집중하여 듣고, 이를 즐기는 데 중점을 둔다.

–다른 사람이 말한 낱말, 문장, 이야기 내용을 주의 깊게 듣고, 그 내용을 이해하는 데 주안점을 둔다.

나. 내용체계

내용범주	내 용
듣 기	• 낱말과 문장 듣고 이해하기 • 이야기 듣고 이해하기 • 동요, 동시, 동화 듣고 이해하기 • 바른 태도로 듣기

다. 내용 및 세부내용

<table>
<tr><th>내 용</th><th>3세</th><th>4세</th><th>5세</th></tr>
<tr><td rowspan="2">낱말과 문장 듣고 이해하기</td><td colspan="2">낱말의 발음에 관심을 가지고 듣는다.</td><td>낱말의 발음에 관심을 가지고 비슷한 발음을 듣고 구별한다.</td></tr>
<tr><td colspan="2">일상생활과 관련된 낱말과 문장을 듣고 뜻을 이해한다.</td><td>다양한 낱말과 문장을 듣고 뜻을 이해한다.</td></tr>
<tr><td rowspan="2">이야기 듣고 이해하기</td><td>다른 사람의 이야기를 관심 있게 듣는다.</td><td colspan="2">다른 사람의 이야기를 듣고 이해한다.</td></tr>
<tr><td></td><td colspan="2">이야기를 듣고 궁금한 것에 대해 질문한다.</td></tr>
<tr><td rowspan="2">동요, 동시, 동화 듣고 이해하기</td><td colspan="2">동요, 동시, 동화를 다양한 방법으로 듣고 즐긴다.</td><td>동요, 동시, 동화를 다양한 방법으로 듣고 이해한다.</td></tr>
<tr><td></td><td colspan="2">전래동요, 동시, 동화를 듣고 우리말의 재미를 느낀다.</td></tr>
<tr><td>바른 태도로 듣기</td><td>말하는 사람을 바라보며 듣는다.</td><td>다른 사람의 이야기를 주의 깊게 듣는다.</td><td>다른 사람의 이야기를 끝까지 주의 깊게 듣는다.</td></tr>
</table>

(2) 말하기

가. 목표 및 내용

- 일상생활에서 일어나는 일들을 다양한 낱말과 문장으로 말하고, 자신의 느낌, 생각, 경험을 잘 전달할 수 있도록 하는 데 초점을 둔다.
- 주제를 정하여 이야기 나누기와 이야기 지어 말하기를 통해 의사소통능력과 언어적 표현력을 기르는 데 주안점을 둔다.
- 상황에 맞게 바른 태도로 말할 수 있도록 의사소통의 기본예절을 기르는 데 주안점을 둔다.

나. 내용체계

내용범주	내 용
말하기	• 낱말과 문장으로 말하기 • 느낌, 생각, 경험 말하기 • 상황에 맞게 바른 태도로 말하기

다. 내용 및 세부내용

<table>
<tr><th>내 용</th><th>3세</th><th>4세</th><th>5세</th></tr>
<tr><td rowspan="3">낱말과 문장으로 말하기</td><td>친숙한 낱말을 발음해 본다.</td><td>친숙한 낱말을 정확하게 발음해 본다.</td><td>정확한 발음으로 말한다.</td></tr>
<tr><td>새로운 낱말에 관심을 가진다.</td><td>다양한 낱말을 사용하여 말한다.</td><td>다양한 낱말을 사용하여 상황에 맞게 말한다.</td></tr>
<tr><td colspan="2">일상생활에서 일어나는 일들을 간단한 문장으로 말한다.</td><td>일상생활에서 일어나는 일들을 다양한 문장으로 말한다.</td></tr>
<tr><td rowspan="3">느낌, 생각, 경험 말하기</td><td>자신의 느낌, 생각, 경험을 말해 본다.</td><td>자신의 느낌, 생각, 경험을 말한다.</td><td>자신의 느낌, 생각, 경험을 적절한 낱말과 문장으로 말한다.</td></tr>
<tr><td></td><td colspan="2">주제를 정하여 함께 이야기를 나눈다.</td></tr>
<tr><td></td><td>이야기를 지어 말한다.</td><td>이야기 지어 말하기를 즐긴다.</td></tr>
<tr><td rowspan="3">상황에 맞게 바른 태도로 말하기</td><td></td><td colspan="2">듣는 사람의 생각과 느낌을 고려하여 말한다.</td></tr>
<tr><td>상대방을 바라보며 말한다.</td><td>차례를 지켜 말한다.</td><td>때와 장소, 대상에 알맞게 말한다.</td></tr>
<tr><td colspan="3">바르고 고운 말을 사용한다.</td></tr>
</table>

(3) 읽 기

가. 목표 및 내용

- 읽기에 흥미를 가지도록 환경 인쇄물이나 일상생활 속 인쇄물에서 친숙한 글자를 찾고 읽어 보거나, 읽어 주는 글의 내용에 관심을 가지는 데 초점을 둔다.
- 책의 그림을 단서로 내용을 이해하고 필요한 정보를 책에서 찾아보면서, 책에 흥미를 가지고 책 보는 것을 즐기는 태도를 기르는 데 주안점을 둔다.

나. 내용체계

내용범주	내 용
읽 기	• 읽기에 흥미 가지기 • 책 읽기에 관심 가지기 • 쓰기에 관심 가지기

다. 내용 및 세부내용

내 용	3세	4세	5세
읽기에 홍미 가지기	주변에서 친숙한 글자를 찾아본다.		주변에서 친숙한 글자를 찾아 읽어 본다.
	읽어 주는 글의 내용에 관심을 가진다.		읽어 주는 글의 내용에 관심을 가지고 읽어 본다.
책 읽기에 관심 가지기	책에 흥미를 가진다.	책 보는 것을 즐기고 소중하게 다룬다.	
	책의 그림을 단서로 내용을 추측한다.	책의 그림을 단서로 내용을 이해한다.	
		궁금한 것을 책에서 찾아본다.	

(4) 쓰 기

가. 목표 및 내용

–글자의 기능을 인식하고 자신의 생각을 그림, 글자와 비슷한 형태나 글자로 나타내는 것에 흥미를 갖도록 하는 데 중점을 둔다.

–쓰기가 자신의 느낌과 생각을 주도적으로 표현하는 중요한 방법임을 알고 쓰기의 즐거움을 경험할 수 있도록 하는 데 주안점을 둔다.

–다양한 쓰기 도구를 사용하는 경험을 하는 데 초점을 둔다.

나. 내용체계

내용범주	내 용
쓰 기	• 쓰기에 관심 가지기

다. 내용 및 세부내용

<table>
<tr><th>내 용</th><th>3세</th><th>4세</th><th>5세</th></tr>
<tr><td rowspan="3">쓰기에 관심 가지기</td><td>말을 글로 나타내는 것에 관심을 가진다.</td><td colspan="2">말이나 생각을 글로 나타낼 수 있음을 안다.</td></tr>
<tr><td>자기 이름의 글자에 관심을 가진다.</td><td>자기 이름을 써 본다.</td><td>자신의 이름과 주변의 친숙한 글자를 써 본다.</td></tr>
<tr><td></td><td>자신의 느낌, 생각, 경험을 글자와 비슷한 형태로 표현한다.</td><td>자신의 느낌, 생각, 경험을 글자와 비슷한 형태나 글자로 표현한다.</td></tr>
</table>

4. 실천방안

1) 가 정

인간이 태어나 처음 접하는 사회가 바로 가정이며, 자녀가 가정에서 부모를 통해 경험하는 의사소통은 자라면서 만나는 모든 인간관계의 기초가 된다. 많은 연구에서 밝혔듯이 부모와 자녀 간 의사소통이 제대로 되지 않는 경우 자녀의 우울, 자아탄력성, 또래관계, 행복감, 정서지능 등에 많은 영향을 준다. 따라서 부모는 부모-자녀 간 의사소통기술을 익혀 가정에서 원활한 의사소통이 이루어질 수 있도록 해야 한다.

2) 교육기관

(1) 교사-유아의 의사소통

유아는 자신의 생각을 충분히 언어로 전달하지 못하기 때문에 신체언어를 사용하거나, 표정으로 자신의 감정을 드러내는 경우가 많다. 교사는 이러한 유아의 반응을 민감하게 알아차려 적절한 피드백을 해 주어야 한다. 예를 들면, 자유선택활동시간에 블록을 만지다가 아무 말도 없이 눈물을 흘리고 있는 유아가 있다면, 친구가 교구를 빼앗아서인지, 친구가 때려서인지, 하고 있는 블록이 마음대로 안 쌓여서인지 알 수가 없다. 하지만 교사는 그 상황에서 보내는 아이의 언어적, 비언어적 표현을 잘 파악하여 대처한다.

또한 유아와 대화할 때 유아가 교사가 자신의 마음을 충분히 공감하고 있다고 느낄 수 있도록 안정된 목소리로 말하고 편안한 표정을 짓는다. 어떤 유아들은 무엇을 원하거나, 무엇을 자랑하고 싶거나, 화가 날 때 등 자신의 감정을 말로 표현하기 어려워한다. 아이들의 개별적인 특징에 맞추어 아이들이 보내는 신호에 잘 반응하는 교사야말로 진정 아이와 소통이 잘 되는 교사다. 유아와의 소통을 위한 교사의 역할을 정리해 보면 다음과 같다.

– 교사는 유아들과 의사소통할 때 정확하게 발음하며 너무 빠르지 않게 말한다.
– 유아의 요구를 이해하고 그에 맞는 다양한 상호작용을 한다.
– 유아의 언어적, 비언어적 신호에 민감하게 반응해 준다.
– 유아의 개인적인 특성과 수준을 이해한다.
– 교사도 유아의 활동에 즐겁게 참여함으로써 유아와 공감대를 형성한다.

표 9-2 교사의 언어적 · 비언어적 상호작용의 예

언어적 상호작용	비언어적 상호작용
• 유아들과 개별적으로 상호작용하기 • 천천히 분명하게 말하기 • 말은 짧고 간결하게 하기 • 유아의 행동을 위해 멈추거나 잠깐 기다려 주고 말하기 • '~하지 마.' 대신 '~하자.'라는 긍정어로 말하기 • 같은 내용을 반복하여 전달하기 • 현재 상황을 충분히 이해하고 공감함을 표현하기 • 유아가 선택할 수 없는 것은 '~하자.'라고 말하기 • 유아가 선택할 수 있는 제안하기 • 유아의 욕구에 대한 직접적인 제한보다는 직유나 은유를 사용한 '대안 제시' '관심 전환'을 위한 특별한 아이디어를 제안하기 • 상황에 맞는 비언어적 상호작용을 함께 적용하기	• 오래도록 부드러운 눈빛으로 응시하기 • 영아의 눈높이에 맞추어 쳐다보기 • 미소 짓기 • 큰 웃음 보이기 • 고개 끄덕이기 • 가까이 가기 • 등이나 어깨 쓰다듬기 • 엉덩이 토닥여 주기 • 손잡기 • 안기 • 긍정적 느낌을 줄 수 있는 접촉하기 • 가까이 가서 직접 행동으로 보여 주기

출처: 부산광역시육아종합지원센터(2014)의 '어린이집 표준보육과정에 기초한 영유아 인성 교육프로그램(p. 274)'에서 발췌한 것임.

쉬어 가기

교사의 침묵 속에는 수많은 언어가 있다.
격려의 미소, 공감의 끄덕임, 위로의 다독임,
교사가 사용하는 말 없는 소통은 말보다 깊은 의미를 전한다.
사람의 체온만큼 따뜻한 위로는 없다.
자기가 좋아하는 사람의 미소만큼 신뢰로운 대답은 없다.

출처: 최명희(2014). 아이와 통하고 싶다.

(2) 교사-교사 의사소통

동료교사나 선배교사 또는 원장과의 인간관계에서 만족스러운 의사소통은 직무만족도를 높이고, 삶의 질을 향상시킨다. 또한 직장 내 불편한 인간관계는 아이들을 교수하는 데도 영향을 준다. 동료와의 원만한 의사소통을 위해서는 상대방의 말에 공감하고 반응해 주며, 불편한 상황이 생기면 자신의 감정을 그대로 전달하는 것이 효과적으로 문제를 해결할 수 있는 방법이다. 만약 갈등이 지속되면 다른 교사의 도움을 받는 것도 또 다른 방법이 될 수 있다.

가장 중요한 것은 교사가 행복해야 아이도 행복하다는 것이다. 스스로 자신의 인간관계나 스트레스 관리법을 개발하여 아이를 대할 때는 순수한 아이의 마음 그대로 대해야 한다. 동료교사 또는 선배교사와의 신뢰 있고 협력적인 소통을 위해 다음과 같은 방법을 제시한다.

- 선배교사는 자신의 단점을 솔직하게 인정할 수 있어야 한다.
- 다른 교사의 의견을 진심으로 받아들일 수 있어야 한다.
- 의사소통을 할 때 솔직하고 정직하게 말한다.
- 다른 교사의 험담을 하지 않는다.
- 형식적인 만남 외 비형식적인 만남도 자주 가진다.
- 서로의 교수 경험을 터놓고 이야기하며, 다른 교사의 충고를 기꺼이 받아들이고 고마워한다.
- 선배교사는 후배교사에게 풍부하고 다양한 지식과 자원을 제공해 준다.

(3) 교사-학부모 의사소통

학부모로 인해 교사로서의 자긍심이 생기고 보람을 느끼는 경우도 많지만, 초임교사에서부터 원장까지 모든 교사가 어려워하고 스트레스를 받고 있는 대상 또한 학부모다. 저출산으로 가정 내에서 아이가 독보적 위치에 있고, 아이의 발달과 함께 엄마도 성장하는 초보엄마의 위치는 단체생활을 충분히 이해하기에는 미숙함이 많다. 이로 인해 내 아이만을 위한 교육과정이나 운영을 터무니없이 요구하는 경우도 있고, 자신보다 어린 교사를 교사가 아니라 동생 대하듯 하는 어처구니없는 상황에 직면할 때도 많다.

교사는 학부모와의 원활한 의사소통을 위하여 우선 학부모의 마음을 읽는 것이 중요하다. '내 아이라면….'이라는 생각으로 학부모의 입장이 되어 보는 것도 좋은 방법이다. 인간관계에서 일방통행은 없다. 교사가 먼저 학부모의 입장에서 생각하고 이해한다면 분명히 학부모도 교사의 마음을 헤아리게 될 것이다.

① 사티어 의사소통 이론

사티어(Satir)는 많은 가족을 치료하고 상담하는 과정을 통해 내담자가 힘들어하는 공통적인 이유가 낮은 자존감이라고 했다. 사티어가 말하는 자존감이 낮은 사람들은 자신감이 부족하여 어떤 일을 결정하는 데 어려움이 있고, 자신을 외부로 드러내는 것을 두려워하며, 자신이 늘 옳아야 하고, 외부환경에 영향을 많이 받는 특징이 있다. 반면 자존감이 높은 사람들은 자신을 긍정적으로 생각하고, 타인의 평가나 외부환경에 크게 동요하지 않으며, 분명한 자기인식을 하고 있다는 특징이 있다.

사티어는 의사소통을 일치형 의사소통과 역기능적 의사소통으로 나누었다. 사티어가 말하는 일치형 의사소통은 자신의 의견을 분명하게 상대방에게 전달하여 명확하게 의사소통하는 것을 말하며, 반대로 역기능적 의사소통이란 상대방에게 자신의 감정을 속이거나 타인을 지나치게 의식하여 언어적, 비언어적 메시지를 다르게 표현하는 이중 메시지를 전달하는 의사소통 유형이다. 역기능적 의사소통은 사람이 스트레스 상황이나 긴장 상황일 때 드러나는 자기대처 형태이고, 이를 생존유형(survival stances)이라고 하였다. 역기능적 의사소통 유형을 정리하면 다음과 같다.

표 9-3 역기능적 의사소통 유형

회유형 의사소통	자신의 감정을 무가치하다고 생각하고 무시하며 모두에게 동의하는 말을 한다.	• 다른 사람의 눈치를 본다. • 자신을 희생한다. • 무조건 참고, 화내는 것을 두려워한다.
비난형 의사소통	회유형의 반대 유형이다. 강하고 독재적이며 다른 사람의 결점을 발견하면 비난하고 잔소리하고 폭언을 한다.	• 자기주장이 강하다. • 체면을 중시한다. • 복종을 요구하고 편견이 강하다. • 상대방을 무시한다.
초이성형 의사소통	지나치게 합리적이며 이성적이다. 자신의 감정을 드러내지 않으며 냉정하고 차분하다.	• 융통성이 없다. • 불평불만이 많다. • 완벽주의자다. • 지나치게 강한 책임감을 가진다.
산만한 의사소통	초이성형과 반대 유형이다. 주제에 집중 못하고 다른 사람의 행동이나 말과 무관하게 행동한다. 자신을 받아주는 사람은 아무도 없다고 생각한다.	• 솔직하지 못하다. • 횡설수설한다. • 말에 요점이 없다. • 난처할 때 농담을 해 버리고 딴청을 피운다.

출처: 서해석(2009). 의사소통.

② 고든의 부모효율성 훈련

고든(Gordon)은 부모가 자녀에게 의사소통에 방해가 되는 언어적 표현을 사용하므로 부모와 자녀 관계가 나빠진다고 보고, 효율적인 부모-자녀 간 의사소통 방법을 제시하였다.

첫째, 부모는 아이의 말을 경청해야 한다. 부모는 아이가 어떠한 문제에 대해 불평할 때 아이가 말하고자 하는 것이 무엇인지를 파악하고, 이해하고 있다는 메시지를 아이에게 전달해 주어야 한다. 또한 문제를 부모가 해결해 주는 것이 아니라 아이 스스로 해결할 수 있도록 기회를 준다.

둘째, 아동은 문제가 되지 않은 행동에 대해 부모가 문제성을 느낄 때, 부모는 자신의 감정을 전달하기 위해 나–전달법(I-message)을 사용해야 한다고 했다. 나-전달법은 자녀의 행동에 대해 부모가 느끼는 감정을 부모 자신의 입장 그대로 전달하는 방법으로 자녀는 부모의 감정이나 느낌을 그대로 전달받을 수 있다. 이것은 자녀의 행동상의 문제를 부모가 받아들이기 곤란할 때 효과적으로 사용된다. 반면 너–전달법(You-message)은 부모가 자녀의 행동을 자녀의 탓으로 돌리고 비난, 질책, 설교, 명령, 경고하는 방법으로 부모가 일방적으로 해결책을 제시하는 방법이다. 이는 부모와 자녀의 의사소통에 방해가 된다.

셋째, 부모와 자녀 모두 타협해야만 하는 불가피한 문제에 대해서는 무승부법(NO-Lose-Method)을 사용해야 한다. 무승부법은 6단계로 다음과 같다.

–1단계: 갈등을 확인하고 문제를 정의한다.
–2단계: 가능한 해결책을 찾는다.
–3단계: 해결책에 대해 평가한다.
–4단계: 부모–자녀 모두 수용할 수 있는 해결책을 찾는다.
–5단계: 해결책을 실행한다.
–6단계: 해결책이 잘 실행되었는지 평가한다.

쉬어가기

고든이 제시한 부모–자녀 간 의사소통에 걸림돌이 되는 12가지 유형

1) 명령, 지시, 요구하기 ("너는 반드시 꼭 ~해야 한다.")
자녀에게 일방적으로 명령하고 지시한다.
2) 욕설, 조롱하기 ("너는 바보처럼 행동하는구나.")
자녀로 하여금 부정적 자아 개념을 갖게 한다.
3) 훈계, 설교, 설득하기 ("너는 ~해야만 해.")
자녀로 하여금 죄책감이나 의무감을 갖게 만든다.
4) 해석, 분석, 진단하기 ("무엇이 잘못되었냐 하면….")
자녀는 부모에게 자신이 모두 노출되었다고 생각된다.
5) 시험하기, 질문, 심문하기 ("누가, 무엇을, 왜, 어떻게?")
자녀는 부모가 원하는 답을 찾기에만 신경을 쓰며, 혼란과 두려움을 느낀다.
6) 칭찬, 찬성하기 ("나는 네가 옳다고 생각해.")
부모의 높은 기대감에 자녀는 부담감을 가지며, 칭찬받지 못할까 봐 두려워한다.
7) 철회, 빈정거림, 유머, 주의 돌리기("이제 그런 말은 하지 마라. 잊어버려.")
부모는 자녀의 문제를 신경 쓰지 않고 문제를 회피하려 한다.
8) 강의, 가르침, 논리적인 설득 ("그래, 그렇지만~ 이것은~")
자녀는 부모의 말을 듣지 않으려고 하거나, 열등감을 유발할 수 있다.

9) 비판, 비평, 논쟁, 비난하기 ("너와는 더 이상 얘기하고 싶지 않다.")
자녀는 부모에게 반항하게 되며, 자기 자신을 무가치하게 생각한다.

10) 경고, 권고, 협박하기 ("만약 ~하지 않으면~")
부모의 협박이 두려워서 순하게 행동하지만, 반항하거나 분노하는 마음을 일으킬 수 있다.

11) 안심시키기, 동정, 위로, 지지하기("내일은 기분이 달라질 거야. 걱정 마라.")
자녀는 좋게만 말하려고 하는 부모에게 이해받지 못했다고 느낄 수 있다.

12) 충고, 해결책 주기, 제안하기 ("~하는 것이 어때?")
부모가 문제를 해결해 줌으로써 자녀는 스스로 문제를 해결하기보다 부모에게 의존하게 된다.

출처: 이연섭, 강문희(2000). 부모교육.

소통 사진

교사-교사 소통

교사-유아 소통

교사-학부모 소통

가족과 소통

쉬어가기

데일 카네기(Dale Carnegie)와 퀸튼 신들러(Quinton Schindler)가 제안한 소통방법

- 논쟁을 피하라.
- 상대방의 잘못을 캐내지 말라.
- 자기 잘못을 먼저 인정하라.
- 부드럽게 말하라.
- 상대방이 수긍할 대화를 택하라.
- 상대방에게 말할 기회를 주어라.
- 자신의 의견인 것처럼 느끼게 하라.
- 상대방의 입장에서 생각하라.
- 상대방의 입장에 동감하라.
- 아름다운 심정에 호소하라.
- 상대방의 말에 귀를 기울여라.
- 진심으로 칭찬해 주어라.
- 우선 칭찬하라.
- 또 칭찬하라.

출처: 데일 카네기(2014). 인간관계는 소통과 설득이다.

제10장

협 동

1. 의미 및 필요성

1) 의 미

아프리카 속담 중에 "빨리 가려면 혼자 가고, 멀리 가려면 함께 가라."라는 말이 있다. 즉, 혼자일 때보다 함께일 때 더 큰 힘을 발휘할 수 있다는 뜻이다. 개인주의가 팽배한 오늘날 사회에서 서로 간의 소통과 공감을 위해 사회, 정치, 교육계 등 여러 분야에서 협동의 중요성이 강조되고 있다. 그뿐만 아니라 문화, 예술, 음식 등 다양함과 참신함이 경쟁력이 되는 분야에서는 독특한 아이디어들의 결합으로 만들어진 창의적인 결과물들이 빛을 발한다. 이러한 사회적 분위기는 자신의 생각을 타인과 나누고 교류하는 것이 개인뿐 아니라 사회적으로도 발전적이라는 것을 대변하고 있다.

협동의 사전적 의미는 '서로 마음과 힘을 하나로 합하다'이고, 영어로는 'cooperation' 또는 'collaboration'이다. 협동과 비슷하게 통용되고 있는 것이 바로 '협력'이다. 협력의 사전적 의미도 협동과 같은 의미로 해석되며, 영어 표현은 'collaboration'이다. 협동과 협력은 결과에 대한 책임성의 유무에 따라 분류되기도 하지만 일반적으로는 같은 의미로 해석된다.

협동은 전통적으로 인간이 살아가는 방법 그 자체였다. 우리 민족은 예로부터 향약, 계, 두레, 품앗이를 통하여 농번기 때 가까운 이웃끼리 서로 협동하여 공동작업을 했다. 또한 줄다리기나 강강술래와 같은 협동놀이도 즐겨 하는 등 상대방과 경쟁하기보다 함께하는 즐거움을 통해서 협동의 가치를 깨달았다.

현대는 사회적으로 서로 다른 분야의 협동을 통해 그 이상의 가치를 창출하는 이른바 '콜라보'가 인기다. 콜라보란 협동의 영어 표현인 'collaboration'을 뜻하는 말로, 각기 다른 분야의 협력을 통한 기발하고 멋진 아이디어로 복잡 다양하면서도 불안정한 이 시대를 창의적으로 살아가는 방법 중 하나다. 교육계에서도 교과서만으로 수업하는 방법에서 벗어나 수업시간에 스마트 기기를 사용하여 교사와 학생이 소통하는 다양한 프로그램이 많이 생겨나고 있으며, 학습방법에서도 협동학습이 많이 적용되고 있다. 또한 지적능력의 협력으로 이루어진 '집단지성'은 소수의 작은 의견을 모아 그것이 사회적 이슈가 될 만큼의 큰 사건을 만들거나 또는 해결하는 데 일조한다. 이처럼 사회 다방면에서 혼자가 아닌 협동으로 원래의 가치 이상의 더 큰 결과물을 생산해 내고 있다.

시대가 바뀌고 사회가 변화하였지만 '마음과 힘을 합하는' 협동의 진정한 가치는 방법이나 모양은 변했어도 그대로 이어져 오고 있다. 개인의 힘이 비록 미미하지만 그 힘을 모아 큰 힘을 발휘할 수 있는 협동의 정신은 개인주의로 만연한 현대사회에 꼭 필요한 인성 덕목이다.

2) 필요성

급속한 경제발전과 함께 찾아온 서구문화의 빠른 유입으로 우리 사회는 점점 개인주의가 만연하고 있다. 대문이 필요 없이 이웃 간에 터놓고 살고, 한 가정의 고민이 마을 전체의 고민이던 시절은 옛날이야기가 되어, 이웃에 누가 살든 무슨 일이 일어나든 관심을 두지 않는 시대에 살고 있다. 더구나 가족구조가 핵가족이 대부분인 현대에는 아이들이 어떤 기관을 다니지 않으면 또래집단과의 놀이를 경험하기 어렵게 되었다. 또한 '헬리콥터 맘'이라는 신조어가 사전에 등록될 만큼 부모들은 자신의 아이들을 과잉보호하여, 이로 인한 문제점들이 사회문제로 등장하고 있다.

최근 「인성교육진흥법」이 국회를 통과함에 따라 각 학교기관에서의 인성교육의 중요성이 강조되고 있으며, 유아교육과정에도 여러 인성 덕목이 제시되어 있다. 만 3~5세 누리과정 교사용 지도서의 인성 내용을 분석해 보면, 협력은 모든 생활주제에서 그 중요성이 강조된다(김영미, 2013). 유아들에게 협력은 다른 사람과의 관계 맺음을 배울 기회가 되며, 타인을 인정하고 자신을 스스로 조절할 수 있는 방법을 배우게 되고, 타인과 함께해서 얻는 보람이나 즐거움을 느끼게 해 준다. 또한 교사나 또래관계와의 협력적인 관계에서 문제를 해결해 나가는 과정을 배우기도 한다.

Johnson과 Johnson(1975)의 연구에 의하면 유아의 협동상황, 개별상황, 경쟁상황에서 유아의 성취 정도를 비교해 본 결과 협동상황에서 유아의 성취 정도가 가장 높은 것으로 나타났으며, 협동상황은 유아의 심리적 건강, 협조하는 능력, 적극적인 태도, 사회화 등 다양한 영역의 발달을 돕는다고 했다. 이러한 결과는 타인의 감정을 조금씩 알아가는 시기인 유아기가 다른 사람과 협동했을 때의 즐거움과 의미를 통해 협동의 가치를 심어 주기에 적절한 시기임을 보여 준다.

교육은 인지적, 사회적, 정의적인 측면에서 통합적으로 이루어져야 함에도 오늘날 우리나라 교육은 입시를 위한 인지적인 측면만 강조하고 있다. 유아들 또한 선행학습에 밀려 또래와 어울려 노는 시간이 점점 줄어들고 있는 실정이다. Vygotsky(1962)는 근접발달지대의 개념에 대해 아동은 또래와 성인과의 상호작용을 통해 스스로 인식한 발달수준과 잠재적인 발달수준의 사이의 간격을 좁힐 수 있다고 하였다. 또래와 갖는 대인관계에서 유아는 여러 사회적 기술을 익히게 되며, 이러한 사회적 기술은 협동학습을 통해 자연스럽게 형성된다. Foyle, Lyman 그리고 Thies(1991)는 유아기의 협동학습을 강조하였는데, 협동학습은 차례 지키기나 나눔 같은 친사회적 기술과, 타인의 생각을 수용할 수 있는 긍정적 사고를 길러 주는 데 적절하다고 했다.

세계적으로 유명한 우리나라 교육열에 발맞추고 좁은 취업문을 통과하려면 타인과 협력하려고 나의 일정 부분을 내어 주는 것이 쉽지 않은 일이다. 하지만 타인을 경쟁 상대가 아닌 함께하는 상대로 생각하고, 협동을 통해 얻을 수 있는 보람과 성취가 자신을 더 발전시킬 수 있다는 것을 어릴 때부터 경험한다면 지금 아이들이 커서 살아갈 사회는 더 밝을 것이다.

2. 협동학습

1) 협동학습의 의미

전통적인 학습방법은 교사에 의해 수업이 주도되고, 교사는 학생들에게 일방적으로 지식을 전달하며 학생들은 그대로 수용한다. 학생은 교사가 질문을 하거나 학습 내용에 대해 궁금한 점이 있을 경우에만 학습에 참여한다. 반면 협동학습은 학생들이 학습에 자발적으로 참여하여 활동하며, 다른 사람의 의견에 대해 자신의 생각을 자유롭게 말하고 자신의 의견을 피드백 받으면서 학습과정을 스스로 구성해 나간다(이수련, 2009).

협동학습의 의미는 학자들마다 다르게 정의하고 있다. Johnson과 Johnson(1999)은 소그룹을 활용해 자신과 다른 사람의 학습 효과를 최대한 높이는 활동을 협동학습이라고 정의하였으며, Slavin(1980)은 학습능력이 동일하지 않은 아동들이 동일한 집단목표를 향해 함께 활동하는 수업방법으로, 동료를 서로 격려하고 도와주며 '전체를 위한 개인' '개인을 위한 전체'라는 태도를 갖게 한다고 했다. 여러 연구에서 학습자들이 집단 속에서 경쟁을 하거나 개인적으로 학습할 때보다 협동적으로 학습할 때 그 학습효과가 높다고 한다. 이희도(1997)는 협동학습을 각각의 다른 능력을 가진 학습자들로 구성된 소집단이 공통과제를 서로 협력해서 해결해 나가는 방법이라고 하였다. 결론적으로 협동학습은 학습자들이 학습목표를 위해 학습을 계획하고, 토론하며, 과제를 책임 있게 수행함으로써 학습자 모두가 공동의 목표를 달성할 수 있게 해 주는 학습방법이다.

2) 협동학습의 특징

학자들마다 협동학습의 특징 및 구성요소를 학습모형이나 절차에 따라 다르게 정의하고 있지만, 공통적인 요인은 모두 포함되어 있다. 정문성(2002)은 협동학습의 특징을 다음과 같이 제시하였다.

- 협동학습은 구체적인 수업목표가 있으며, 학습자는 목표에 따라 구체적인 활동을 한다.

– 협동학습은 혼자가 아니라 동료와 함께 활동하는 것이므로 동료와 긍정적으로 상호 의존한다.
– 협동학습은 서로 얼굴을 보며 상호작용하는 관계로 심리적으로 밀접하게 연결되어 있다.
– 협동학습은 개별적으로 과제를 책임져야 하는 책무성이 있다.
– 협동학습은 개인의 목표가 곧 공동의 목표다. 그러므로 구성원들은 공동의 목표를 위해 함께 노력한다.
– 협동학습 구성원은 다양해야 한다. 서로 다른 성과 문화 등 다양한 배경에서 나오는 의견은 상호작용의 폭도 넓어지며 그만큼 질적인 효과가 있다.
– 협동학습을 하는 결과보다 과정을 중요하게 생각한다.
– 학습하는 시간에 제한을 두지 않고 융통성 있게 조절한다.
– 협동학습은 구성원 모두가 성공할 수 있는 기회를 균등하게 제공한다.
– 협동학습은 그룹 간 단합을 강조한다.
– 협동학습은 과제를 구성원이 나누어 수행하여 모든 구성원이 학습에 참여하는 효과를 가져온다.
– 협동학습은 모둠 간 활동이 동시에 활발하게 이루어지므로 구성원들의 상호작용을 최대화할 수 있다.

3) 유아에게 나타나는 협동학습의 효과

유아들에게 협동학습은 또래관계를 개선시키고, 정보를 서로 공유할 기회를 얻게 되는 등 많은 긍정적인 효과가 있다. Foyle와 Lyman, 그리고 Thies(1991)가 제시한 유아발달에 미치는 협동학습의 효과를 살펴보면 다음과 같다.

– 자기중심적인 유아는 협동학습을 통해 또래와의 상호작용이 증가되고, 또래의 욕구나 관점을 이해한다.
– 유아의 긍정적인 사회 참여를 가능하게 하고, 개인 및 집단의 상호작용을 통해 성공적인 단체 생활을 수행한다.
– 유아는 협동학습과정에서 교구나 자료를 함께 나누어 가지는 기회를 통해 친사회성을

발달시킨다.

–유아는 협동학습을 통해 타인과 협상하고 배려하는 등의 사회적 기술을 익힌다.

–협동학습 중 유아가 말할 기회를 자주 접하게 되는 것은 언어발달에도 영향을 준다.

–성공 수준이 낮은 유아는 또래와 함께 문제해결을 하는 과정에서 성공적인 경험을 통해 자아존중감이 발달한다.

쉬어 가기

옛날에 세 부족이 살았다.

한 부족은 매사에 경쟁하기를 좋아하는 성격이었다. 그들은 무슨 일이든지 다른 사람과의 경쟁에서 이겨 일등을 하고 싶어 했다. 가장 살기 좋은 동굴을 찾아내기 위해, 가장 좋은 사냥감을 차지하기 위해, 가장 좋은 정원을 차지하기 위해 경쟁하였다. 사냥감을 차지하지 못한 사람과 쾌적한 동굴을 차지하지 못한 사람은 죽어 갔다. 이렇게 해서 살아남은 자들은 보다 위험한 방법으로 경쟁을 계속했다. 그들은 맨손으로 호랑이를 잡는 경쟁을 하다가 죽어 갔고, 음식과 좋은 자리를 차지하려다가 죽어 갔다. 마침내 한 사람만이 살아남게 되었다. 그러나 그는 곧 죽고 말았다. 누군가와 경쟁하지 않고 살아가는 방법을 몰랐기 때문이다.

또 다른 부족이 살았는데 이들은 혼자 살아가기를 좋아하는 성격이었다. 이들은 혼자 사냥을 했고, 혼자 동굴에서 작업을 했으며, 다른 사람들과 떨어져서 살아가기를 좋아했다. 위험이 닥쳤을 때도 이들은 혼자 해결했다. 큰 홍수가 일어났을 때 많은 사람이 죽었다. 이들은 다른 사람들의 처지는 무시하고 자기의 동굴에만 제방을 쌓았기 때문이다. 또한 호랑이들에 의해서 많은 어린이가 물려 죽었다. 호랑이가 나타난 것을 다른 사람에게 경고해 주지 않았기 때문이다. 극단적인 개인주의자가 됨으로써 이들은 재생산을 하지 못하였고, 대부분 어린이는 어른들이 돌보아 주지 않았기 때문에 태어난 후 곧 죽어 갔다. 설사 살아남는다 하더라도 몇 년을 버티지 못하였다. 결국 이 부족은 사라지고 말았다.

세 번째 부족은 서로 협동하면서 일하는 것을 좋아하는 성격이었다. 이들은 집단을 이루어 사냥을 하였다. 몇몇은 사냥감을 몰고, 다른 이들은 쉽게 사냥감을 포획할 수 있었다. 다른 이들은 따뜻하고 편안한 옷과 담요를 만들어 음식과 교환하였다. 어떤 이는 활을 잘 만들었고, 어떤 이는 화살을 잘 만들었다. 이들은 함께 부족인들에게 활과 화살을 공급하였다. 모든 구성원이 부족의 생존에 어떤 방법으로든 일익을 담당하였다. 그들은 서로 도우면서 생활하였기 때문에 서로 인정해 주고 친하게 지냈으며 많은 잔치도 벌이고 매우 즐겁게 생활하였다. 이들은 일을 하고 여가를 즐기는 데 필요한 의사소통 방법, 맛있는 과일들을 즐기는 방법, 그들의 독특한 인성을 개발하는 방법 등을 발달시켰다. 이 부족은 살아남아 번영하였고 우리의 조상이 되었다.

출처: 정문성(2006). 협동학습의 이해와 실천.

3. 교육과정에 제시된 협동 인성 덕목

제3차 어린이집 표준보육과정에 제시된 협력의 정의는 '두 명 이상의 구성원이 공동의 목표를 설정하고, 이를 달성하기 위하여 개인적인 책임을 다하고 서로 조언 및 조력을 주고받는 것'이라고 했다. 그리고 협력의 하위 덕목을 책임감, 소통, 양보, 나눔으로 제시하였다. 다시 말해, 협력이란 목표를 위해 각자 책임감을 가지고, 과제를 수행하는 과정에서 언어와 정서가 소통되며, 공동의 이익을 위해 자신의 것을 나누어 주는 것을 의미한다.

1) 협력의 하위 내용

- 긍정적인 상호의존성
  –도움 주고받기, 의견 · 정보 · 자료를 공유하기, 친밀감 형성하기
- 개인적 책임감
  –내 역할 인식하기, 역할 완수하기, 책임감 갖기
- 집단협력
  –공동의 노력과정 평가하기

2) 협력의 연령별 하위 내용

만 2세	만 3~5세
• 정해진 규칙 알기 • 다른 사람의 생각과 느낌을 알고 소통하기	• 공동의 목표 알기 • 공동의 목표를 위해 자신이 맡은 일 알고 완수하기 • 공동의 목표를 위해 다양한 방법으로 갈등상황 해결하기 • 공동의 목표를 위해 서로 도움 주고받기 • 공동의 목표를 위해 다른 사람의 실수를 인정하기

3) 만 3~5세 연령별 누리과정에서 협력의 분포

만 3~5세 연령별 누리과정 지도서의 인성교육 분포를 살펴보면, 6가지 덕목인 존중, 협력, 나눔, 질서, 효, 배려 중 만 4세와 만 5세에서는 협력이 가장 높은 분포를 나타내었다. 협력의 하위 내용 중에는 만 3~5세 모두 '긍정적인 상호의존성'과 '집단협력'이 강조되었다.

표 10-1 만 3~5세 연령별 누리과정에서 협력의 분포

협력의 하위 내용	3세		4세		5세		계	
	빈도	%	빈도	%	빈도	%	빈도	%
긍정적인 상호의존성	95	15.6	130	19.5	95	19.6	320	18.2
개인적 책임감	40	6.6	33	4.9	30	6.2	103	5.9
집단 협력	66	10.9	85	12.7	66	13.6	217	12.3
소계	201	33.1	248	37.1	191	39.5	640	36.4
총계	608	100	668	100	484	100	1760	100

※ 참고 1 : (%)는 만 3~5세 연령별 누리과정 지도서에 제시된 6가지 인성 덕목에서 협력이 차지하는 비율을 나타낸 것임.
※ 참고 2 : 총계는 만 3~5세 연령별 누리과정 지도서에 제시된 6가지 인성교육 총계.
출처: 김영미(2013). 「만 3~5세 누리과정 '교사용 지도서'의 인성내용 분석」에서 부분 발췌하여 수정 · 보완 및 재구성한 것임.

4) 만 3~5세 연령별 누리과정에서 생활주제별로 본 인성교육의 분포

김영미(2013)의 연구에 의하면, 생활주제별 인성교육의 분포는 모든 생활주제에서 협력의 중요성을 강조했다. 하지만 하위 내용의 계열성이나 연령별 연계를 고려해 볼 때, '긍정적 상

호의존성'을 만 3세, 4세, 5세에서 주된 활동으로 다루고 있어 연령별 연계활동을 고려하지 않은 것으로 보고되며, '개인적 책임감'은 모든 연령에서 가장 적게 활동하는 것으로 나타나 책임감 없는 협력활동에 대한 우려가 있다고 보고했다.[1)]

표 10-2 생활주제별 협력 인성교육 분포

생활주제	협력의 하위내용	3세		4세		5세		계	
		빈도	%	빈도	%	빈도	%	빈도	%
유치원/어린이집과 친구	긍정적인 상호의존성	13	19.4	12	18.8	10	16.4	35	18.2
	개인적 책임감	4	6.0	7	10.9	4	6.6	15	7.8
	집단 협력	9	13.4	7	10.9	11	18.0	27	14.1
	소계	26	38.8	26	40.6	25	41.0	77	40.1
	총계	67	100	64	100	61	100	192	100
나와 가족	긍정적인 상호의존성	7	8.9	10	13.3	1	2.2	18	9.0
	개인적 책임감	10	12.7	9	12.0	7	15.2	26	13.0
	집단 협력	3	3.8	6	8.0	5	10.9	14	7.0
	소계	20	25.3	25	33.3	13	28.3	58	29.0
	총계	79	100	75	100	46	100	200	100
우리 동네	긍정적인 상호의존성	17	22.7	22	26.5	14	15.6	53	21.4
	개인적 책임감	5	6.7	3	3.6	4	4.4	12	4.8
	집단 협력	7	9.3	7	8.4	9	10.0	23	9.3
	소계	29	38.7	32	38.6	27	30.0	88	35.5
	총계	75	100	83	100	90	100	248	100
동식물과 자연	긍정적인 상호의존성	3	4.2	7	11.5	3	11.5	13	8.2
	개인적 책임감	0	0.0	0	0.0	0	0.0	0	0.0
	집단 협력	1	1.4	1	1.6	0	0.0	2	1.3
	소계	4	5.6	8	13.1	3	11.5	15	9.5
	총계	71	100	61	100	26	100	158	100
건강과 안전	긍정적인 상호의존성	3	7.0	15	26.3	5	15.2	23	17.3
	개인적 책임감	5	11.6	1	1.8	3	9.1	9	6.8
	집단 협력	5	11.6	10	17.5	8	24.2	23	17.3
	소계	13	30.2	26	45.6	16	48.5	55	41.4
	총계	43	100	57	100	33	100	133	100

1) 제시된 표는 김영미(2013)의 논문 「만 3~5세 누리과정 '교사용 지도서'의 인성교육 내용 분석」에서 부분 발췌하여 수정 · 보완 및 재구성한 것임.

생활 도구	긍정적인 상호의존성	8	15.4	17	27.9	5	12.5	30	19.6
	개인적 책임감	5	9.6	5	8.2	2	5.0	12	7.8
	집단 협력	10	19.2	13	21.3	6	15.0	29	19.0
	소계	23	44.2	35	57.4	13	32.5	71	46.4
	총계	52	100	61	100	40	100	153	100
교통 기관	긍정적인 상호의존성	13	24.1	10	18.5	15	34.9	38	25.2
	개인적 책임감	5	9.3	0	0.0	3	7.0	8	5.3
	집단 협력	14	25.9	10	18.5	5	11.6	29	19.2
	소계	32	59.3	20	37.0	23	53.5	75	49.7
	총계	54	100	54	100	43	100	151	100
우리 나라	긍정적인 상호의존성	3	4.6	3	4.6	23	54.8	29	16.9
	개인적 책임감	0	0.0	0	0.0	1	2.4	1	0.6
	집단 협력	3	4.6	2	3.1	2	4.8	7	4.1
	소계	6	9.2	5	7.7	26	61.9	37	21.5
	총계	65	100	65	100	42	100	172	100
세계 여러 나라	긍정적인 상호의존성	0	0.0	2	4.1	5	22.7	7	9.9
	개인적 책임감	0	0.0	1	2.0	0	0.0	1	1.4
	집단 협력	0	0.0	12	24.5	3	13.6	15	21.1
	소계	0	0.0	15	30.6	8	36.4	23	32.4
	총계	0	0	49	100	22	100	71	100
환경과 생활	긍정적인 상호의존성	20	37.7	24	47.1	8	17.4	52	34.7
	개인적 책임감	2	3.8	4	7.8	5	10.9	11	7.3
	집단 협력	5	9.4	5	9.8	6	13.0	16	10.7
	소계	27	50.9	33	64.7	19	41.3	79	52.7
	총계	53	100	51	100	46	100	150	100
봄 여름 가을 겨울	긍정적인 상호의존성	8	16.3	8	16.7	6	17.1	22	16.7
	개인적 책임감	4	8.2	3	6.3	1	2.9	8	6.1
	집단 협력	9	18.4	12	25.0	11	31.4	32	24.2
	소계	21	42.9	23	47.9	18	51.4	62	47.0
	총계	49	100	48	100	35	100	132	100

※ 참고 1: (%)는 만 3~5세 연령별 누리과정 지도서에 제시된 6가지 인성 덕목에서 협력이 차지하는 비율을 나타낸 것임.

※ 참고 2: 총계는 만 3~5세 연령별 누리과정 지도서에 제시된 6가지 인성교육 총계.

출처: 김영미(2013). 「만 3~5세 누리과정 '교사용 지도서'의 인성교육 내용 분석」에서 부분 발췌하여 수정 보완 및 재구성한 것임.

4. 실천방안

1) 가 정

"아이는 부모가 하라는 대로 하지 않고 부모가 하는 대로 한다."라는 말이 있다. 아이에게 부모는 거울과 같은 존재다. 가정에서 부부가 서로 돕고 배려하는 행동을 아이들에게 보여 주는 것은 아이로 하여금 자연스럽게 협동의 의미와 가치를 습득하도록 도와주는 것이다. 그로 인해 아이들은 형제간에 마음과 힘을 모으고, 부모를 위해 자신의 작은 힘이라도 보태고픈 마음이 자연스럽게 생겨난다. 다음은 가정에서 가족들이 협동하여 할 수 있는 일들의 예시다.

- 정기적인 가족회의를 통해 가정에서 일어나는 공통적인 문제들을 협동하여 해결한다.
- 가족신문이나 가족일기를 써 봄으로써 다른 가족의 마음을 알 수 있는 기회를 가지고, 가족의 결속력을 다진다.
- 가족이 함께 갈 수 있는 봉사활동 장소를 정하여 정기적으로 방문한다.

2) 교육기관

(1) 교사들 간 협동

유치원과 어린이집은 학교교육과 달리 통합적으로 교육과정을 운영해야 하므로 교사들 간의 협동이 매우 중요하다. 특히 초임교사의 경우 혼자서 해결하기 힘든 교육적 과제를 선배교사들과 협동하여 잘 수행할 수 있으므로 교사들 간의 협동 또한 중요하다. 기관에서의 교사들 간 협동의 중요성은 다음과 같다.

- 유아교육과정의 다양한 접근법을 이용해 효율적으로 교수하기 위해서는 다른 교사와의 정보 교환이 필수적이다. 정보 공유를 통해 새로운 정보나 지식을 획득할 수 있다.
- 교실운영에 있어 다양한 경험을 가진 교사는 초임교사나 동료교사에게 실질적인 도움을 줄 수 있다.

- 협동을 통해 교사들의 인간관계는 돈독해지며, 이로 인해 직무 스트레스가 줄어들 수 있다.

(2) 교사-학부모의 협동

유아기는 발달과정에서 인적 환경인 교사와 부모의 영향을 가장 많이 받는 시기이므로, 유아를 올바르게 교육하기 위해서는 교육기관과 가정이 유기적으로 연계되어야 한다.

부모와 유아교육기관이 서로 협력하기 위한 첫 번째 조건은 부모와 유아교육기관을 지원하는 물리적, 심리적, 정책적 환경을 마련하는 것이다. 다음으로, 부모는 교사의 전문성을 인정하고, 교사도 부모의 전문성을 인정해야 한다. 교육기관에서 학부모라는 인적자원은 아주 중요하다. 부모가 교육기관에 잘 협력한다는 것은 교육의 효과를 극대화할 수 있는 가장 중요한 부분이다. 이를 위해 교사는 학부모의 의견을 존중하고, 학부모와 친밀하고 인격적인 관계를 유지한다.

이영과 김온기(2000)는 교육기관의 프로그램에 부모가 직접 참여하는 것이 부모와 아이 간 애착안정성에 긍정적인 영향을 준다고 하여 부모의 교육기관 참여의 필요성을 제기했다. 부모가 교육기관에 참여하여 교사와 서로 협력하는 방법으로는 일일교사, 보조교사를 하거나 참관수업 참여하는 등 여러 가지가 있다. 하지만 가장 적극적인 방법은 운영위원회, 월례회, 공개토론 등 부모회를 통해 부모의 요구나 의견을 교육기관에 제시하는 것이며, 기관에서는 부모회를 통해 부모들이 요구하는 문제를 해결하기 위해 노력해야 한다.

협동 사진

친구들과 협동하기

협동하여 수업 준비하기

교사와 학부모의 협동

부모님 도와드리기

쉬어 가기

손가락의 일

한 초등학교 선생님은 학생에게 화합의 중요성을 가르치기 위해 특별히 흥미 있는 시간을 마련했다. 수업 시간에 한 학생을 교단으로 불러 손을 내밀게 한 뒤, 각 손가락의 장점과 단점을 말하게 했다.

"엄지는 다른 사람을 칭찬할 때 쓰고요, 검지는 사물을 가리킬 때 써요. 약지는 고리를 만들어 물건을 들 수도 있고요, 중지는…."

학생이 말을 마치기도 전에 자리에 앉아 있던 학생들이 개구리처럼 와글와글 대답을 해 댔다.

이때 선생님은 미소를 지으면서 유리컵을 꺼냈다. 유리컵 안에는 유리구슬 몇 개가 들어 있었다.

"이제부터 여러분은 유리컵 속의 구슬을 꺼내야 해요. 모두 한 번의 기회밖에 없습니다. 자신이 가장 뛰어나다고 생각하는 손가락으로 구슬을 꺼내 보세요! 단, 손가락 하나만 사용해야 한다는 걸 명심하세요."

아이들은 선생님의 말에 금세 의욕을 불태웠고, 교실 분위기는 뜨거웠다. 모든 학생이 진지하게 교단으로 올라가 구슬을 꺼내려 했지만 어떤 방법을 동원해도 구슬을 꺼내지 못했다.

그러자 아이들은 조급해지기 시작했다.

다시 선생님이 말했다.

"됐어요. 이제 다른 손가락을 이용해 구슬을 꺼내 보세요."

이번에는 모두 쉽게 구슬을 꺼냈다.

게임은 끝났다.

"이제 여러분도 알았죠! 아무리 재능이 많아도 혼자서는 아무도 해낼 수 없어요. 다른 사람과 화합하는 일이 얼마나 중요한지 모두 알았을 거예요."

출처: 당웨이홍, 추이화팡(2006). 아이의 인생을 결정하는 36가지 습관.

제3부

유아 인성교육의 실제

제11장 유아를 위한 인성교육의 실제

제11장

유아를 위한 인성교육의 실제

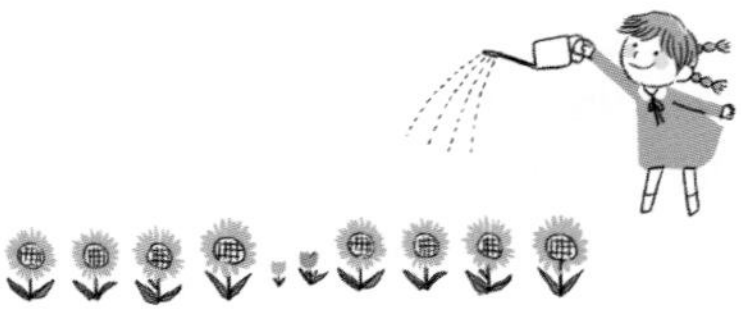

유아교육에서 인성교육은 중요한 교육목표이자 내용이다. 특히 유아기는 품성의 기초를 형성하는 중요한 시기인 만큼 교육과정 속에서 유아의 활동을 통해 자연스럽게 인성교육이 이루어져야 한다. 또한 특별한 인성교육의 교과를 만들기보다 교육과정의 교육활동 속에서 주제와 함께 어우러져야 할 것이다.

따라서 유아 인성교육은 유치원과 어린이집의 연령별 교육활동과 어우러져 인성교육의 핵심 가치 덕목이 적극적이고 능동적으로 실천 또는 실행되어야 하고, 유아가 활동의 주체가 되도록 하며, 활동이 구체적이고 다양하며 통합적이고, 유아 스스로 자발적인 동기를 가질 수 있도록 구성되어야 한다.

다음의 활동은 인성교육 8대 실천 덕목인 예, 효, 정직, 책임, 존중, 배려, 소통, 협동과 관련된 활동을 주제에 따라 교사가 계획하고 제시하는 대 · 소집단 활동형태인 이야기나누기, 문학(동화 · 동시 · 동극), 신체 및 게임, 미술, 음악, 현장(자연)체험의 활동유형 순으로 제시한 것이다.

각 활동은 만 3~5세 연령별 누리과정 교사용 지도서를 참고하여 현장의 교사들에게 친숙하고 어렵지 않게 적용 가능하도록 하였으며, 예비교사들에게는 현장의 유아 인성교육의 이해를 돕고, 현장에서 유아를 위한 인성교육의 도움 자료를 제공하고자 하였다.

1. 이야기나누기를 통한 인성교육 실제

활동 1

생활 주제	나와 가족	주제	소중한 가족	활동명	가족을 위해 할 수 있는 일
활동 형태	대 · 소집단 활동	유형	이야기나누기	대상 연령	만 3세
활동 목표	• 가족을 위해 할 수 있는 일을 안다. • 가족을 위해 할 수 있는 일을 다른 사람에게 소개할 수 있다. • 가족의 소중함을 안다.				
누리 과정 관련 요소	• 의사소통: 말하기 – 느낌, 생각, 경험 말하기 • 사회관계: 가족을 소중히 여기기 – 가족과 협력하기 • 사회관계: 나를 알고 존중하기 – 나의 일 스스로 하기				
인성 덕목	• 효 – 부모에 대한 효 • 배려 – 가족에 대한 배려 • 책임 – 개인적 책임감 • 협동 – 긍정적인 상호의존성				
활동 자료	유아들의 가족사진, 실물화상기, 가족을 위해 할 수 있는 일 삽화, 기쁨 쿠폰				
활동 방법	도입	• 유아들의 가족사진을 보며 가족에는 다양한 가족 구성원이 있다는 것에 대해 이야기를 나눈다.  –누구의 가족인지 알아볼까요? –사진 속 가족 구성원은 누가 있니? • 가족 구성원이 하는 일에 대해 이야기를 나눈다. –엄마(아빠)는 주로 어떤 일을 하실까? –○○는 어떤 일을 하고 있니?			

<table>
<tr><td></td><td>전개</td><td>• 가족을 위해 할 수 있는 일에 대해 그림(장난감 정리, 신발 정리, 부모님 안마해 드리기, 숟가락 놓기, 식사 후 빈 그릇 옮기기, 동생과 놀아 주기 등)을 보며 이야기를 나눈다.
−어떤 그림일까?
−내가 할 수 있는 일은 또 무엇이 있을까?
• 내가 가족을 위해 일을 한다면 가족 구성원(엄마, 아빠, 동생 등)은 어떤 기분일지 이야기를 나눈다.
−내가 부모님 안마를 해 드리면 부모님은 어떤 기분이 드실까?
−내가 동생과 놀아 주면 동생은 어떤 기분이 들까?

</td></tr>
<tr><td></td><td>마무리</td><td>• 유아들에게 기쁨 쿠폰(안마 쿠폰, 정리 쿠폰, 놀이 쿠폰, 심부름 쿠폰 등)을 소개한다.
−이것은 무엇일까?
−기쁨 쿠폰을 어떻게 사용하면 좋을까?
−더 만들고 싶은 기쁨 쿠폰에는 어떤 것이 있니?
• 가정에서 기쁨 쿠폰을 사용할 수 있도록 이야기를 나눈다.</td></tr>
<tr><td>활동의 유의점</td><td colspan="2">• 유아들이 가족을 위해 할 수 있는 다양한 방법을 이야기할 수 있도록 격려한다.
• 유아들의 생각을 반영한 기쁨 쿠폰을 사용할 수 있도록 안내문과 함께 가정으로 보낸다.</td></tr>
</table>

※참고: 3세 누리과정 교사용 지도서−제2권 나와 가족(교육과학기술부, 2013)

활동 2

<table>
<tr><td>생활주제</td><td>유치원과 친구</td><td>주제</td><td>유치원에서 만난 친구</td><td>활동명</td><td colspan="2">다르지만 같아요</td></tr>
<tr><td>활동형태</td><td>대 · 소집단 활동</td><td>유형</td><td>이야기나누기</td><td>대상연령</td><td colspan="2">만 4세</td></tr>
<tr><td>활동목표</td><td colspan="6">• 친구와 같은 점과 다른 점에 대해 이야기를 나눈다.
• 다양한 문화를 가진 친구에 대해 관심을 갖는다.
• 나와 친구는 생각과 표현이 다르지만 친구를 사랑하는 마음은 같음을 안다.</td></tr>
<tr><td>누리과정관련요소</td><td colspan="6">• 의사소통: 말하기 – 느낌, 생각, 경험 말하기
• 사회관계: 다른 사람과 더불어 살아가기 – 사회적 가치를 알고 지키기
• 사회관계: 사회에 관심 갖기 – 세계와 여러 문화에 관심 가지기</td></tr>
<tr><td>인성덕목</td><td colspan="6">• 존중 – 다른 사람과 다른 문화에 대한 존중
• 배려 – 친구에 대한 배려
• 예 – 친구에 대한 예의</td></tr>
<tr><td>활동자료</td><td colspan="6">동시판 – '달라도 괜찮아'(지은이: 곽현주)</td></tr>
<tr><td rowspan="2">활동방법</td><td>도입</td><td colspan="5">• 동시 '달라도 괜찮아'를 감상한다.

〈 달라도 괜찮아 〉
나와 친구는 생긴 게 달라요.
나와 내 친구는 좋아하는 색이 달라요.
나와 내 친구는 좋아하는 음식이 달라요.
나와 내 친구는 좋아하는 노래가 달라요.
달라도 괜찮아요. 우린 친구니까요.

–동시에서 나와 친구는 어떤 점이 다르다고 했니?
–친구와 달라도 괜찮은 이유는 무엇일까?</td></tr>
<tr><td>전개</td><td colspan="5">• 친구와 같은 점과 다른 점을 찾아본다.
–나와 친구는 어떤 점이 같니?
–나와 친구는 어떤 점이 다르니?
–생김새, 좋아하는 색 · 음식 · 노래는 어떻게 다르니?
–친구와 내가 잘하는 것은 어떻게 다를까?
–왜 다를까?</td></tr>
</table>

		• 친구와 같은 점과 다른 점이 있어서 좋은 점은 무엇인지 이야기를 나눈다. –같아서 좋은 점은 무엇이니? –달라서 좋은 점은 무엇이니? 
	마무리	• 친구와 같은 점과 다른 점을 알아본 후의 느낌을 이야기 나눈다. –친구와 같은 점과 다른 점을 찾아보니, 어떤 느낌이 들었니? • 친구에게 어떤 태도를 가지면 좋을지 이야기 나눈다. –같은 점과 다른 점이 있는 친구에게 어떤 태도를 가지면 좋을까?
활동의 유의점		• 친구와 같은 점과 다른 점을 찾아보면서 누구나 가지고 있는 능력이 다르고, 각각이 모두 소중함을 이야기 나누도록 한다. • 다른 친구를 배척하거나 따돌리지 않고 서로의 차이를 인정하고 존중해 주는 마음을 갖도록 안내한다. • 다문화 가정의 유아, 장애 유아의 경우, 다양한 문화와 생김새에 관심을 갖도록 하고, 서로 존중하며, 함께 지낼 수 있도록 상호작용하고, 같은 점을 찾아 유대감을 형성하도록 한다.

※참고: 4세 누리과정 교사용 지도서–제1권 총론, 유치원/어린이집과 친구(교육과학기술부, 2013)

활동 3

<table>
<tr><td>생활 주제</td><td>나와 가족</td><td>주제</td><td>가족의 생활과 문화</td><td>활동명</td><td>행복한 콩쥐</td></tr>
<tr><td>활동 형태</td><td>대 · 소집단 활동</td><td>유형</td><td>이야기나누기</td><td>대상 연령</td><td>만 5세</td></tr>
<tr><td>활동 목표</td><td colspan="5">• 다양한 가족 유형이 있음을 이해한다.
• 혈연관계가 아닌 가족이라도 서로 돕고 사랑하며 살 수 있음을 이해한다.
• 상황에 맞는 이야기를 창의적으로 지어 본다.</td></tr>
<tr><td>누리 과정 관련 요소</td><td colspan="5">• 의사소통: 듣기 – 이야기 듣고 이해하기
• 의사소통: 말하기 – 느낌, 생각, 경험 말하기
• 사회관계: 가족을 소중히 여기기 – 가족과 협력하기</td></tr>
<tr><td>인성 덕목</td><td colspan="5">• 존중 – 다른 사람과 다른 문화에 대한 존중
• 배려 – 가족에 대한 배려
• 예 – 형제간의 예의
• 협동 – 긍정적인 상호의존성</td></tr>
<tr><td>활동 자료</td><td colspan="5">콩쥐 팥쥐, 신데렐라, 헨젤과 그레텔, 백설공주 동화책 또는 PPT</td></tr>
<tr><td>활동 방법</td><td>도입</td><td colspan="4">• 그림을 보며 동화 내용에 대해 이야기를 나눈다.

 </td></tr>
</table>

		–동화(콩쥐 팥쥐, 신데렐라, 헨젤과 그레텔, 백설공주) 속 새엄마는 어떤 엄마인 것 같니? –동화 속의 새엄마는 주인공(콩쥐, 신데렐라, 헨젤과 그레텔, 백설공주)에게 어떤 행동을 했니? –새엄마는 왜 그렇게 했을까? • 좋은 새엄마에 대해 생각해 보고 이야기를 나눈다. –너희는 새엄마가 주인공에게 어떻게 해 주면 좋을 것 같니? –어떤 사람이 좋은 새엄마일까?
	전개	• 콩쥐가 행복해 질 수 있도록 콩쥐 팥쥐 이야기를 바꾸어서 지어 본다. –콩쥐 팥쥐의 장면(팥쥐가 콩쥐를 괴롭히는 장면, 항아리가 깨진 장면, 사또의 잔칫날 장면 등)을 보고 다음에 어떤 일이 생기면 좋을지 이야기를 지어 보자. • 다시 지은 이야기를 감상하며 두 가지의 이야기를 비교해 본다. –콩쥐의 새엄마 모습이 어떻게 달라졌니? –팥쥐는 어떻게 달라졌니? –콩쥐의 기분은 어떨까? –새엄마와 콩쥐는 어떤 사이가 되었을까? –팥쥐와 콩쥐는 어떤 사이가 되었니?
	마무리	• 행복한 콩쥐 이야기를 지어 본 느낌을 이야기 나눈다. –행복한 콩쥐 이야기를 지어 본 느낌은 어떠했니? • 혈연관계는 아니지만 새엄마와 팥쥐의 달라진 모습으로 콩쥐가 행복해질 수 있었듯이 가족이 서로 사랑하고 도우면 행복하게 지낼 수 있다는 것에 대해 이야기를 나눈다.
활동의 유의점		• 이야기하는 장면 위에 유아의 다양한 상황을 만들어 이야기를 지어 본다. • 새로 생긴 가족이라도 서로 돕고 사랑하며 살 수 있다는 것을 이해할 수 있도록 진행한다. • 활동 후 신데렐라, 헨젤과 그레텔, 백설공주 동화도 다시 지어 보고 주인공이 사는 나라는 다르지만 느끼는 감정은 똑같다는 것을 유아가 이해하도록 돕는다.

※참고: 5세 누리과정 교사용 지도서–제2권 나와 가족(교육과학기술부, 2012)

활동 4

<table>
<tr><td>생활 주제</td><td>건강과 안전</td><td>주제</td><td>깨끗한 나와 환경</td><td>활동명</td><td>정리해 주세요</td></tr>
<tr><td>활동 형태</td><td>대 · 소집단 활동</td><td>유형</td><td>이야기나누기</td><td>대상 연령</td><td>만 3세</td></tr>
<tr><td>활동 목표</td><td colspan="5">• 놀잇감을 정리해야 함을 안다.
• 놀잇감을 제자리에 정리할 줄 안다.
• 자신의 생각과 느낌을 표현한다.</td></tr>
<tr><td>누리 과정 관련 요소</td><td colspan="5">• 의사소통: 말하기 – 느낌, 생각, 경험 말하기
• 신체운동 · 건강: 건강하게 생활하기 – 몸과 주변을 깨끗이 하기</td></tr>
<tr><td>인성 덕목</td><td colspan="5">• 정직 – 사회질서
• 책임 – 개인적 책임감</td></tr>
<tr><td>활동 자료</td><td colspan="5">'그냥 두고 나갔더니' 음원, 부서진 장난감</td></tr>
<tr><td></td><td>도입</td><td colspan="4">• '그냥 두고 나갔더니' 노래를 들려준다.

〈 그냥 두고 나갔더니 〉

장난감을 갖고 놀다가 그냥 두고 밖에 나갔죠
그림책을 꺼내 보다가 그냥 두고 밖에 나갔죠

한참 놀다 들어와 보니 장난감이 울며 하는 말
한참 놀다 들어와 보니 그림책이 울며 하는 말

나를 바닥에 두고 나갔기 때문에 지나가는 사람이 나를 뻥 찼단 말이야
나를 바닥에 그냥 두고 나갔기 때문에 지나가는 사람이 나를 꽉 밟았단 말이야

또 그러면 안 돼 또 그러면 안 돼 또 그러면 난 싫어</td></tr>
</table>

	전개	• 놀잇감을 제대로 정리하지 않으면 어떤 일이 생길 수 있는지에 대해 이야기를 나눈다. –놀잇감을 갖고 놀다가 그냥 두고 나간다면 어떻게 될까? –다시 돌아왔을 때 어떤 일이 생길까? –놀잇감이 바닥에 떨어져 있으면 어떻게 될까? • 놀잇감 외에 교실에서 사용 후 그냥 두는 것에는 무엇이 있는지에 대해 이야기를 나눈다. –놀잇감 외에 사용하고 난 뒤 그냥 두는 것에는 무엇이 있을까? –그냥 두었을 때 어떤 일이 생길까? • 교실에 정리되지 않는 놀잇감이나 물건이 있는지 찾아본다. –주변을 둘러보고 정리가 되어 있지 않은 것은 무엇이 있는지 찾아볼까? • 정리되지 않은 놀잇감을 찾아서 정리해 보자.   
	마무리	• 정리를 하고 난 뒤의 소감에 대해 이야기를 나눈다. –정리를 하고 나니 기분이 어떠니? –교실이 어떻게 달라졌니? –깨끗해진 교실을 보니 어떤 기분이니?
활동의 유의점		• 자유선택활동 후 이야기 나누기가 자연스럽게 연결되도록 한다. • 자신이 가지고 놀던 놀잇감이 아니더라도 먼저 보면 정리할 수 있도록 한다.

※참고: 3세 누리과정 교사용 지도서–제5권 건강과 안전(교육과학기술부, 2013)

활동 5

<table>
<tr><td>생활 주제</td><td>나와 가족</td><td>주제</td><td>소중한 가족</td><td>활동명</td><td>인사 예절을 지켜요</td></tr>
<tr><td>활동 형태</td><td>대 · 소집단 활동</td><td>유형</td><td>이야기나누기</td><td>대상 연령</td><td>만 4세</td></tr>
<tr><td>활동 목표</td><td colspan="5">• 상황에 맞는 인사말을 할 줄 안다.
• 가족 간에 지켜야 할 인사 예절이 있음을 안다.
• 웃어른께 예의 바르게 행동할 수 있다.</td></tr>
<tr><td>누리 과정 관련 요소</td><td colspan="5">• 의사소통: 말하기 – 상황에 맞게 바른 태도로 말하기
• 사회관계: 다른 사람과 더불어 살아가기 – 사회적 가치를 알고 지키기</td></tr>
<tr><td>인성 덕목</td><td colspan="5">• 효 – 부모, 조부모에 대한 효
• 예 – 웃어른에 대한 공경</td></tr>
<tr><td>활동 자료</td><td colspan="5">가족 그림 자료 또는 가족 인형</td></tr>
<tr><td rowspan="2">활동 방법</td><td>도입</td><td colspan="4">• 가족 그림 자료(또는 가족 인형)을 보며 가족을 소개해 본다.

–누구일까요?
–우리를 낳아 주신 분은 누구일까요?
–엄마, 아빠를 낳아 주신 분은 누구일까요?</td></tr>
<tr><td>전개</td><td colspan="4">• 어른께 말을 할 때는 어떻게 해야 하는지에 대해 이야기를 나눈다.
–가족 중에 어른은 누구일까?
–할아버지, 할머니, 아빠, 엄마께 어떻게 말을 사용해야 할까요?
–존댓말(높임말)이 무엇일까?
–할아버지, 할머니, 아빠, 엄마께는 왜 높임말을 써야 할까?</td></tr>
</table>

		• 평소 우리가 쓰는 인사말을 어른께 할 때는 어떻게 말해야 할지 이야기 나눈다. –출근하시는 아빠께 어떻게 인사할까요? –퇴근하시는 아빠께 어떻게 인사할까요? –유치원 갈 때 엄마께 어떻게 인사할까요? –유치원을 다녀와서 엄마께 어떻게 인사할까요? –식사 전에 어떤 인사말을 할까요? –식사 후에 어떤 인사말을 할까요? –아침에 일어나서 어떤 인사말을 할까요? –밤에 자기 전에 어떤 인사말을 할까요? –할아버지, 할머니를 오랜만에 만났을 때는 어떻게 인사해야 할까요? –할아버지, 할머니 댁에서 돌아올 때는 어떻게 인사해야 할까요? • 가족 인형을 활용하여 직접 인사말을 해 본다. 
	마무리	• 할아버지, 할머니, 엄마, 아빠 외에 어른은 누구인지 이야기 나눈다. –가족 중 어른 외에 우리 주변에서 만날 수 있는 어른으로는 누가 계실까? –우리 가족뿐 아니라 이웃 어른들께도 바르게 인사하도록 하자. • 인사말 외에 인사 예절은 무엇이 있는지 이야기 나눈다. –인사말 외에 다른 인사 예절은 무엇이 있을까?
활동의 유의점	• 인사말 외에 바른 태도도 인사 예절에 포함된다는 것을 알도록 한다. • 상황에 맞는 적절한 인사 예절을 교사가 시범을 보여 주도록 한다. • 우리 주변의 이웃 어른께도 바른 인사 예절을 지키도록 한다.	

※참고: 4세 누리과정 교사용 지도서–제2권 나와 가족(교육과학기술부, 2013)

활동 6

<table>
<tr><td>생활
주제</td><td>유치원과 친구</td><td>주제</td><td>유치원의 환경</td><td>활동명</td><td>양보가 필요해요</td></tr>
<tr><td>활동
형태</td><td>대 · 소집단 활동</td><td>유형</td><td>이야기나누기</td><td>대상
연령</td><td>만 5세</td></tr>
<tr><td>활동
목표</td><td colspan="5">• 양보의 의미에 대해 안다.
• 양보를 해야 할 때와 차례를 지켜야 할 때를 구분해 본다.
• 다른 사람을 배려하며 생활하는 태도를 가진다.
• 다른 사람과 대화를 통해 소통할 수 있다.</td></tr>
<tr><td>누리
과정
관련
요소</td><td colspan="5">• 의사소통: 말하기 – 상황에 맞게 바른 태도로 말하기
• 사회관계: 사회에 관심 갖기 – 사회적 가치를 알고 지키기
• 사회관계: 다른 사람과 더불어 생활하기 – 공동체에서 화목하게 지내기</td></tr>
<tr><td>인성
덕목</td><td colspan="5">• 정직 – 기초질서
• 배려 – 친구에 대한 배려
• 소통 – 타인 이해 및 공감</td></tr>
<tr><td>활동
자료</td><td colspan="5">유치원에서 양보가 필요한 상황의 사진(화장실에서 줄을 서서 기다리는 모습, 세면대에서 줄을 서서 기다리는 모습, 자유선택활동 모습, 바깥놀이 모습 등을 미리 찍어 둠) PPT, 화이트보드, 보드마카</td></tr>
<tr><td>활동
방법</td><td>도입</td><td colspan="4">• 양보가 필요한 상황의 사진을 보며 이야기를 나눈다.

–어떤 상황일까?
–제시된 상황의 공통점은 무엇일까?
–여러 사람이 함께 할 때 지켜야 할 것은 무엇일까?
• 여러 사람이 함께 할 때 차례를 지켜야 하지만 차례를 지킬 수 없는 경우에 대해 이야기를 나눈다.
–여러 사람이 함께 할 때는 차례를 지켜야 하지만 그럴 수 없을 때는 언제일까?
–그럴 때 우리는 어떻게 해야 할까?
• 양보의 의미에 대해 이야기 나눈다.
–양보란 말을 들어 본 적 있니?</td></tr>
</table>

	전개	-양보를 해 본 적 있니? -양보란 무엇일까? -언제 양보를 해야 할까? 항상 해야 할까? -양보를 하지 않고 '차례 지키기'만 주장한다면 어떤 일이 일어날까? • 양보 외에 친구를 배려하는 것에는 어떤 것이 있는지 이야기 나눈다. -양보를 하는 것 외에 친구를 배려할 수 있는 것에는 어떤 일이 있을까?   
	마무리	• 양보와 같이 다른 사람을 배려하는 행동은 왜 해야 하는지에 대해 이야기 나눈다. -왜 양보해야 할까? -양보를 받으면 기분이 어떨까? -다른 사람을 배려하면 기분이 어떨까?
활동의 유의점	• 양보해야 하는 상황과 순서를 지켜야 하는 상황을 분별할 수 있도록 한다. • 배려는 강요에 의해서이기보다 자발적으로 이루어져야 하는 것임을 이해할 수 있도록 한다.	

※참고: 5세 누리과정 교사용 지도서-제1권 유치원과 친구(교육과학기술부, 2012)

2. 문학을 통한 인성교육 실제

활동 1

<table>
<tr><td>생활 주제</td><td colspan="2">우리나라</td><td>주제</td><td>우리나라의 역사와 자랑거리</td><td>활동명</td><td>세종대왕</td></tr>
<tr><td>활동 형태</td><td colspan="2">대 · 소집단 활동</td><td>유형</td><td>동시</td><td>대상 연령</td><td>만 3세</td></tr>
<tr><td>활동 목표</td><td colspan="6">• 세종대왕과 한글에 대해 안다.
• 한글의 소중함을 알고 관심을 갖는다.
• 한글에 대한 자부심을 느낀다.</td></tr>
<tr><td>누리 과정 관련 요소</td><td colspan="6">• 의사소통: 듣기 – 동요, 동시, 동화 듣고 이해하기
• 의사소통: 말하기 – 느낌, 경험, 생각 말하기
• 사회관계: 사회에 관심 갖기 – 우리나라에 관심 갖고 이해하기</td></tr>
<tr><td>인성 덕목</td><td colspan="6">• 존중 – 자신과 전통문화에 대한 존중
• 소통 – 타인 이해 및 공감
• 배려 – 이웃에 대한 배려</td></tr>
<tr><td>활동 자료</td><td colspan="6">세종대왕(지은이: 최정희), 동시 자료, 한글 카드</td></tr>
<tr><td rowspan="2">활동 방법</td><td>도입</td><td colspan="5">• 한글 카드를 보며 한글에 대해 이야기 나눈다.
–우리나라 글자를 무엇이라고 하니?
–한글은 누가 만들었을까?
• 세종대왕에 대해 이야기 나눈다.
–세종대왕은 누구니?</td></tr>
<tr><td>전개</td><td colspan="5">• '세종대왕' 동시를 들려준다.

〈 세종대왕 〉

가나다라마바사
아자차카타파하
누가 누가 만드셨나?
세종대왕 만드셨지!

우리나라 글자 한글
누가 누가 만드셨나?
세종대왕 만드셨지!</td></tr>
</table>

	전개	• 동시를 듣고 난 후의 느낌을 이야기 나눈다. –가장 기억에 남는 것은 무엇이니? –세종대왕은 한글을 왜 만들었을까? –한글의 특징은 무엇일까? –한글을 사용하고 난 뒤 백성들은 어떻게 달라졌을까? –우리는 세종대왕에 대해 어떤 마음을 가져야 할까? –우리나라에 한글이 있다는 것에 대해 어떤 마음을 가져야 할까? • 유아들과 함께 동시를 낭송한다.   
	마무리	• 한글 외에 우리나라의 상징에는 무엇이 있을까? –한글처럼 우리나라를 나타내 주는 상징에는 무엇이 있을까? –우리나라의 상징에 대해 우리는 어떤 마음을 가져야 할까?
활동의 유의점	• 유아들이 동시를 감상하면서 세종대왕의 '애민정신'에도 관심을 갖도록 한다. • 한글이 배우기가 쉬운 글자임을 알도록 하고 관심을 가지도록 한다.	

※참고: 3세 누리과정 교사용 지도서–제8권 우리나라(교육과학기술부, 2013)

활동 2

<table>
<tr><td>생활 주제</td><td>우리나라</td><td>주제</td><td>우리나라의 역사</td><td>활동명</td><td>이순신 장군</td></tr>
<tr><td>활동 형태</td><td>대 · 소집단 활동</td><td>유형</td><td>동화</td><td>대상 연령</td><td>만 4세</td></tr>
<tr><td>활동 목표</td><td colspan="5">• 이순신 장군과 거북선에 대해 안다.
• 과거의 인물과 사건에 대해 관심을 갖는다.
• 우리나라를 아끼고 사랑하는 마음을 갖는다.</td></tr>
<tr><td>누리 과정 관련 요소</td><td colspan="5">• 의사소통: 듣기 – 동요, 동시, 동화 듣고 이해하기
• 자연탐구: 수학적 탐구하기 – 공간과 도형의 기초 개념 알아보기
• 사회관계: 사회에 관심 갖기 – 우리나라에 관심 갖고 이해하기</td></tr>
<tr><td>인성 덕목</td><td colspan="5">• 존중 – 자신과 전통문화에 대한 존중
• 책임 – 개인적 책임감, 약속 이행
• 예 – 국가에 대한 예</td></tr>
<tr><td>활동 자료</td><td colspan="5">동화 '조선의 바다를 지켜라 이순신'(지은이: 이정민, 그림: 김형준, 한국슈타이너), 강강술래 그림 자료나 사진, 거북선 사진</td></tr>
<tr><td>활동 방법</td><td>도입</td><td colspan="4">• 강강술래 그림 자료나 사진을 보며 이야기 나눈다.

–무엇을 하는 모습일까?
–강강술래를 해 본 적 있니?
–강강술래의 유래에 대해 들어본 적 있니?
• 거북선 사진을 보며 이야기 나눈다.
–어떤 배일까?
–누가 만들었을까?</td></tr>
</table>

	전개	• 이순신 장군 동화를 듣는다. –어떤 장면이 인상 깊었니? –이순신 장군이 우리나라를 지키기 위해 만드신 것은 무엇이니? –왜 거북선이라고 했을까? –거북선은 어떤 일을 했니? –이순신 장군은 어떤 분이시니? –우리는 어떤 점을 본받아야 할까? 
	마무리	• 이순신 장군 외에 우리나라를 지키신 분들에 대해 이야기 나눈다. –우리나라를 지키신 분들에는 누가 있을까? –우리는 우리나라를 지키신 분들에 대해 어떤 마음을 가져야 할까? –우리는 어떻게 우리나라를 지킬 수 있을까?
활동의 유의점		• 이순신 장군과 거북선에 대한 정보를 제공하는 다양한 도서를 준비해 둔다. • 거북선을 구체적으로 표현해 볼 수 있도록 쌓기놀이 영역에 거북선 모형이나 사진을 준비해 둔다. • 우리나라를 지키기 위해 애쓰신 분들이 계심을 알고 우리나라의 현재 모습에 대해 유아들이 자긍심을 갖도록 한다.

※참고: 4세 누리과정 교사용 지도서–제8권 우리나라(교육과학기술부, 2013)

활동 3

<table>
<tr><td>생활 주제</td><td>우리나라</td><td>주제</td><td>우리나라의 놀이와 예술</td><td>활동명</td><td>팥죽할머니와 호랑이</td></tr>
<tr><td>활동 형태</td><td>대 · 소집단 활동</td><td>유형</td><td>동극</td><td>대상 연령</td><td>만 5세</td></tr>
<tr><td>활동 목표</td><td colspan="5">• 우리나라 옛이야기에 친숙함을 느낀다.
• 동화를 듣고 극으로 표현할 수 있다.
• 협력하여 동극에 참여한다.</td></tr>
<tr><td>누리 과정 관련 요소</td><td colspan="5">• 존중 – 자신과 전통문화에 대한 존중
• 책임 – 개인적 책임감, 약속 이행
• 협동 – 긍정적인 상호의존성, 개인적 책임감</td></tr>
<tr><td>인성 덕목</td><td colspan="5">• 존중 – 자신과 전통문화에 대한 존중
• 소통 – 타인 이해 및 공감
• 배려 – 이웃에 대한 배려</td></tr>
<tr><td>활동 자료</td><td colspan="5">전래동화 ‘팥죽 할머니와 호랑이’, 등장인물 머리띠, 등장인물 분장 소품, 배경 소품</td></tr>
<tr><td>활동 방법</td><td>도입</td><td colspan="4">‘팥죽 할머니와 호랑이’ 동화를 듣고 이야기 나눈다.

◀〈팥죽 할머니와 호랑이, 보림, 1997〉
–이야기 속에는 누가 나왔니?
–동화 속에서 팥죽 할머니를 도와주는 친구들은 어떻게 할머니를 도와주었니?
–호랑이는 왜 약속을 지키지 않았을까?
–가장 기억에 남는 인물은 누구니?
• 등장인물의 언어와 행동을 표현해 보도록 하자.
–동화 속의 등장인물들이 어떤 행동을 했는지 표현해 볼까?
–동화 속 등장인물이 한 말은 무엇인지 표현해 볼까?</td></tr>
</table>

	전개	• 동극 계획을 세워 보자. –배역은 몇 명이 있어야 할까? 어떤 배역을 맡고 싶니? –필요한 소품은 무엇이 있을까? –배경은 어떻게 꾸미면 좋을까? –관객은 어떻게 관람해야 할까? • 동극을 준비해 보자. –배역을 정한다. –배역을 소품으로 꾸민다. –배경을 구성한다. • 동극을 해 보자. –맡은 역할대로 동극을 한다. –동극이 끝나면 등장인물들이 모두 나와 인사를 한다. 관객은 박수친다. –소품과 무대를 정리한다.   
	마무리	• 동극을 하고 난 뒤의 소감을 이야기 나눈다. –배역을 하고 난 소감은 어떠하였니? 어떤 것이 재미있었니? –힘이 약하더라도 함께 힘을 모았을 때 어떤 일을 할 수 있었니? –호랑이가 약속을 잘 지켰더라면 어떻게 되었을까?
활동의 유의점		• 다음에는 역할을 바꾸어서 동극을 다시 할 것임을 미리 알려 준다. • 동극 소품이나 무대 배경은 사전 활동으로 미리 준비할 수 있다. • 옛이야기를 통해 우리나라 옛날 사람들의 생활에도 관심을 갖도록 한다.

※참고: 5세 누리과정 교사용 지도서–제8권 우리나라(교육과학기술부, 2012)

활동 4

<table>
<tr><td>생활 주제</td><td>나와 가족</td><td>주제</td><td>소중한 가족</td><td>활동명</td><td>내 동생</td></tr>
<tr><td>활동 형태</td><td>대 · 소집단 활동</td><td>유형</td><td>동시</td><td>대상 연령</td><td>만 3세</td></tr>
<tr><td>활동 목표</td><td colspan="5">• 가족구성원에 형제, 자매가 있음을 안다.
• 동시를 듣고 즐긴다.</td></tr>
<tr><td>누리 과정 관련 요소</td><td colspan="5">• 의사소통: 듣기 – 동요, 동시, 동화 듣고 이해하기
• 의사소통: 말하기 – 느낌, 경험, 생각 말하기
• 사회관계: 가족을 소중히 여기기 – 가족과 화목하게 지내기</td></tr>
<tr><td>인성 덕목</td><td colspan="5">• 존중 – 다른 사람과 문화에 대한 존중
• 배려 – 가족에 대한 배려</td></tr>
<tr><td>활동 자료</td><td colspan="5">동요 '내 동생' 음원, '내 동생'(지은이: 장순필) 동시 자료</td></tr>
<tr><td rowspan="2">활동 방법</td><td>도입</td><td colspan="4">• 동요 '내 동생'을 듣고 이야기 나눈다.
–이 노래를 들어 본 적이 있니?
–○○는 동생이 있니?</td></tr>
<tr><td>전개</td><td colspan="4">• '내 동생' 동시를 들려준다.

〈 내 동생 〉

졸졸졸
날 따라와요, 내 동생이
"왜 따라오니?"<br>"형이 좋아서."
동생이 날 좋아하는구나
쿵쾅쿵쾅
날 따라해요, 내 동생이.
"왜 따라 하니?"<br>"형이 하니까."
동생이 날 보고 배우는구나
난 동생의 거울이구나
동생의 좋은 거울이 되어야지.</td></tr>
</table>

	전개	• 동시를 듣고 난 후의 느낌을 이야기 나눈다. –동시를 들으니까 어떤 생각이 드니? –동생은 왜 나를 따라 할까? –동생이 있어 좋은 점은 무엇이니? • 동시를 읊어 본다. –"왜 따라오니?" "형이 좋아서." "왜 따라 하니?" "형이 하니까."란 부분을 읊어 볼까? –동시를 함께 읊어 볼까?   
	마무리	• 동생을 위해 우리가 할 수 있는 일에 대해 이야기 나눈다. –동생에게 어떤 모습을 보여 주면 좋을까? –동생을 위해 할 수 있는 일에는 무엇이 있을까?
활동의 유의점		• 형제, 자매는 서로 사랑하고 협력해야 함을 알도록 한다. • 동생이 있어 좋은 점도 있다는 것을 알도록 한다.

※참고: 3세 누리과정 교사용 지도서–제2권 나와 가족(교육과학기술부, 2013)

활동 5

<table>
<tr><td>생활 주제</td><td>나와 가족</td><td>주제</td><td>소중한 가족</td><td>활동명</td><td>커다란 순무</td></tr>
<tr><td>활동 형태</td><td>대 · 소집단 활동</td><td>유형</td><td>동화</td><td>대상 연령</td><td>만 4세</td></tr>
<tr><td>활동 목표</td><td colspan="5">• 가족은 서로 사랑하고 협력해야 함을 안다.
• 동화를 듣고 이해한다.</td></tr>
<tr><td>누리 과정 관련 요소</td><td colspan="5">• 사회관계: 가족을 소중히 여기기 – 가족과 협력하기
• 의사소통: 듣기 – 동요, 동시, 동화 듣고 이해하기</td></tr>
<tr><td>인성 덕목</td><td colspan="5">• 배려 – 가족에 대한 배려
• 협동 – 긍정적인 상호의존성</td></tr>
<tr><td>활동 자료</td><td colspan="5">가족사진, 동화 '커다란 순무'(지은이: 알릭세이 톨스토이, 그림: 헬린 옥슨버리, 시공주니어)</td></tr>
<tr><td rowspan="2">활동 방법</td><td>도입</td><td colspan="4">• 가족사진을 보며 이야기 나눈다.
–사진을 보며 가족을 소개해 보자.
–가족이 하는 일은 어떻게 다를까?</td></tr>
<tr><td>전개</td><td colspan="4">• 동화 '커다란 순무'를 듣는다.

〈 커다란 순무 〉
옛날옛날에 한 할아버지가 조그만 순무 씨 한 알을 땅에 심고서, "순무야, 순무야, 조그만 순무야, 달콤하게 자라렴. 순무야, 순무야, 조그만 순무야, 단단하게 자라렴." 했대요. 그래서 순무는 달콤하고 단단하게 자랐고, 커다랗고 높다랗게도 자랐습니다. 어느 날, 할아버지가 순무를 뽑으러 왔습니다. 할아버지는 순무를 잡아당기고 또 잡아당겼는데, 순무가 뽑히질 않는 거예요. 할아버지는 할머니를 불렀습니다. 할머니는 할아버지를 붙들었습니다. 할아버지는 순무를 붙들었고요. 두 사람은 순무를 잡아당기고 또 잡아당겼는데, 순무가 뽑히질 않는 거예요. 그래서 할머니가 손녀를 불렀습니다. 손녀는 할머니를 붙들고, 할머니는 할아버지를 붙들고, 할아버지는 순무를 붙들었습니다. 세 사람은 순무를 잡아당기고 또 잡아당겼는데, 순무가 뽑히질 않는 거예요. …(중략)… 쥐는 고양이를 붙들고, 고양이는 개를 물고, 개는 손녀를 물고, 손녀는 할머니를 붙들고, 할머니는 할아버지를 붙들고, 할아버지는 순무를 붙들었습니다. 세 사람과 세 동물이 순무를 잡아당기고 또 잡아당겼는데, 마침내 순무가 쑥 뽑혔다는군요.</td></tr>
</table>

<table>
<tr><td rowspan="2"></td><td>전개</td><td>• 동화의 내용을 회상한다.
–동화 속 어떤 장면이 가장 기억에 남니?
–동화 속 가족과 동물의 모습을 보니 어떤 마음이 들었니?
</td></tr>
<tr><td>마무리</td><td>• 가족이 서로 협력해야 하는 일에는 무엇이 있는지 이야기 나눈다.
–가족이 서로 협력해야 하는 일에는 무엇이 있을까?
–가족이 서로 협력하면 기분이 어떨까?</td></tr>
<tr><td>활동의 유의점</td><td colspan="2">• 가족은 서로 사랑하고 협력해야 함을 알도록 한다.
• 가족의 역할에 고정관념이 생기지 않도록 한다.</td></tr>
</table>

※참고: 4세 누리과정 교사용 지도서–제2권 나와 가족(교육과학기술부, 2013)

활동 6

생활 주제	동식물과 자연	주제	궁금한 동식물	활동명	모자 사세요
활동 형태	대 · 소집단 활동	유형	동극	대상 연령	만 5세
활동 목표	• 좋아하는 동물의 특성을 안다. • 동화의 내용을 극놀이로 표현할 수 있다. • 협력하여 동극에 참여한다.				
누리 과정 관련 요소	• 의사소통: 듣기 – 동요, 동시, 동화 듣고 이해하기 • 예술경험: 예술적 표현하기 – 극놀이로 표현하기 • 자연탐구: 과학적 탐구하기 – 생명체와 자연환경 알아보기				
인성 덕목	• 존중 – 생명과 환경에 대한 존중 • 배려 – 동식물에 대한 배려 • 협동 – 개인적 책임감				
활동 자료	동화 '모자 사세요'(지은이: 에스퍼 슬로보드키나, 시공주니어), 원숭이 머리띠, 모자, 나무 배경				
	도입	• '모자 사세요' 동화를 듣고 회상한다. 〈 모자 사세요 〉 어느 마을에 모자 장수 아저씨가 있는데 이 아저씨는 모자를 자기 머리 위에 모두 쓰고 다니면서 모자를 팔러 다닌다. 자기의 체크무늬 모자 위에 회색 모자 네 개 그 위에 갈색 모자 네 개 그 위에 파란 모자 네 개 그 위에 빨간 모자 네 개를 쓰고 "모자 사세요. 모자. 하나에 오십 센트."라고 외치며 모자를 팔러 다니지만 아무도 사는 사람이 없다. …(중략)… 모자를 달라고 소리를 지르고, 손을 위로 해 보고, 발을 쿵쾅거려도 원숭이들은 모자를 주지 않고 아저씨의 모습을 흉내 내기만 했다. 화가 난 모자 장수가 자신의 체크무늬 모자를 벗어서 땅에 던지자 원숭이들도 모두 아저씨를 따라 하면서 모자를 벗어 땅에 던졌다. 아저씨는 그 모자들을 주워서 쓰고 다시 모자를 팔러 떠났다. –이야기 속에는 누가 나왔니? –가장 기억에 남는 부분은 무엇이니? • 동극을 위한 준비를 한다. –모자 장수 아저씨와 원숭이 배역을 정한다. –등장인물을 소품으로 꾸민다. –무대를 꾸민다.			

	전개	• 동극을 한다. –맡은 역할대로 동극을 한다. –동극이 끝나면 등장인물들이 모두 나와 인사를 한다. 관객은 박수친다. –소품과 무대를 정리한다.   
	마무리	• 동극을 평가한다. –원숭이의 특징은 무엇인 것 같니? –모자 장수 아저씨는 어떻게 모자를 되찾을 수 있었니?
활동의 유의점	• 창의적인 표현이 자연스럽게 나오도록 유도한다. • 어려운 일이 생겼을 때 서두르지 말고 깊게 생각하면 문제를 해결할 수 있음을 알도록 한다.	

※참고: 5세 누리과정 교사용 지도서–제4권 동식물과 자연(교육과학기술부, 2012)

3. 신체 및 게임을 통한 인성교육 실제

활동 1

<table>
<tr><td>생활 주제</td><td>우리 동네</td><td>주제</td><td>우리 동네 모습</td><td>활동명</td><td>물건을 배달해요</td></tr>
<tr><td>활동 형태</td><td>대 · 소집단 활동</td><td>유형</td><td>게임</td><td>대상 연령</td><td>만 3세</td></tr>
<tr><td>활동 목표</td><td colspan="5">• 우리 동네 사람들의 다양한 생활 모습에 관심을 갖는다.
• 우리 동네 사람들을 존중하는 태도를 가진다.
• 놀이 규칙 및 방법을 알고 즐겁게 참여한다.</td></tr>
<tr><td>누리 과정 관련 요소</td><td colspan="5">• 신체운동 · 건강: 신체활동에 참여하기 – 기구를 이용하여 신체활동 하기
• 사회관계: 다른 사람과 더불어 생활하기 – 공동체에서 화목하게 지내기
• 사회관계: 사회에 관심 갖기 – 지역사회에 관심 갖고 이해하기</td></tr>
<tr><td>인성 덕목</td><td colspan="5">• 책임 – 개인적 책임감
• 협동 – 집단 협력
• 존중 – 다른 사람들과 다른 문화에 대한 존중</td></tr>
<tr><td>활동 자료</td><td colspan="5">가게 사진(쌀가게, 음식점, 떡집, 과일가게, 화장품가게, 옷 가게, 마트, 문방구 등), 물건 사진 카드(쌀, 치킨, 피자, 만두, 떡, 과일, 꽃, 화장품, 옷, 문구 등), 세발자전거 2대, 오토바이 그림 2장, 헬멧 2개, 장바구니 2개, 전화기 2대, 책상, 융 칠판, 호루라기, 바구니 2개</td></tr>
<tr><td rowspan="2">활동 방법</td><td>도입</td><td colspan="4">• 우리 동네에는 어떤 가게가 있는지 이야기 나눈다.
–우리 동네에는 어떤 가게가 있니? 가게에서 본 것은 무엇이니?
• 우리 동네 가게에서 배달이 되는 물건에는 무엇이 있는지 이야기 나눈다.
–배달이 되는 물건에는 무엇이 있니?</td></tr>
<tr><td>전개</td><td colspan="4">• 물건을 배달하는 모습을 본 경험에 대해 이야기 나눈다.
–우리 동네에는 어떤 가게가 있니? 가게에서 본 것에는 무엇이 있었니?
–어떻게 배달되었을까? 우리가 직접 배달을 해 보면 어떨까?
• '물건을 배달해요' 게임 방법을 설명하고, 약속을 정한다.
① 두 팀으로 나눈다.
② 각 팀의 유아 중 한 명이 전화기를 들고 융 칠판에 붙어 있는 물건 사진 카드 중 배달될 수 있는 물건을 주문한다. "○○를 배달해 주세요."
③ 호루라기를 불면 오토바이 그림이 붙여진 세발자전거를 타고 칠판으로 가서 물건을 장바구니에 담아 출발점으로 되돌아온다.
④ 주문한 물건이 맞으면 책상 위 바구니에 물건 카드를 담고, 틀리면 바구니에 담지 않는다.</td></tr>
</table>

		⑤ 각 팀의 모든 유아가 순서대로 하고 난 뒤 바구니 안에 카드가 많은 팀이 이긴다. • '물건을 배달해요' 게임 규칙을 지키며 게임을 진행한다. • '물건을 배달해요' 게임을 마무리한다. –진 팀은 이긴 팀을 축하하고, 이긴 팀은 진 팀을 격려하기 위해 박수 쳐 주자.   
	마무리	• 배달 게임을 하고 난 뒤의 기분에 대해 이야기 나눈다. –어떤 점이 즐거웠니? 힘이 든 점은 무엇이니? • 만약 물건을 배달해 주는 분들이 없다면 어떤 일이 생길지 이야기 나눈다. –배달이 되지 않는다면 어떤 일이 일어날까? –배달해 주시는 분들께 어떤 마음을 가져야 할까?
활동의 유의점	• 유아들의 수준에 맞는 물건을 직접 배달해 보는 게임을 할 수도 있다. • 사전에 자전거를 탈 때 주의할 점에 대해 충분히 이야기 나눈다.	

※참고: 3세 누리과정 교사용 지도서–제3권 우리동네(교육과학기술부, 2013)

활동 2

<table>
<tr><th>생활 주제</th><td>우리 동네</td><th>주제</th><td>우리 동네 사람들</td><th>활동명</th><td>누구일까요?</td></tr>
<tr><th>활동 형태</th><td>대 · 소집단 활동</td><th>유형</th><td>신체</td><th>대상 연령</th><td>만 4세</td></tr>
<tr><th>활동 목표</th><td colspan="5">• 다양한 직업에 대해 관심을 갖는다.
• 직업에 따른 독특한 움직임을 찾고 몸으로 표현한다.
• 우리 동네 사람들이 하는 일의 소중함을 안다.</td></tr>
<tr><th>누리 과정 관련 요소</th><td colspan="5">• 사회관계: 사회에 관심 갖기 – 지역사회에 관심 갖고 이해하기
• 사회관계: 다른 사람과 더불어 생활하기 – 사회적 가치를 알고 지키기
• 예술경험: 예술적 표현하기 – 움직임과 춤으로 표현하기</td></tr>
<tr><th>인성 덕목</th><td colspan="5">• 존중 – 다른 사람과 다른 문화에 대한 존중
• 배려 – 이웃에 대한 배려
• 효 – 지역사회 어른에 대한 효</td></tr>
<tr><th>활동 자료</th><td colspan="5">우리 동네에서 볼 수 있는 일하는 사람들의 모습 사진 또는 동영상(교통정리를 하고 있는 교통경찰, 우편물을 배달하는 집배원, 음식을 하는 요리사, 진료를 하는 의사, 주사를 놓는 간호사, 약을 짓는 약사, 머리를 손질하는 미용사, 물건을 계산해 주는 마트 계산원 등), 비밀상자</td></tr>
<tr><th rowspan="2">활동 방법</th><th>도입</th><td colspan="4">• 일하는 모습 사진(동영상)을 보며 이야기 나눈다.
–사진(동영상) 속에 어떤 사람들이 나왔니?
–사람들이 무엇을 하고 있니?
–어떻게 움직이고 있니?
–신체의 어떤 부위를 주로 쓰고 있니?</td></tr>
<tr><th>전개</th><td colspan="4">• 다양한 직업을 몸으로 표현하고 알아맞히는 활동을 한다.
–비밀상자 안에는 여러 가지 직업의 사진이 있는데 사진 속 직업을 몸으로 표현해 보자.
–◯◯는 몸을 어떻게 움직였니?
–어떤 일을 하는 사람일 것 같니?
–왜 그렇게 생각했니?
–다른 방법으로 표현해 볼까?
–유아들이 자기만의 방법으로 직업을 표현해 본다.</td></tr>
</table>

	마무리	• '누구일까요?' 활동을 하고 난 느낌과 생각에 대해 이야기 나눈다. –여러 가지 직업을 몸으로 표현해 보니 기분이 어땠니? • 우리 동네에서 여러 가지 직업의 어른을 만났을 때 우리는 어떻게 하면 좋을지 이야기 나눈다. –우리 동네에서 여러 가지 직업의 어른을 만나면 어떻게 할까? –우리 동네에서 여러 가지 직업의 어른을 만났을 때 어떻게 인사하면 좋을까? –우리 동네에서 하는 일은 다르지만 모두 소중한 일을 하고 계심을 알고 감사하는 마음을 갖도록 하자.
활동의 유의점	• 유아들에게 친숙하고 움직임이 뚜렷한 직업을 먼저 표현해 보도록 한다. • 직업의 특징에 따른 움직임을 충분히 관찰하고 표현하도록 한다.	

※참고: 4세 누리과정 교사용 지도서–제3권 우리동네(교육과학기술부, 2013)

활동 3

생활 주제	우리 동네	주제	우리 동네 사람들	활동명	쓰레기를 수거해요
활동 형태	대 · 소집단 활동	유형	게임	대상 연령	만 5세
활동 목표	• 우리가 자는 동안에도 일하는 이웃에게 감사하는 마음을 가진다. • 우리가 자는 동안에 우리를 위해 이웃이 하는 일에 대해 알고, 우리가 도울 수 있는 일을 실천한다. • 규칙을 지키며 즐겁게 게임한다.				
누리 과정 관련 요소	• 사회관계: 사회에 관심 갖기 – 지역사회에 관심 갖고 이해하기 • 사회관계: 다른 사람과 더불어 생활하기 – 공동체에서 화목하게 지내기 • 예술경험: 예술적 표현하기 – 움직임과 춤으로 표현하기				
인성 덕목	• 존중 – 다른 사람과 다른 문화에 대한 존중 • 배려 – 이웃에 대한 배려 • 협동 – 긍정적인 상호의존성				
활동 자료	우리가 자는 동안 일하는 이웃 사진(우유배달원, 신문배달원, 환경미화원, 버스운전기사, 방범대원 등), 게임 준비물[환경미화원 옷 2벌, 쓰레기봉투 20개(유아 인원수에 맞게 준비)], 자동차 2대				
활동 방법	도입	• '우리가 자는 동안에 일하는 이웃' 사진을 보며 이야기 나눈다. –무슨 일을 하고 있니? –어느 시간에 일을 할까? –우리가 자는 동안 일하는 이유는 무엇일까? –만약 이런 분들이 없다면 어떻게 될까?			
	전개	• 환경미화원 사진을 보며 이야기 나눈다. –언제, 어떤 일을 하실까? –밤에는 어떤 일을 하실까? –새벽에는 어떤 일을 하실까? • '쓰레기를 수거해요' 게임 방법에 대해 이야기 나눈다. ① 두 팀으로 나눈다. ② 각 팀에서 한 명씩 나와서 환경미화원 옷을 입는다. ③ 호루라기를 불면 쓰레기봉투를 들고 자동차에 싣고 돌아와 다음 친구에게 준다. ④ 같은 방법으로 마지막 유아까지 진행하되 마지막 유아는 자동차에 타고 돌아온다. ⑤ 쓰레기봉투를 떨어뜨리지 않고 먼저 돌아오는 팀이 이긴다.			

		• '쓰레기를 수거해요' 게임을 한다.  
	마무리	• '쓰레기를 수거해요' 게임을 한 소감을 이야기 나눈다. –환경미화원 일을 해 보니 어떤 기분이 들었니? –만약 내가 이 일을 다른 사람이 자는 시간에 한다면 어떨까? –우리가 환경미화원을 도울 수 있는 일에는 무엇이 있을까? –환경미화원 외에 우리가 자는 동안 일하는 이웃을 위해 우리가 할 수 있는 일에는 무엇이 있을까?
활동의 유의점		• 우리가 자는 동안에 일하는 이웃들 덕분에 우리가 평안하게 살아갈 수 있다는 것을 알고 감사하는 마음을 갖도록 한다. • 승부에 집착하기보다 규칙을 지키며 참여하는 것이 더 중요하다는 것을 알도록 한다.

※참고: 5세 누리과정 교사용 지도서–제3권 우리동네(교육과학기술부, 2012)

활동 4

<table>
<tr><th>생활 주제</th><td>교통기관</td><th>주제</th><td>즐거운 교통 생활</td><th>활동명</th><td>신호등을 지켜요</td></tr>
<tr><th>활동 형태</th><td>대 · 소집단 활동</td><th>유형</th><td>게임</td><th>대상 연령</th><td>만 3세</td></tr>
<tr><th>활동 목표</th><td colspan="5">• 교통 규칙에 관심을 갖는다.
• 게임의 규칙을 지켜야 함을 안다.</td></tr>
<tr><th>누리 과정 관련 요소</th><td colspan="5">• 신체운동 · 건강: 안전하게 생활하기 – 교통안전 규칙 지키기
• 사회관계: 다른 사람과 더불어 생활하기 – 사회적 가치를 알고 지키기</td></tr>
<tr><th>인성 덕목</th><td colspan="5">• 배려 – 친구에 대한 배려
• 협동 – 집단 협력
• 질서 – 기초 질서, 법질서</td></tr>
<tr><th>활동 자료</th><td colspan="5">자동차 2대, 신호등(빨간색, 초록색), 호루라기</td></tr>
<tr><th>활동 방법</th><td>도입</td><td colspan="4">• 신호등을 보며 이야기 나눈다.

–신호등을 본 적 있니?
–주로 어디에서 보았니?
–빨간 불이 켜지면 자동차 운전자는 어떻게 해야 할까?
–초록 불이 켜지면 자동차 운전자는 어떻게 해야 할까?
–횡단보도에서 자동차 운전자는 어떻게 해야 할까?</td></tr>
</table>

	전개	• '신호등을 지켜요' 게임을 알아본다. ① 두 팀으로 나눈다. ② 각 팀에서 한 명씩 나와 출발선에 선다. ③ 호루라기를 불면 자동차를 타고 출발한다. ④ 달리다가 신호등이 나오면 빨간색 신호등 신호에 따라 멈췄다가 초록색 신호등 이 켜지면 다시 달린다. ⑤ 도착점에 도착한다. ⑥ 다음 유아가 나와서 같은 방법으로 게임을 한 뒤 마지막 유아가 들어오면 끝난다. • 게임의 규칙과 약속을 정한다. -게임을 할 때 지켜야 할 약속에는 어떤 것들이 있을까? • 게임을 한다.   
	마무리	• '신호등을 지켜요' 게임을 한 후의 느낌을 이야기 나눈다. -자동차를 타고 달리다 빨간색 신호등을 보았을 때 어떻게 하였니? -신호를 지키며 자전거를 타 보니 느낌이 어땠니?
활동의 유의점	• 자동차끼리 부딪히지 않도록 한다. • 강당이나 바깥놀이터와 같이 넓은 장소에서 활동한다.	

※참고: 3세 누리과정 교사용 지도서-제7권 교통기관(교육과학기술부, 2013)

활동 5

생활 주제	교통기관	주제	여러 가지 육상 교통기관	활동명	기차놀이
활동 형태	대 · 소집단 활동	유형	게임	대상 연령	만 4세
활동 목표	• 육상 교통기관인 기차의 특성을 알아본다. • 규칙을 지켜 게임에 즐겁게 참여한다. • 친구들과 협력하여 기차놀이를 할 수 있다.				
누리 과정 관련 요소	• 자연탐구: 탐구하는 태도 기르기 – 호기심을 유지하고 확장하기 • 신체운동 · 건강: 신체활동에 참여하기 – 자발적으로 신체활동에 참여하기 • 사회관계: 다른 사람과 더불어 생활하기 – 친구와 사이좋게 지내기				
인성 덕목	• 질서 – 기초질서 • 협동 – 집단 협력				
활동 자료	기차 사진 자료, 훌라후프(유아 인원수만큼 팀별로 연결한다), 호루라기				
활동 방법	도입	• 기차를 타 본 경험이 있는지 이야기 나눈다.  –기차역에 가 본 적이 있니? –기차를 타 본 적이 있니? –기차의 특성은 무엇이니? –다른 육상 교통기관과 다른 점은 무엇일까?			

	전개	• '기차놀이' 게임을 알아본다. ① 두 팀으로 나눈다. ② 각 팀에서 먼저 두 명이 나와서 연결된 홀라후프 제일 앞쪽과 제일 뒤쪽에 한 명씩 들어간다. ③ 호루라기를 불면 반환점을 돌아온다. ④ 시작점에 돌아오면 다음 유아 두 명이 홀라후프에 들어가서 네 명이 함께 반환점을 돌아 온다. ⑤ 같은 방법으로 두 명씩 들어가서 각 팀 유아가 모두 들어갈 때까지 한다. ⑥ 먼저 돌아오는 팀이 이긴다. • '기차놀이' 게임을 한다. 
	마무리	• '기차놀이' 게임을 한 소감을 이야기 나눈다. –기차놀이에서 어떤 점이 재미있었니? –어려웠던 점은 무엇이니? –기차놀이를 재미있게 할 수 있는 다른 방법에는 무엇이 있을까?
활동의 유의점		• 이기고 지는 것보다 함께 협력하여 게임에 즐겁게 참여하는 것이 더 중요하다는 것을 알게 한다. • 규칙을 미리 정하고 스스로 지킬 수 있도록 한다.

※참고: 4세 누리과정 교사용 지도서–제7권 교통기관(교육과학기술부, 2013)

활동 6

<table>
<tr><td>생활 주제</td><td>교통기관</td><td>주제</td><td>교통기관의 종류</td><td>활동명</td><td>두둥실 돛단배</td></tr>
<tr><td>활동 형태</td><td>대 · 소집단 활동</td><td>유형</td><td>신체</td><td>대상 연령</td><td>만 5세</td></tr>
<tr><td>활동 목표</td><td colspan="5">• 돛단배에 관심을 가진다.
• 신체와 도구를 이용하여 돛단배의 움직임을 창의적으로 표현한다.</td></tr>
<tr><td>누리 과정 관련 요소</td><td colspan="5">• 자연탐구: 탐구하는 태도 기르기 – 호기심을 유지하고 확장하기
• 신체운동 · 건강: 신체활동에 참여하기 – 자발적으로 신체활동에 참여하기
• 예술경험: 예술적 표현하기 – 움직임과 춤으로 표현하기</td></tr>
<tr><td>인성 덕목</td><td colspan="5">• 질서 – 기초질서
• 협동 – 긍정적인 상호의존성</td></tr>
<tr><td>활동 자료</td><td colspan="5">돛단배 사진 자료, 낙하산(유아놀이용), 깃발</td></tr>
<tr><td rowspan="2">활동 방법</td><td>도입</td><td colspan="4">• 돛단배에 대한 경험이 있는지 이야기 나눈다.

–돛단배를 본 적이 있니?
–돛단배를 타 본 적이 있니?
–돛단배의 특성은 무엇이니?</td></tr>
<tr><td>전개</td><td colspan="4">• 신체를 이용하여 돛단배의 다양한 움직임을 탐색한다.
–내 몸으로 돛단배를 만들어 보자.
–몸의 어떤 부분으로 돛을 표현할 수 있을까?
–돛단배가 나아가는 것을 표현하기 위해서 어떻게 움직일 수 있을까?
–파도가 높을 때 돛단배는 어떻게 움직일까?
–바람이 세게 불 때 돛단배는 어떻게 움직일까?
–바다는 무엇으로 표현하면 좋을까?</td></tr>
</table>

		• 낙하산과 깃발을 이용하여 돛단배의 다양한 모습을 표현해 본다. –낙하산으로 바다를 어떻게 표현할 수 있을까? –깃발로 돛을 어떻게 표현할 수 있을까? –몇 명은 깃발을 들고 낙하산 위로 올라가서 돛단배를 자유롭게 표현하고, 나머지는 낙하산을 흔들어 파도를 높게, 낮게, 세게, 약하게 표현해 보자.   
	마 무 리	• 돛단배가 되어 본 느낌에 대해 이야기 나눈다. –돛단배가 되어 보니 어땠니? –어떻게 움직일 때가 가장 재미있었니? –몸으로 움직일 때와 도구를 사용하여 움직일 때 어떤 점이 달랐니? –파도의 높이나 세기에 따라 돛단배를 어떻게 다르게 표현하였니?
활동의 유의점	• 유아들이 깃발을 이용하여 창의적으로 표현해 보도록 격려한다. • 역할을 바꾸어 신체 표현을 하도록 하고 스스로 차례를 지킬 수 있도록 한다.	

※참고: 5세 누리과정 교사용 지도서–제7권 교통기관(교육과학기술부, 2012)

4. 미술을 통한 인성교육 실제

활동 1

<table>
<tr><td>생활 주제</td><td>환경과 생활</td><td>주제</td><td>바람 · 공기와 우리 생활</td><td>활동명</td><td>춤추는 나뭇잎</td></tr>
<tr><td>활동 형태</td><td>대 · 소집단 활동</td><td>유형</td><td>미술</td><td>대상 연령</td><td>만 3세</td></tr>
<tr><td>활동 목표</td><td colspan="5">• 바람은 물체를 움직이게 하는 힘이 있음을 안다.
• 나뭇잎의 움직임을 창의적으로 표현한다.
• 다양한 미술 재료를 사용하여 자신의 생각을 표현해 본다.</td></tr>
<tr><td>누리 과정 관련 요소</td><td colspan="5">• 자연탐구: 탐구하는 태도 기르기 – 호기심을 유지하고 확장하기
• 자연탐구: 과학적 탐구하기 – 생명체와 자연환경 알아보기
• 예술경험: 예술적 표현하기 – 미술활동으로 표현하기</td></tr>
<tr><td>인성 덕목</td><td colspan="5">• 존중 – 생명과 환경에 대한 존중
• 배려 – 동식물에 대한 배려
• 협동 – 긍정적인 상호의존성</td></tr>
<tr><td>활동 자료</td><td colspan="5">다양한 나뭇잎, 바람을 만들 수 있는 도구(부채, 구멍이 큰 빨대 등), 투명 시트지, 나무 모양 종이, 순서도</td></tr>
<tr><td rowspan="2">활동 방법</td><td>도입</td><td colspan="4">• 가을 공원에 다녀온 경험을 이야기 나눈다.
–공원에서 본 것에는 무엇이 있니?
–나무의 모습은 어떻게 달라졌니?
–바람이 부니 나뭇잎은 어떻게 되었니?
–바람에 떨어지는 나뭇잎은 어떤 모습이었니?
–우리가 수집해 온 나뭇잎에는 어떤 것이 있니?</td></tr>
<tr><td>전개</td><td colspan="4">• 바람을 이용하여 나뭇잎 그림을 그리는 방법에 대해 이야기 나눈다.
–바람을 이용하여 나뭇잎을 표현할 수 있을까?
–바람을 어떻게 만들어 볼까?
–어떤 바람을 이용하여 나뭇잎을 표현할까?
• '춤추는 나뭇잎' 순서도를 보며 활동을 소개한다.
① 나무 모양 종이에 이름을 쓴다.
② 투명한 시트지의 접착력이 있는 바닥에 나무 모양 종이를 붙인다.
③ 나뭇잎을 손바닥 위에 올려놓고 입으로 바람을 불어 나무 모양 종이 위로 떨어뜨리거나 투명 시트지 위쪽에 나뭇잎을 쌓아 두고 부채나 빨대로 바람을 일으켜 나무 모양 종이 위로 보낸다.</td></tr>
</table>

		④ 위 ③번에 투명 시트지를 붙여 나뭇잎을 고정한다. ⑤ 완성한다.   
	마 무 리	• 완성된 작품을 보며 감상해 본다. –어떻게 바람을 만들어 나뭇잎을 떨어뜨렸니? –바람을 만들어 나뭇잎을 표현해 본 느낌은 어떠니? –완성된 작품에 어떤 바람이 나타났니? –눈에 보이지는 않지만 바람은 물체를 움직이는 힘을 가지고 있는데, 우리 생활 속에서 떨어지는 나뭇잎 외에 바람이 불고 있다는 것을 알 수 있는 현상에는 무엇이 있니?
활동의 유의점		• 완성된 작품을 전시하여 친구들이 표현한 '춤추는 나뭇잎'의 모습을 감상하도록 한다. • 바람은 우리 생활 속에서 다양하게 활용되고 있다는 것을 유아들이 알 수 있도록 한다.

※참고: 3세 누리과정 교사용 지도서–제9권 환경과 생활(교육과학기술부, 2013)

활동 2

생활 주제	환경과 생활	주제	물과 우리 생활	활동명	물 절약 홍보 스티커 만들기
활동 형태	대 · 소집단 활동	유형	미술	대상 연령	만 4세
활동 목표	• 물을 아끼는 방법에 대해 알아본다. • 물을 깨끗이 지키는 방법에 관심을 갖는다. • 물의 오염에 관심을 갖는다.				
누리 과정 관련 요소	• 의사소통: 말하기 – 느낌, 생각, 경험 말하기 • 사회관계: 다른 사람과 더불어 생활하기 – 사회적 가치를 알고 지키기 • 자연탐구: 과학적 탐구하기 – 생명체와 자연환경 알아보기				
인성 덕목	• 존중 – 생명과 환경에 대한 존중 • 책임 – 개인적인 책임감 • 배려 – 이웃에 대한 배려				
활동 자료	물을 낭비하는 장면 그림(물을 틀어 놓고 손을 씻는 모습, 양치할 때 물을 틀어 놓고 하는 모습, 세수할 때 물을 틀어 놓고 하는 모습, 마실 물을 컵에 너무 많이 담아 남은 물을 버리는 모습 등)				
활동 방법	도입	• 물을 낭비하는 장면 그림을 보며 이야기 나눈다. –그림 속의 사람들이 무엇을 하고 있니? –그림 속의 사람들은 무엇을 잘못하고 있는 것 같니? –물을 낭비하는 사람들이 많아지면 우리가 사는 지구에는 어떤 일이 일어날까? –만약 물이 사라진다면 어떤 일이 일어날까?			
	전개	• 우리 생활에서 물을 아껴 쓰기 위한 방법에 대해 이야기 나눈다. –물을 아끼기 위해 우리가 무엇을 할 수 있을까? –손은 씻을 때 물을 아낄 수 있는 방법은 무엇일까? –세수를 할 때 물을 아낄 수 있는 방법은 무엇일까? –양치를 할 때 물을 아낄 수 있는 방법은 무엇일까? –다른 사람들이 물을 아낄 수 있도록 우리가 할 수 있는 일에는 무엇이 있을까? • 물 절약 홍보 스티커의 구체적인 내용을 생각하고 그림이나 글로 표현해 본다. –물 절약 약속을 생각해 보자. –어떤 그림을 그려서 홍보하면 좋을까? –어떤 글을 쓰면 홍보가 더 잘 될까?? • 물 절약 홍보 스티커를 어디에 붙이면 좋을지 이야기 나눈다. –물 절약 홍보 스티커를 어디에 붙이면 좋을까? –물 절약 홍보 스티커를 유치원과 가정 외에 어디에 붙이면 좋을까? –물 절약 홍보 스티커를 누구에게 전해 주면 좋을까?			

	마무리	• 물 절약 홍보 스티커를 만들고 난 뒤의 소감을 이야기 나눈다. –물 절약 홍보 스티커를 만들면서 생각한 것이나 느낌은 무엇이니? –물을 아끼기 위한 약속을 생활 속에서 실천할 수 있도록 하자.
활동의 유의점	• 물 절약 홍보 스티커의 약속을 유아들이 지속적으로 실천하도록 지도하며 가정과 연계하도록 한다. • 물을 깨끗이 사용할 수 있는 방법도 알아보도록 한다.	

※참고: 4세 누리과정 교사용 지도서–제10권 환경과 생활(교육과학기술부, 2013)

활동 3

생활 주제	환경과 생활	주제	빛과 우리 생활	활동명	그림자와 함께하는 협동화
활동 형태	대 · 소집단 활동	유형	미술	대상 연령	만 5세
활동 목표	• 빛과 그림자의 관계를 안다. • 자신의 생각과 느낌을 자유롭게 표현한다. • 협동적인 미술활동에 참여하여 즐긴다.				
누리 과정 관련 요소	• 자연탐구: 탐구하는 태도 기르기 – 호기심을 유지하고 확장하기 • 자연탐구: 과학적 탐구하기 – 자연현상 알아보기 • 예술경험: 예술적 표현하기 – 미술활동으로 표현하기				
인성 덕목	• 존중 – 생명과 환경에 대한 존중 • 책임 – 개인적인 책임감 • 협동 – 집단 협력				
활동 자료	OHP, 여러 가지 사물, 전지, 그리기 도구(4B연필, 색연필, 사인펜, 크레파스, 물감, 붓 등)				
활동 방법	도입	• OHP에 물건을 올려서 나타나는 그림자에 대해 이야기 나눈다. –벽에 어떤 그림자가 생겼니? –어떤 물건일까? –물건과 그림자는 어떻게 다를까? –그림자에는 왜 색이 없을까?			
	전개	• 모둠별로 나와 전지에 비친 그림자에 어울리는 그림을 그리고 색칠한다. –어떤 그림자가 생겼니? –그림자에 어울리는 그림은 무엇일까? –무엇으로 그리고 싶니? –무슨 색을 칠하고 싶니? • 빛과 그림자의 관계에 대해 이야기 나눈다. –물체의 그림자는 무엇에 의해 생길까? –물체의 움직임과 그림자는 어떤 관계가 있을까? –빛이 비치는 방향과 그림자의 위치는 어떤 관계가 있을까? –빛과 물체 사이의 거리가 멀어지면 어떤 현상이 일어날까?			

	마무리	• 완성된 벽화를 감상하고 소감을 이야기 나눈다. –그림을 그릴 때 힘든 점은 없었니? –그림을 그릴 때 어떤 점이 재미있었니? –친구들과 함께 완성된 벽화를 보고 어떤 느낌과 생각이 드니? –다음에 그리고 싶은 그림자 벽화는 무엇이니? –완성된 그림은 어디에 두는 것이 좋을까?   
활동의 유의점		• 전지를 넓게 붙여 유아들이 자유롭게 그림을 그릴 수 있도록 한다. • 그림자를 겹쳐 그릴 수도 있음을 알려 주어 다양한 표현을 할 수 있도록 한다. • 그림자 벽화를 통해 빛과 그림자의 관계를 유아들이 알 수 있도록 한다. • 완성된 그림을 교실 한쪽에 두어 유아들이 감상할 수 있도록 한다.

※참고: 5세 누리과정 교사용 지도서–제10권 환경과 생활(교육과학기술부, 2013)

활동 4

<table>
<tr><td>생활 주제</td><td>유치원과 친구</td><td>주제</td><td>유치원에서 만난 친구</td><td>활동명</td><td>친구 옷 꾸미기</td></tr>
<tr><td>활동 형태</td><td>대 · 소집단 활동</td><td>유형</td><td>미술</td><td>대상 연령</td><td>만 3세</td></tr>
<tr><td>활동 목표</td><td colspan="5">• 유치원에서 함께 지내는 친구들에게 관심을 가진다.
• 친구의 모습에서 특성을 이해하고 구성활동을 통해 표현한다.</td></tr>
<tr><td>누리 과정 관련 요소</td><td colspan="5">• 사회관계: 다른 사람과 더불어 생활하기 – 친구와 사이좋게 지내기
• 예술경험: 예술적 표현하기 – 미술활동으로 표현하기</td></tr>
<tr><td>인성 덕목</td><td colspan="5">• 존중 – 다른 사람과 다른 문화에 대한 존중
• 협동 – 긍정적인 상호의존성</td></tr>
<tr><td>활동 자료</td><td colspan="5">유아들의 얼굴 사진 PPT, 유아들의 얼굴 사진, 사람 모양 종이 본, 꾸미기 자료(색종이, 골판지, 헝겊, 단추, 비즈, 스팽글 등), 접착제(공작용 본드, 풀, 양면테이프), 가위</td></tr>
<tr><td rowspan="2">활동 방법</td><td>도입</td><td colspan="4">• '누구일까요' 수수께끼를 한다.
–나는 여자/남자 친구입니다.
–나는 바지/치마를 입었어요.
–내 옷에는 파란색/분홍색/노란색…이 있어요.
–내 옷에는 단추/지퍼/끈/벨트…가 있어요.
–나는 누구일까요?</td></tr>
<tr><td>전개</td><td colspan="4">• 수수께끼를 통해 알게 된 친구의 옷차림에 대해 이야기 나눈다.
–○○는 어떤 옷을 입었니?
–○○의 옷은 무슨 색이니?
–○○의 옷에는 무엇이 있니?
–○○는 어떤 옷을 즐겨 입니?
• '친구 옷 꾸미기'를 한다.
① 작품 활동을 할 친구의 얼굴 사진을 선택한다.
② 사람 모양 종이 본에 친구의 얼굴 사진을 붙인다.
③ 꾸밀 친구의 모습을 관찰하고 어떻게 꾸밀지 생각해 본다.
④ 다양한 자료를 활용하여 꾸민다.
⑤ 제목을 정하고 완성한다.</td></tr>
</table>

	마무리	• 완성된 작품을 소개하며 소감을 이야기한다. –누구의 옷을 꾸몄니? –친구의 옷을 어떻게 꾸며 주었니? –힘든 점은 무엇이었니? –어떤 점이 재미있었니? –다음에 다시 활동을 한다면 어떻게 꾸며 주고 싶니?
활동의 유의점	• 모든 유아의 얼굴이 선택될 수 있도록 제비뽑기를 하여 정한다. • 자료에 욕심을 부리지 않고 필요한 자료의 양을 조절할 수 있도록 한다. • 접착제를 입에 대지 않도록 약속을 정한다.	

※참고: 3세 누리과정 교사용 지도서-제1권 총론, 유치원/어린이집과 친구(교육과학기술부, 2013)

활동 5

생활 주제	세계 여러 나라	주제	세계 여러 나라의 교류	활동명	나도 칸딘스키처럼
활동 형태	대 · 소집단 활동	유형	미술	대상 연령	만 4세
활동 목표	• 다른 나라 화가의 미술 작품을 보며 심미감을 느낀다. • 추상화에 관심을 가지며, 다양한 재료를 활용하여 창의적으로 표현한다.				
누리 과정 관련 요소	• 사회관계: 사회에 관심 갖기 – 세계와 여러 문화에 관심 가지기 • 예술경험: 예술 감상하기 – 다양한 예술 감상하기 • 예술경험: 예술적 표현하기 – 미술활동으로 표현하기				
인성 덕목	• 존중 – 다른 사람과 다른 문화에 대한 존중 • 협동 – 긍정적인 상호의존성				
활동 자료	그림 감상 자료(칸딘스키 작품 – 〈조용한 긴장〉, 〈구성8〉), 7~10 가베, 가베 활동판, 접착 투명시트지				
활동 방법	도입	• 칸딘스키 그림(〈조용한 긴장〉, 〈구성8〉)을 보며 감상한다.  ◀〈조용한 긴장〉 ▼〈구성8〉 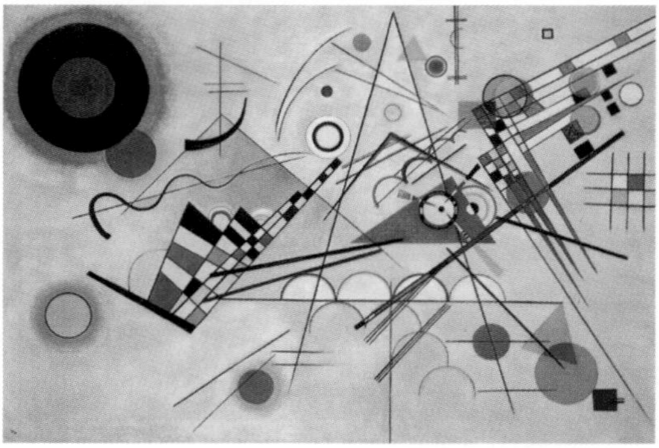			

		–작품에서 무엇이 보이니? –어떤 모양과 선들이 있니? –어떤 색을 사용했니? –무엇을 그린 것 같니?
	전개	• 가베를 이용하여 모양, 선, 색이 들어 있는 작품을 구성한다. ① 7~10 가베를 관찰한다. ② 가베 활동판 위에 다양한 색의 원, 삼각형, 사각형의 평면 도형과 다양한 색의 곡선, 직선 막대, 다양한 색의 점으로 자유롭게 구성한다. ③ 구성이 완성되면 제목을 정한다. ④ 완성된 작품이 떨어지지 않도록 접착 투명 시트지로 고정하여 완성한다. 
	마무리	• 완성된 작품을 소개한다. –제목은 무엇이니? –무엇을 나타내었니? –완성한 후 소감은 무엇이니?
활동의 유의점		• 칸딘스키 작품을 참고하여 창의적으로 꾸미도록 한다. • 그림을 그릴 때 누구나 알 수 있도록 그리는 사실화도 있지만 그렇지 않은 추상화도 있다는 것을 알고 추상화에도 관심을 가지도록 한다.

※참고: 4세 누리과정 교사용 지도서–제9권 세계 여러 나라(교육과학기술부, 2013)

활동 6

생활 주제	세계 여러 나라	주제	세계 여러 나라의 문화유산	활동명	엑스레이 그림(협동화)
활동 형태	대 · 소집단 활동	유형	미술	대상 연령	만 5세
활동 목표	• 호주 원주민 회화에 관심을 갖는다. • 다른 나라의 미술 작품을 보며 심미감을 느끼고, 독특한 화풍을 느낀다. • 재료를 이용하여 다양한 선으로 자유롭게 표현해 본다.				
누리 과정 관련 요소	• 사회관계: 사회에 관심 갖기 – 세계와 여러 문화에 관심 가지기 • 예술경험: 예술 감상하기 – 다양한 예술 감상하기 • 예술경험: 예술적 표현하기 – 미술활동으로 표현하기				
인성 덕목	• 존중 – 다른 사람과 다른 문화에 대한 존중 • 협동 – 집단 협력				
활동 자료	호주 원주민 회화 감상 자료, 전지, 그리기 도구(4B연필, 색연필, 사인펜, 크레파스, 물감, 붓 등)				
활동 방법	도입	• 호주 원주민 회화(나무껍질 그림, 엑스레이 그림)를 감상한다.   –작품에서 보이는 것은 무엇이니? –무슨 그림 같니?			

	전개	• 호주 원주민 회화(나무껍질 그림, 엑스레이 그림)에 대해 소개한다. –호주 원주민들은 4만 년의 역사를 가지고 있으며, 세계에서 제일 오래된 문화적 역사를 자랑해. 종이가 없었기 때문에 주변에서 쉽게 구할 수 있던 나무껍질에 나무 막대기와 같이 뾰족한 것으로 그림을 그렸기 때문에 '나무껍질 그림'이라고 해. 강한 원색을 사용하여 색채가 선명하고, 그리려는 대상을 똑같이 그리는 것이 아니라 상상력을 발휘하여 마치 엑스레이로 촬영하여 내부를 투사한 것처럼 뼈대 구조까지 그렸기 때문에 '엑스레이 그림'이라고도 해. • 모둠별로 엑스레이 그림을 그린다. ① 전지에 한 유아가 눕고 다른 유아들은 누운 유아의 몸을 본뜬다. ② 호주 원주민 그림처럼 몸속의 보이지 않는 부분을 다양한 그리기 도구로 그려 넣는다. ③ 작품의 제목을 정한다. ④ 완성된 작품을 감상한다.   
	마무리	• 모둠별로 완성된 작품을 소개하고 소감을 이야기한다. –그림을 그릴 때 힘든 점은 없었니? –그림을 그릴 때 재미있던 점은 무엇이니?
활동의 유의점	• 옛날 호주 원주민들은 종이가 없어 나무껍질에다 뾰족한 것으로 그림을 그렸다는 것을 이해하고, 종이를 아끼는 마음을 가지도록 한다.	

※참고: 5세 누리과정 교사용 지도서–제9권 세계 여러 나라(교육과학기술부, 2012)

5. 음악을 통한 인성교육 실제

활동 1

<table>
<tr><td>생활
주제</td><td colspan="2">생활도구</td><td>주제</td><td>다양한 생활도구</td><td>활동명</td><td>내가 좋아하는 도구</td></tr>
<tr><td>활동
형태</td><td colspan="2">대 · 소집단 활동</td><td>유형</td><td>음악</td><td>대상
연령</td><td>만 3세</td></tr>
<tr><td>활동
목표</td><td colspan="6">• 생활도구의 이름에 관심을 갖는다.
• 내가 좋아하는 생활도구를 소개해 본다.
• 노랫말을 만들어 즐겁게 노래 부른다.</td></tr>
<tr><td>누리
과정
관련
요소</td><td colspan="6">• 의사소통: 말하기 – 낱말과 문장으로 말하기
• 예술경험: 예술적 표현하기 – 음악으로 표현하기
• 자연탐구: 과학적 탐구하기 – 간단한 도구와 기계 활용하기</td></tr>
<tr><td>인성
덕목</td><td colspan="6">• 소통 – 타인 이해 및 공감
• 배려 – 친구에 대한 배려
• 정직 – 기초질서</td></tr>
<tr><td>활동
자료</td><td colspan="6">집에서 가져온 내가 좋아하는 생활도구, '당신은 누구십니까?' 노래 자료, 피아노(오르간)</td></tr>
<tr><td>활동
방법</td><td>도입</td><td colspan="5">• 내가 좋아하는 생활도구에 대해 이야기 나눈다.
–○○가 좋아하는 생활도구는 무엇이니?
–어디에 쓰이는 생활도구니?
–청소(요리, 공부, 그림 그리기, 음악 연주하기 등)에 쓰이는 도구에는 무엇이 있니?</td></tr>
<tr><td></td><td></td><td colspan="5">• '당신은 누구십니까?' 노래를 다양한 방법으로 불러 본다.

〈 당신은 누구십니까? 〉

당신은 누구십니까?
나는 ○○○
그 이름 아름답구나!

–전체 노래를 듣는다.
–한 음으로 멜로디를 들려준다.
–한 음으로 노래를 불러 본다.
–리듬에 맞추어 박수치면서 노래를 불러 본다.
–무릎을 치며 노래를 불러 본다.</td></tr>
</table>

	전개	–목소리의 크기를 변화시켜 가며 불러 본다. –노래를 대화처럼 불러 본다. –노랫말에 맞는 손동작을 만들어 불러 본다. –노래의 이름 부분에 좋아하는 생활도구로 이름을 바꾸어 불러 본다.   
	마무리	• 노래 부르고 난 소감을 이야기 나눈다. –노래를 부르고 난 뒤 어떤 느낌이 들었니? –친구들이 좋아하는 생활도구에는 어떤 것이 있니?
활동의 유의점		• 생활도구가 위험할 수 있다는 것을 유아가 알고 바르게 사용하도록 한다. • 활동 전 유아들이 노래에 친숙할 수 있도록 음률영역에서 노래를 들어 볼 수 있도록 한다.

※참고: 3세 누리과정 교사용 지도서–제6권 생활도구(교육과학기술부, 2013)

활동 2

<table>
<tr><td>생활 주제</td><td colspan="2">우리나라</td><td>주제</td><td>우리나라의 자랑거리</td><td>활동명</td><td>민요 아리랑</td></tr>
<tr><td>활동 형태</td><td colspan="2">대 · 소집단 활동</td><td>유형</td><td>음악</td><td>대상 연령</td><td>만 4세</td></tr>
<tr><td>활동 목표</td><td colspan="6">• 아리랑 노래에 관심을 갖고 감상한다.
• 우리의 노래 아리랑을 부른다.
• 우리나라 민요에 관심을 가지며 자부심을 갖는다.</td></tr>
<tr><td>누리 과정 관련 요소</td><td colspan="6">• 사회관계: 사회에 관심 갖기 – 우리나라에 관심 갖고 이해하기
• 예술경험: 예술 감상하기 – 전통예술 감상하기
• 예술경험: 예술적 표현하기 – 음악으로 표현하기</td></tr>
<tr><td>인성 덕목</td><td colspan="6">• 존중 – 자신과 전통문화에 대한 존중
• 소통 – 타인 이해 및 공감
• 협동 – 상호의존성</td></tr>
<tr><td>활동 자료</td><td colspan="6">본조아리랑 음원, 본조아리랑(1절) 노랫말 판, 장구</td></tr>
<tr><td rowspan="2">활동 방법</td><td>도입</td><td colspan="5">• 우리나라 민요에 대해 이야기 나눈다.
–우리나라 민요를 들어 본 적 있니?
–무슨 민요를 들어 보았니?
–언제 어디에서 들었니?
–우리나라 대표적인 민요는 무엇일까?</td></tr>
<tr><td>전개</td><td colspan="5">• 본조아리랑 노래를 듣고, 노랫가락에 대해 이야기 나눈다.
–이 노래를 들어 본 적 있니?
–본조아리랑 노래를 들으니 어떤 것이 떠오르니?
–노래를 들으니 어떤 느낌이 드니?
• 본조아리랑을 불러 본다.

〈 본조아리랑 〉

아리랑 아리랑 아라리요
아리랑 고개로 넘어간다
나를 버리고 가시는 님은
십 리도 못 가서 발병 난다.</td></tr>
</table>

		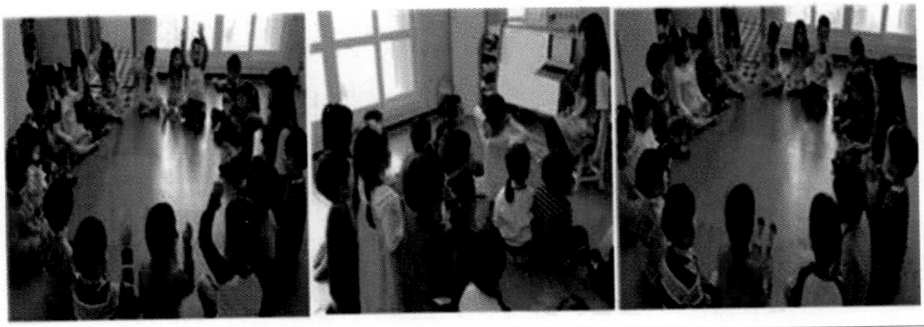
	마 무 리	• 아리랑 노래를 부르고 난 후, 느낌과 생각을 나눈다. –아리랑을 불러 보니 어떠니? • 본조아리랑 외에 다른 아리랑에 대해 이야기 나눈다. –다른 아리랑을 들어 본 적 있니? –비슷한 부분은 무엇이었니? –다음 시간에 후렴구가 비슷한 다른 아리랑도 들어 보도록 하자.
활동의 유의점	• 글자를 모르는 유아들을 위해 노랫말을 익힐 때까지 흥겹게 흥얼거리며 불러 볼 수 있도록 격려한다. • 장구의 세마치장단에 맞춰 아리랑 노래를 부를 수 있도록 하여 우리나라 민요뿐 아니라 장단에도 관심을 가질 수 있도록 한다.	

※참고: 4세 누리과정 교사용 지도서–제8권 우리나라(교육과학기술부, 2013)

활동 3

<table>
<tr><td>생활
주제</td><td>생활도구</td><td>주제</td><td>다양한 생활도구</td><td>활동명</td><td>주방음악회
(난타)</td></tr>
<tr><td>활동
형태</td><td>대 · 소집단 활동</td><td>유형</td><td>음악</td><td>대상
연령</td><td>만 5세</td></tr>
<tr><td>활동
목표</td><td colspan="5">• 생활도구가 목적과 장소에 따라 다르게 사용될 수 있음을 안다.
• 생활도구를 이용하여 다양한 소리를 만들 수 있다.
• 즐겁게 난타에 참여한다.</td></tr>
<tr><td>누리
과정
관련
요소</td><td colspan="5">• 의사소통: 말하기 – 낱말과 문장으로 말하기
• 예술경험: 예술적 표현하기 – 음악으로 표현하기
• 자연탐구: 과학적 탐구하기 – 간단한 도구와 기계 활용하기</td></tr>
<tr><td>인성
덕목</td><td colspan="5">• 협동 – 집단 협력
• 소통 – 관점의 변화
• 책임 – 개인적 책임감</td></tr>
<tr><td>활동
자료</td><td colspan="5">〈난타〉 동영상, 주방용 생활도구(숟가락, 젓가락, 도마, 냄비, 김치통, 김발, 밀대, 쟁반, 주걱, 물통, 프라이팬 등)</td></tr>
<tr><td rowspan="2">활동
방법</td><td>도입</td><td colspan="4">• 〈난타〉 동영상을 보고 이야기 나눈다.
–〈난타〉를 직접 본 적이 있니?
–무엇을 이용해서 연주를 하고 있니?
–〈난타〉에 쓰이는 도구에는 어떤 것이 있니?
–우리가 난타 연주를 한다면 어떤 도구로 하고 싶니?</td></tr>
<tr><td>전개</td><td colspan="4">• 주방용 생활도구로 난타 연주를 해 본다.
–이 도구를 어디에서 보았니?
–이 도구의 이름은 무엇이니?
–어디에 쓰이는 도구일까?
–두드리면 어떤 소리가 날까?
–높은 소리를 내는 도구는 무엇일까?
–낮은 소리를 내는 도구는 무엇일까?
–어떤 악기 소리와 비슷할까?
–어떤 도구로 연주해 보고 싶니?
–난타 연주를 하려면 어떻게 하는 것이 좋을까?
• 유아들이 알고 있는 노래에 맞추어 함께 연주해 본다.
–노랫말에 맞는 도구는 무엇일까?
–어떤 박자로 두드리면 좋을까?</td></tr>
</table>

	마무리	• 난타 연주 후 소감을 이야기 나눈다. –난타 연주 때 어떤 도구를 사용하였니? –도구마다 두드릴 때 소리가 어떻게 달랐니? –우리가 집에서 사용하는 주방도구로 연주를 하니 어떤 생각이 들었니? –주방도구 외에 어떤 도구로 연주를 해 보고 싶니?
활동의 유의점	• 주방용 생활도구의 종류와 수를 충분히 준비하여 유아들이 사용하고 싶은 도구로 난타 연주를 할 수 있도록 한다. • 난타 연주 전 지켜야 할 약속을 미리 정하여 안전하게 도구를 사용하도록 한다.	

※참고: 5세 누리과정 교사용 지도서–제6권 생활도구(교육과학기술부, 2012)

활동 4

<table>
<tr><td>생활 주제</td><td>교통기관</td><td>주제</td><td>여러 가지 육상 교통기관</td><td>활동명</td><td>간다 간다</td></tr>
<tr><td>활동 형태</td><td>대 · 소집단 활동</td><td>유형</td><td>음악</td><td>대상 연령</td><td>만 3세</td></tr>
<tr><td>활동 목표</td><td colspan="5">• 육상 교통기관의 특성에 관심을 가진다.
• 교통기관의 다양한 소리에 관심을 갖는다.
• 친구와 함께하는 놀이에 즐거움을 느낀다.</td></tr>
<tr><td>누리 과정 관련 요소</td><td colspan="5">• 사회관계: 다른 사람과 더불어 생활하기 – 친구와 사이좋게 지내기
• 예술경험: 아름다움 찾아보기 – 음악적 요소 탐색하기
• 자연탐구: 탐구하는 태도 기르기 – 탐구과정 즐기기</td></tr>
<tr><td>인성 덕목</td><td colspan="5">• 배려 – 친구에 대한 배려
• 협동 – 긍정적인 상호 의존성</td></tr>
<tr><td>활동 자료</td><td colspan="5">‘간다 간다’ (작사 · 작곡 김성균)음원, 여러 가지 육상 교통기관 자료(사진이나 그림 또는 모형), 다양한 악기(북, 캐스터네츠, 탬버린, 트라이앵글, 우드블록, 마라카스, 심벌즈, 리듬막대 등)</td></tr>
<tr><td rowspan="2">활동 방법</td><td>도입</td><td colspan="4">• 다양한 육상 교통기관 자료(사진이나 그림 또는 모형)를 보며 이야기 나눈다.
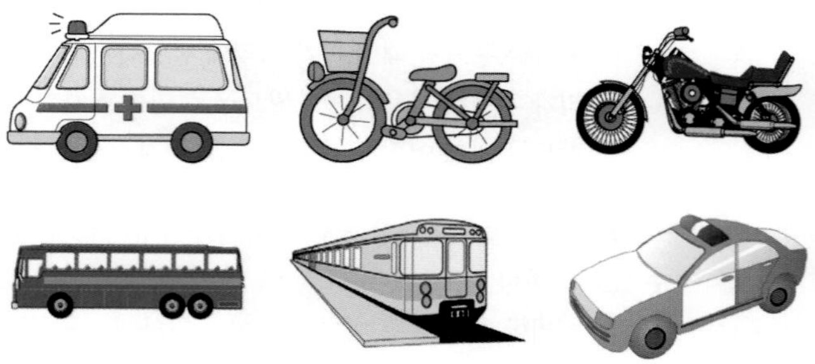
–○○가 좋아하는 육상 교통기관은 무엇이니?
–좋아하는 육상 교통기관은 어떤 소리가 나니?</td></tr>
<tr><td>전개</td><td colspan="4">〈간다 간다〉
간다간다간다간다 골목길로 간다간다간다간다 넓은 길로
간다간다간다간다 지붕 위로 간다간다간다간다 구름 위로
간다간다간다간다 산을 넘어 간다간다간다간다 강을 건너

간다간다간다간다 뛰뛰빵빵 랄라랄라 자동차
간다간다간다간다 하늘 높이 랄라랄라 비행기
간다간다간다간다 굴을 지나 랄라랄라 기–차</td></tr>
</table>

	전개	• '간다 간다' 노래를 다양한 방법으로 불러 본다. -전체 노래를 듣는다. -1절을 함께 부른다. -1절의 '자동차' 대신 좋아하는 육상 교통기관을 넣어 부른다. -좋아하는 악기를 선택하여 '간다 간다' 부분에 리듬을 맞추어 선택한 악기로 소리를 내어 본다. -육상 교통기관의 특성을 살려 악기로 소리를 내어 본다. -노래 부르며 악기로 소리를 내어 본다.   
	마무리	• 노래 부르고 난 소감을 이야기 나눈다. -노래를 부르고 난 뒤 어떤 느낌이 들었니? -친구들이 좋아하는 육상 교통기관은 무엇이었니?
활동의 유의점		• 유아들의 경험을 고려하여 교통기관의 종류를 제시하도록 한다. • 다른 친구에게 방해가 될 수 있으므로 너무 큰 소리로 악기를 연주하지 않도록 한다.

※참고: 3세 누리과정 교사용 지도서-제7권 교통기관(교육과학기술부, 2013)

활동 5

<table>
<tr><td>생활 주제</td><td>생활도구</td><td>주제</td><td>생활도구로서의 미디어</td><td>활동명</td><td>리듬합주</td></tr>
<tr><td>활동 형태</td><td>대 · 소집단 활동</td><td>유형</td><td>음악</td><td>대상 연령</td><td>만 4세</td></tr>
<tr><td>활동 목표</td><td colspan="5">• 미디어를 다양하게 경험하고 즐긴다.
• 음악을 들으며 여러 가지 도구를 사용해 느낌을 표현할 줄 안다.
• 친구들과 즐겁게 리듬합주에 참여한다.</td></tr>
<tr><td>누리 과정 관련 요소</td><td colspan="5">• 사회관계: 다른 사람과 더불어 생활하기 – 친구와 사이좋게 지내기
• 예술경험: 예술적 표현하기 – 음악으로 표현하기
• 자연탐구: 간단한 도구와 기계 활용하기</td></tr>
<tr><td>인성 덕목</td><td colspan="5">• 책임 – 개인적 책임감
• 협동 – 집단 협력</td></tr>
<tr><td>활동 자료</td><td colspan="5">CD플레이어, '리듬악기 노래(작사 · 작곡 이계석)' CD, 큰북, 작은북, 캐스터네츠, 탬버린, 트라이앵글, 우드블록, 마라카스, 심벌즈</td></tr>
<tr><td>활동 방법</td><td>도입</td><td colspan="4">• '리듬악기 노래'를 듣고 이야기 나눈다.

〈 리듬악기 노래 〉
큰북을 울려라 둥둥둥 작은북을 울려라 동동동
캐스터네츠 짝짝짝 탬버린은 찰찰찰 트라이앵글은 칭칭칭
너도나도 다 같이 흥–겹게 쳐 보자
쿵따리쿵따리 쿵쿵쿵 쿵따리리리쿵따리리 쿵쿵쿵

–어떤 느낌이 드니?
–어떤 악기 소리가 들리니?
• '리듬악기 노래'를 합주하기 위해 필요한 악기에 대해 이야기 나눈다.
–이 노래를 합주할 때 필요한 악기는 무엇이니?
–이건 무슨 악기니?
–큰 소리가 나는 악기와 작은 소리가 나는 악기는 무엇일까?
• 리듬악기를 선택하고 자유롭게 리듬합주를 한다.
• 셈여림과 높낮이에 맞추어 연주할 부분을 악기별로 나누어 한 번 더 리듬합주를 한다.</td></tr>
</table>

	전개	
	마무리	• 리듬합주를 하고 난 후, 느낌과 생각을 나눈다. –어떤 느낌이 들었니? –자유롭게 리듬합주를 한 것과 연주할 부분을 나누어 한 것은 어떻게 달랐니? –교실에서 CD 플레이어를 합주 외에 또 어떨 때 사용할 수 있을까?
활동의 유의점	• CD 플레이어의 올바른 사용법을 알려 준다. • 큰 소리와 작은 소리를 낼 수 있는 다양한 악기가 있다는 것을 알도록 한다.	

※참고: 4세 누리과정 교사용 지도서–제6권 생활도구(교육과학기술부, 2013)

활동 6

<table>
<tr><td>생활 주제</td><td>건강과 안전</td><td>주제</td><td>즐거운 운동과 휴식</td><td>활동명</td><td>전래동요 자장가</td></tr>
<tr><td>활동 형태</td><td>대 · 소집단 활동</td><td>유형</td><td>음악</td><td>대상 연령</td><td>만 5세</td></tr>
<tr><td>활동 목표</td><td colspan="5">• 휴식이 필요한 이유를 안다.
• 음악 감상을 통해 적절히 휴식한다.
• 전래동요를 즐겨 부른다.</td></tr>
<tr><td>누리 과정 관련 요소</td><td colspan="5">• 신체운동 · 건강: 건강하게 생활하기 – 건강한 일상생활하기
• 예술경험: 예술 감상하기 – 전통예술 감상하기
• 예술경험: 예술적 표현하기 – 음악으로 표현하기</td></tr>
<tr><td>인성 덕목</td><td colspan="5">• 존중 – 생명과 환경에 대한 존중
• 책임 – 개인적 책임감</td></tr>
<tr><td>활동 자료</td><td colspan="5">전래동요 '자장가' 음원, 전래동요 '자장가' 가사판, 아기를 재워 주는 엄마 그림이나 사진</td></tr>
<tr><td rowspan="2">활동 방법</td><td>도입</td><td colspan="4">• 아기를 재워 주는 엄마 그림을 보며 이야기 나눈다.
–무슨 그림일까?
–엄마가 너희를 재우려고 할 때 무엇을 하시니?
–아기를 재울 때 부르는 노래를 무엇이라고 할까?</td></tr>
<tr><td>전개</td><td colspan="4">• 전래동요 '자장가'를 감상한다.

〈자장가〉
자장 자장 우리 아기 자장 자장 우리–아기
금자 동이 은자 동아 우리 아기 잘도–잔다

꼬꼬 닭아–우지 마라 우리 아기 잠을–깰라
멍멍 개야–짖지 마라 우리 아기 잠을–깰라
금을 주면–너를 사며 은을 주면 너를–사랴
나라 에는–충신 동아 부모 에는 효자–동아

자장 자장 우리 아기 자장 자장 잘도–잔다

–자장가를 들어 본 경험이 있니?
–자장가를 언제 들어 보았니?
–어떤 자장가였니?</td></tr>
</table>

		–자장가를 들으면 기분이 어땠니? –잠을 자야 하는 이유는 무엇일까?   
	마무리	• 잠을 잘 때 자장가를 들려주는 이유에 대해 이야기 나눈다. –자장가를 들려주는 이유는 무엇일까? –자장가를 듣고 편안한 기분을 느낀 적이 있니? –자장가 외에 다른 음악을 듣고 편안한 기분을 느낀 적이 있니? –유치원에서 자장가를 언제 들으면 좋을까? –음악을 들으면 휴식이 될까?
활동의 유의점	• 우리 몸은 휴식이 필요하며, 적절한 휴식을 취해야 건강할 수 있다는 것을 알도록 한다. • 다양한 자장가에 관심을 가지도록 관련 자료를 음률영역에 준비해 둔다.	

※참고: 5세 누리과정 교사용 지도서–제5권 건강과 안전(교육과학기술부, 2012)

6. 자연체험을 통한 인성교육 실제

활동 1

생활 주제	봄 · 여름 · 가을 · 겨울	주제	봄	활동명	봄꽃을 찾아 떠나는 나들이
활동 형태	대 · 소집단 활동	유형	현장체험	대상 연령	만 3세
활동 목표	• 봄에 피는 꽃을 관심을 가지고 관찰하며 생명체와 자연환경에 대해 관심을 갖는다. • 주변의 아름다움을 느끼고 감상한다. • 나들이를 할 때 지켜야 할 규칙을 안다.				
누리 과정 관련 요소	• 사회관계: 다른 사람과 더불어 생활하기 – 사회적 가치를 알고 지키기 • 자연탐구: 탐구하는 태도 기르기 – 호기심을 유지하고 확장하기 • 자연탐구: 과학적 탐구하기 – 생명체와 자연환경 알아보기				
인성 덕목	• 존중 – 생명과 환경에 대한 존중 • 배려 – 동식물에 대한 배려 • 협동 – 긍정적인 상호의존성				
활동 자료	봄꽃 사진 및 실물, 돋보기, 루페				
활동 방법	도입	• 봄에 볼 수 있는 꽃의 종류에 대해 사진을 보며 이야기를 나눈다. –봄에 볼 수 있는 꽃에는 어떤 것들이 있을까? 본 적이 있니? –봄꽃 나들이를 가서 어떤 꽃들을 볼 수 있을까? • 봄꽃 나들이를 갈 때 지켜야 할 약속에 대해 알아본다. –봄꽃 나들이를 갈 때 지켜야 할 약속에는 어떤 것들이 있을까요? (꽃을 꺾거나 흔들지 않기, 함부로 만지지 않기–벌에 쏘일 수 있음, 쓰레기는 정해진 곳에 버리기–쓰레기통이 없으면 되가져오기, 혼자서 다니지 않기–선생님과 친구들과 함께 다니기 등)			
	전개	• 나들이를 가서 봄꽃을 찾아 관찰하며 특징을 알아본다. –꽃을 관찰할 때 어떻게 해야 할까? –이 꽃을 본 적 있니? –꽃은 어떤 색이니? –꽃잎은 어떤 모양이니? –향기를 맡아 볼까? –만져 보니 어떻게 느껴지니? –이 꽃의 이름은 무엇일까?			

	전개	  
	마무리	• 나들이를 마무리하고 돌아온다. • 나들이에서 본 봄꽃에 대해 이야기를 나눈다. –오늘 어떤 꽃들을 보았니? –어떤 꽃이 가장 아름다웠니? –꽃을 보니 어떤 느낌이 들었니? –봄꽃들은 봄이 온 것을 어떻게 알았을까? –봄꽃은 우리에게 어떤 도움(즐거움)을 줄까? –봄꽃을 보호하기 위해 할 수 있는 일은 무엇일까?
활동의 유의점	• 봄에 볼 수 있는 꽃 사진을 미리 게시하여 유아들이 친숙해질 수 있도록 한다. • 꽃에 대한 관찰과 탐색뿐 아니라 꽃의 아름다움을 감상할 수 있도록 지도한다. • 나들이 활동 후 자신의 생각과 느낌을 다양한 방법으로 표현하도록 격려한다. • 나들이 활동 시 주의사항을 안내하고 약속을 지킬 수 있도록 지도한다.	

※참고: 3세 누리과정 교사용 지도서–제10권 봄 · 여름 · 가을 · 겨울(교육과학기술부, 2013)

활동 2

생활 주제	봄 · 여름 · 가을 · 겨울	주제	여름	활동명	모래 그림 그리기
활동 형태	대 · 소집단 활동	유형	현장체험	대상 연령	만 4세
활동 목표	• 모래를 이용해 다양한 그림을 창의적으로 그려 본다. • 자신의 생각을 말로 표현한다. • 여름철 자연물을 이용한 놀이를 즐긴다.				
누리 과정 관련 요소	• 의사소통: 말하기 – 낱말과 문장으로 말하기 • 예술경험: 아름다움 찾아보기 – 미술적 요소 탐색하기 • 자연탐구: 과학적 탐구하기 – 자연현상 알아보기				
인성 덕목	• 존중 – 생명과 환경에 대한 존중 • 협동 – 집단 협력 • 책임 – 개인적 책임감				
활동 자료	바다와 해변 사진, 모래 그림 사진, 모래 조형물 사진, 모래놀이 도구, 돋보기, 루페				
활동 방법	도입	• 바다와 해변 사진을 보며 이야기를 나눈다. –바다에 가 본 적이 있니? –해변에서 무엇을 하였니? 무엇을 보았니? • 모래 그림과 모래 조형물 사진을 보여 주고 이야기를 나눈다. –해변에서 모래 그림을 그려 본 적 있니? 무엇을 그려 보고 싶니? –모래를 쌓아서 무엇을 만들까?			
	전개	• 바닷가에 가서 모래를 관찰한다. –모래를 손으로 만져 본 느낌은 어떠하니? –모래의 특징은 무엇이니? • 자유롭게 모래 그림을 그리거나 모래를 쌓아서 만들고 싶은 것을 만든다. –무엇을 그렸니? –무엇을 만들었니? • 모둠별로 협동 작업을 정하고, 지켜야 할 규칙을 정한다. –친구들과 함께 무엇을 그려 보고 싶니? –친구들과 함께 무엇을 만들고 싶니? –협동 작업 시 지켜야 할 규칙은 무엇일까? • 협동 작업을 한다.			

	마무리	• 모둠별 협동 작품을 사진기로 찍고, 마무리하고 돌아온다. • 바닷가에서 모래 놀이를 한 후 자신의 생각을 이야기한다. –모래 그림과 모래로 만들기를 한 후의 느낌은 어떠하였니? • 협동 작업으로 무엇을 그렸는지, 무엇을 만들었는지 사진을 보며 소개한다. • 협동 작업을 할 때 규칙을 지키지 않았다면 어떤 일이 일어났을지 이야기 나눈다.
활동의 유의점	• 활동 중 유아들이 모래를 던지지 않도록 안전에 유의한다. • 유아가 자신의 생각을 완성된 문장 형태와 다양한 어휘로 표현할 수 있도록 격려한다. • 협동 작업 시 정한 규칙을 지킬 수 있도록 지도한다.	

※참고: 4세 누리과정 교사용 지도서–제11권 봄 · 여름 · 가을 · 겨울(교육과학기술부, 2013)

활동 3

<table>
<tr><td>생활 주제</td><td>봄 · 여름 · 가을 · 겨울</td><td>주제</td><td>가을</td><td>활동명</td><td>가을 동산에서 나뭇잎 모으기</td></tr>
<tr><td>활동 형태</td><td>대 · 소집단 활동</td><td>유형</td><td>현장체험</td><td>대상 연령</td><td>만 5세</td></tr>
<tr><td>활동 목표</td><td colspan="5">• 가을에는 나뭇잎이 떨어짐을 안다.
• 단풍잎의 특성을 탐색하고 관찰한다.
• 단풍이 든 가을 풍경을 느끼고 즐긴다.</td></tr>
<tr><td>누리 과정 관련 요소</td><td colspan="5">• 의사소통: 말하기 – 낱말과 문장으로 말하기
• 예술경험: 아름다움 찾아보기 – 미술적 요소 탐색하기
• 자연탐구: 과학적 탐구하기 – 자연현상 알아보기</td></tr>
<tr><td>인성 덕목</td><td colspan="5">• 존중 – 생명과 환경에 대한 존중
• 배려 – 동식물에 대한 배려
• 협동 – 긍정적인 상호의존성</td></tr>
<tr><td>활동 자료</td><td colspan="5">단풍 든 풍경 사진, 나뭇잎 사진, 실물 나뭇잎, 돋보기, 루페, 나뭇잎을 담을 봉지</td></tr>
<tr><td rowspan="2">활동 방법</td><td>도입</td><td colspan="4">• 단풍이 든 풍경사진을 보며 경험에 대해 이야기 나눈다.
–단풍이 든 나뭇잎을 본 적이 있니?
–어떤 색이었니?
• 단풍이 든 나뭇잎 사진 자료를 보며 나뭇잎에 대해 알아본다.
–가을이 되면 잎이 물들고 떨어지는 나무가 있단다. 그런 나무에는 어떤 것이 있을까?
• 공원에 가서 지켜야 할 규칙과 어떤 나뭇잎을 모으고 싶은지에 대해 이야기 나눈다.
–어떤 모양과 색의 나뭇잎을 모으고 싶니?
–공원에서 나뭇잎을 모을 때 지켜야 할 규칙에는 무엇이 있을까?</td></tr>
<tr><td>전개</td><td colspan="4">• 공원에서 가을철 자연의 모습을 감상한다.
–지난번 공원에 왔을 때와 달라진 점은 무엇이니?
–나무의 모습이 어떻게 변하였니?
–나뭇잎은 어떻게 되었니?
• 나뭇잎을 모으고 관찰한다.
–나뭇잎은 어떤 모양이니? 무슨 색이니?
–만져 보니 느낌은 어떠니?
–냄새를 맡으면 어떤 향이 나니?
–어느 나무의 잎일까? 나무의 이름은 무엇일까?</td></tr>
</table>

	마무리	• 가을 동산에서 본 것에 대해 이야기 나눈다. －가을철 동산의 모습은 어떠하였니? • 나뭇잎을 모을 때의 느낌과 나뭇잎을 관찰한 것에 대해 이야기 나눈다. －나뭇잎을 모을 때 느낌이 어떠하였니? －나뭇잎을 관찰하며 알게 된 것은 무엇이니? • 모아 온 나뭇잎으로 무엇을 하면 좋을지 이야기 나눈다. －나뭇잎으로 무엇을 할 수 있을까? 무엇을 만들면 좋을까?
활동의 유의점	• 나뭇잎을 모을 때 나무에 붙어 있는 나뭇잎은 떼지 않도록 한다. • 모아 온 나뭇잎을 함부로 버리지 않고 유아들이 함께 다양하게 활용하도록 한다.	

※참고: 5세 누리과정 교사용 지도서–제11권 봄 · 여름 · 가을 · 겨울(교육과학기술부, 2012)

활동 4

<table>
<tr><td>생활 주제</td><td colspan="2">동식물과 자연</td><td>주제</td><td>자연과 더불어 사는 우리</td><td>활동명</td><td>공원에 누워 자연 감상하기</td></tr>
<tr><td>활동 형태</td><td colspan="2">대 · 소집단 활동</td><td>유형</td><td>현장체험</td><td>대상 연령</td><td>만 3세</td></tr>
<tr><td>활동 목표</td><td colspan="6">• 다양한 감각을 활용하여 공원에서 자연을 느껴 본다.
• 자연이 주는 아름다움에 감사하는 마음을 가진다.
• 자연에 대해 긍정적인 태도를 기른다.</td></tr>
<tr><td>누리 과정 관련 요소</td><td colspan="6">• 신체운동 · 건강: 신체 인식하기 – 감각기관 활용하기
• 예술경험: 아름다움 찾아보기 – 미술적 요소 탐색하기
• 자연탐구: 과학적 탐구하기 – 생명체와 자연환경 알아보기</td></tr>
<tr><td>인성 덕목</td><td colspan="6">• 존중 – 생명과 환경에 대한 존중
• 배려 – 동식물에 대한 배려
• 협동 – 긍정적인 상호의존성</td></tr>
<tr><td>활동 자료</td><td colspan="6">사각 사진틀, 돗자리, 자연물 수집 봉지</td></tr>
<tr><td rowspan="2">활동 방법</td><td>도입</td><td colspan="5">• 공원을 산책하며 감각기관을 활용하여 자연을 느낀다.
–무엇이 보이니?
–무슨 소리가 들리니?
–어떤 향기가 나니?</td></tr>
<tr><td>전개</td><td colspan="5">• 편안한 자리를 찾아 누워 자연을 느낀다.
–하늘에 무엇이 보이니?
–우리 주변에는 무엇이 보이니?
–나무는 어떤 모습이니?
–무슨 소리가 들리니?
–눈을 감고 귀를 기울이면 어떤 소리가 들리니?
–어떤 향기가 나니?
–크게 숨을 들이마시면 어떤 향기가 나니?
–손을 올려 바람을 느껴볼까?
–바람이 불 때 나뭇가지는 어떻게 되었니?
–바람이 불 때 나뭇잎은 어떻게 되었니?
–사각 틀로 보면 어떤 느낌이 드니? 사각 틀로 본 모습은 무엇과 닮았니?</td></tr>
</table>

		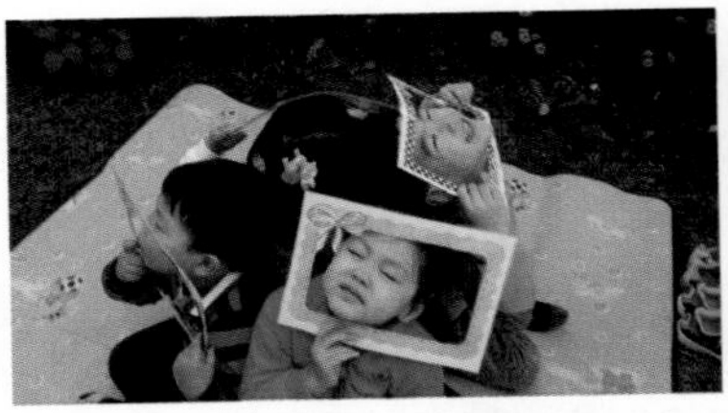  
	마무리	• 공원에서 느낀 점에 대해 이야기 나눈다. –공원에 누워 보니 어떤 기분이 들었니? –산책을 하며 보았을 때와 누워서 보았을 때는 무엇이 달랐니? –누워서 보았을 때 가장 좋은 점은 무엇이었니? –가장 아름답게 느껴진 것은 무엇이니? –우리는 자연을 어떻게 대해야 할까? –자연에 대해 어떤 마음을 가져야 할까?
활동의 유의점	• 활동을 할 곳은 낯선 곳보다 익숙하거나 가 본 경험이 있는 곳을 선정하여 유아들이 친숙하게 느끼고 활동할 수 있도록 한다. • 유아들이 누울 자리는 교사가 답사하여 미리 안전한 곳을 알아본다. • 유아들이 다양한 감각을 이용하여 자연을 느낄 수 있도록 상호작용한다. • 자연을 훼손하거나 위험한 행동을 하지 않도록 미리 약속을 한다.	

※참고: 3세 누리과정 교사용 지도서–제4권 동식물과 자연(교육과학기술부, 2013)

활동 5

<table>
<tr><td>생활 주제</td><td>동식물과 자연</td><td>주제</td><td>식물과 우리의 생활</td><td>활동명</td><td>공원 꽃밭에 봄꽃 심기</td></tr>
<tr><td>활동 형태</td><td>대 · 소집단 활동</td><td>유형</td><td>현장체험</td><td>대상 연령</td><td>만 4세</td></tr>
<tr><td>활동 목표</td><td colspan="5">• 꽃모종 심는 순서에 따라 꽃모종을 심는다.
• 꽃을 기르기 위해 필요한 것에는 무엇이 있는지 알아본다.
• 꽃을 기르며 즐거움을 느끼고 식물을 사랑하는 태도를 기른다.</td></tr>
<tr><td>누리 과정 관련 요소</td><td colspan="5">• 예술경험: 아름다움 찾아보기 – 미술적 요소 탐색하기
• 자연탐구: 과학적 탐구하기 – 간단한 도구 활용하기
• 자연탐구: 과학적 탐구하기 – 생명체와 자연환경 알아보기</td></tr>
<tr><td>인성 덕목</td><td colspan="5">• 존중 – 생명과 환경에 대한 존중
• 배려 – 동식물에 대한 배려
• 책임 – 개인적 책임감</td></tr>
<tr><td>활동 자료</td><td colspan="5">봄꽃모종, 흙, 모종삽, 물뿌리개, 꽃 심기 순서도</td></tr>
<tr><td rowspan="2">활동 방법</td><td>도입</td><td colspan="4">• 봄꽃을 본 경험에 대해 이야기를 나눈다.
–봄꽃을 본 적 있니?
–어디서 보았니?
–무슨 색이었니?
–봄에 볼 수 있는 꽃에는 어떤 것이 있을까?
–봄꽃을 보았을 때 기분은 어땠니?</td></tr>
<tr><td>전개</td><td colspan="4">• 봄꽃모종을 보여 주며 이야기 나눈다.
–무슨 꽃일까?
–직접 심고 싶은 꽃은 어떤 꽃이니?
• 꽃을 심기 위해 필요한 도구들을 알아본다.
–꽃을 심으려면 필요한 것에는 무엇이 있을까?
• 꽃모종 심기 순서도를 보며 꽃 심는 방법을 알아본다.

〈 꽃모종 심기 순서도 〉
① 봄꽃모종을 준비한다.
② 삽으로 흙에 구멍을 낸다.
③ 꽃모종을 구멍 안으로 넣는다.
④ 흙을 덮어 준다.
⑤ 물을 흠뻑 뿌려 준다.</td></tr>
</table>

		• 꽃밭으로 이동하여 꽃모종 심는 순서에 따라 봄꽃모종을 심는다. 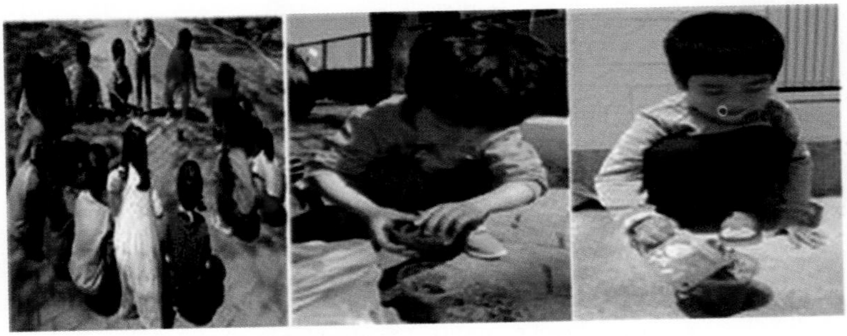
	마무리	• 꽃이 잘 자라기 위해 필요한 것에는 무엇이 있을지 이야기 나눈다. –꽃이 잘 자라기 위해 필요한 것은 무엇일까? • 꽃과 함께 지내는 방법에 대해 이야기 나눈다. –꽃과 함께 지내기 위해 우리는 무엇을 해야 할까? –꽃을 어떻게 보살펴야 할까? • 꽃이 잘 자라는 모습을 보면 기분이 어떨지 이야기 나눈다. –꽃밭에 심은 꽃이 잘 자라면 기분이 어떠할까?
활동의 유의점	• 봄꽃의 종류를 알 수 있도록 관련 자료를 유아들이 볼 수 있는 곳에 배치한다. • 정기적으로 꽃밭을 방문하여 유아들이 꽃을 보살피도록 한다.	

※참고: 4세 누리과정 교사용 지도서–제4권 동식물과 자연(교육과학기술부, 2013)

활동 6

생활 주제	동식물과 자연	주제	식물과 우리의 생활	활동명	나무와 친해지기
활동 형태	대 · 소집단 활동	유형	현장체험	대상 연령	만 5세
활동 목표	• 나무는 살아 있는 생명체임을 안다. • 나무의 아름다움을 느끼고 즐긴다. • 나무를 소중히 여기는 태도를 기른다.				
누리 과정 관련 요소	• 예술경험: 아름다움 찾아보기 – 미술적 요소 탐색하기 • 자연탐구: 탐구하는 태도 기르기 – 탐구과정 즐기기 • 자연탐구: 과학적 탐구하기 – 생명체와 자연환경 알아보기				
인성 덕목	• 존중 – 생명과 환경에 대한 존중 • 배려 – 동식물에 대한 배려 • 협동 – 긍정적인 상호의존성				
활동 자료	돋보기, 루페, 사진기, 나무와 관련된 식물도감				
활동 방법	도입	• 나무를 본 경험에 대해 이야기 나눈다. –주위에서 본 나무는 어떻게 생겼니? –나무의 이름을 알고 있니? –어떤 나무를 좋아하니? –왜 그 나무를 좋아하니?			
	전개	• 공원을 산책하며 감각기관을 활용하여 나무를 관찰한다. –눈을 감고 나무를 만져 보면 어떤 느낌이니? –두 팔로 나무를 안으면 어떤 느낌이니? –손으로 나무를 만져 보면 어떤 느낌이 드니? –나무는 무슨 냄새가 나니? –친해지고 싶은 나무는 어떤 나무니? –왜 그 나무와 친해지고 싶니? –나무와 친구가 될 수 있을까? • 나무와 친해지기 위해 무엇을 해야 할지 이야기 나눈다. –나무가 살아 있다는 것을 어떻게 알 수 있을까? –나무 옆에서 큰 소리를 내지 않아야 하는 이유는 무엇일까? –나뭇잎을 따거나 열매를 따지 말아야 하는 이유는 무엇일까? –나무와 친해지기 위해 무엇을 하면 좋을까?				

	마무리	• 나무와 친해지기 위해 어떤 일을 하고 싶은지 이야기 나눈다. –나무와 친해지기 위해 어떤 일을 해 보고 싶니? –나무에게 편지를 쓰고 노래를 불러 주고 손으로 쓰다듬어 주고 '사랑해'라고 말하면 나무는 어떻게 될까? –나무가 가장 아름다울 때는 언제일까?
활동의 유의점	• 나무를 관찰할 때 나무를 해치지 않도록 조심해야 한다는 것과 관찰 시 지켜야 할 약속을 미리 알아본다. • 교실에 식물도감을 준비해 두어 유아들이 식물도감을 활용해 직접 보지 못한 나무들도 알아보도록 한다.	

※참고: 5세 누리과정 교사용 지도서–제4권 동식물과 자연(교육과학기술부, 2012)

참고문헌

강선보, 박의수, 김귀성, 송순재, 정윤경, 김영래, 고미숙(2008). 21세기 인성교육의 방향설정을 위한 이론적 기초 연구. 교육문제연구 30, 1-38.

강성영(1998). 현대 윤리학의 중심개념으로서 책임의 문제-한스 요나스(Hans Jonas 1903-1993)의 책임의 윤리를 중심으로-. 신학연구, 39, 5-20.

곽병선, 유병열, 윤현진(1997). 인성교육의 실제. 서울: 중앙교육심의회 장학편수분과.

교육과학기술부(2010a). 유아의 창의 · 인성 함양을 위한 영상매체 활용 프로그램. 서울: 교육과학기술부.

교육과학기술부(2010b). 창의 · 인성교육 기본방안. 서울: 교육과학기술부.

교육과학기술부(2011). 유치원 기본과정 내실화를 위한 인성교육 프로그램. 서울: 교육과학기술부.

교육과학기술부(2012). 교사 신규채용제도 개선방안. 서울: 교육과학기술부.

교육과학기술부(2012). 5세 누리과정 교사용 지도서(제2권 나와 가족). 서울: 교육과학기술부.

교육과학기술부(2012). 5세 누리과정 교사용 지도서(제3권 우리 동네). 서울: 교육과학기술부.

교육과학기술부(2012). 5세 누리과정 교사용 지도서(제4권 동식물과 자연). 서울: 교육과학기술부.

교육과학기술부(2012). 5세 누리과정 교사용 지도서(제5권 건강과 안전). 서울: 교육과학기술부.

교육과학기술부(2012). 5세 누리과정 교사용 지도서(제6권 생활도구). 서울: 교육 과학기술부.

교육과학기술부(2012). 5세 누리과정 교사용 지도서(제7권 교통기관). 서울: 교육 과학기술부.

교육과학기술부(2012). 5세 누리과정 교사용 지도서(제8권 우리나라). 서울: 교육 과학기술부.

교육과학기술부(2012). 5세 누리과정 교사용 지도서(제9권 세계 여러 나라). 서울: 교육과학기술부.

교육과학기술부(2012). 5세 누리과정 교사용 지도서(제10권 환경과 생활). 서울: 교육과학기술부.

교육과학기술부(2012). 5세 누리과정 교사용 지도서(제11권 봄 · 여름 · 가을 · 겨울). 서울: 교육과학기술부.

교육과학기술부(2012). 5세 누리과정 해설서. 서울: 교육과학기술부.

교육과학기술부(2013). 3세 누리과정 교사용 지도서(제1권 총론, 유치원/어린이집과 친구). 서울: 교육과학기술부.

교육과학기술부(2013). 3세 누리과정 교사용 지도서(제2권 나와 가족). 서울: 교육과학기술부.

교육과학기술부(2013). 3세 누리과정 교사용 지도서(제3권 우리 동네). 서울: 교육과학기술부.

교육과학기술부(2013). 3세 누리과정 교사용 지도서(제4권 동식물과 자연). 서울: 교육과학기술부.

교육과학기술부(2013). 3세 누리과정 교사용 지도서(제5권 건강과 안전). 서울: 교육과학기술부.

교육과학기술부(2013). 3세 누리과정 교사용 지도서(제6권 생활도구). 서울: 교육 과학기술부.

교육과학기술부(2013). 3세 누리과정 교사용 지도서(제7권 교통기관). 서울: 교육 과학기술부.

교육과학기술부(2013). 3세 누리과정 교사용 지도서(제8권 우리나라). 서울: 교육 과학기술부.

교육과학기술부(2013). 3세 누리과정 교사용 지도서(제9권 환경과 생활). 서울: 교 육과학기술부.

교육과학기술부(2013). 3세 누리과정 교사용 지도서(제10권 봄 · 여름 · 가을 · 겨울). 서울: 교육과학기술부.

교육과학기술부(2013). 4세 누리과정 교사용 지도서(제1권 총론, 유치원/어린이집과 친구). 서울: 교육과학기술부.

교육과학기술부(2013). 4세 누리과정 교사용 지도서(제2권 나와 가족). 서울: 교육 과학기술부.

교육과학기술부(2013). 4세 누리과정 교사용 지도서(제3권 우리 동네). 서울: 교육 과학기술부.

교육과학기술부(2013). 4세 누리과정 교사용 지도서(제4권 동식물과 자연). 서울: 교육과학기술부.

교육과학기술부(2013). 4세 누리과정 교사용 지도서(제6권 생활도구). 서울: 교육 과학기술부.

교육과학기술부(2013). 4세 누리과정 교사용 지도서(제7권 교통기관). 서울: 교육 과학기술부.

교육과학기술부(2013). 4세 누리과정 교사용 지도서(제8권 우리나라). 서울: 교육 과학기술부.

교육과학기술부(2013). 4세 누리과정 교사용 지도서(제9권 세계 여러 나라). 서울: 교육과학기술부.

교육과학기술부(2013). 4세 누리과정 교사용 지도서(제10권 환경과 생활). 서울: 교육과학기술부.

교육과학기술부(2013). 4세 누리과정 교사용 지도서(제11권 봄 · 여름 · 가을 · 겨울). 서울: 교육과학기술부.

교육과학기술부(2013). 5세 누리과정 교사용 지도서(제1권 유치원과 친구). 서울: 교육과학기술부.

교육과학기술부(2015). 「인성교육진흥법」. 서울: 교육과학기술부.

교육과학기술부, 보건복지부(2013). 3~5세 연령별 누리과정 교사용 지침서. 서울: 교육과학기술부, 보건복지부.

교육과학기술부, 육아정책연구소(2012). 유아인성발달을 위한 부모교육 프로그램 매뉴얼. 서울: 교육과학기술부, 육아정책연구소.

교육부(1992). 유아기 기본생활습관교육 활동자료. 서울: 교육부.

권동택(2015). 교직인성 함양을 위한 교원 양성에 대한 토론. 한국교원교육학회 학술대회자료집, 67, 205-209.

권석만(2008). 긍정심리학: 행복의 과학적 탐구. 서울: 학지사.

국립국어원(2016). 표준국어대사전. www.korean.go.kr
김경령(2013). The study on character of secondary school teachers. 연세대학교 박사학위논문.
김경령, 서은희(2014). 예비교사의 교직인성 자기점검도구 개발 연구. 한국교원교육연구, 31(1), 117-139.
김숙자(2012). 「유치원 지도서」에 수록된 동화에 나타난 인성 관련 교육내용 분석. 미래유아교육학회지, 19(1), 79-106.
김순환, 박선혜, 남옥선(2014). 예비 유아교사를 위한 교직인성 프로그램 개발 및 적용. 유아교육학논집, 18(2), 339-363.
김언종(2009). 한자의 뿌리 2. 파주: 문학동네.
김영래, 강선보, 정창호, 이성흠, 류은영, 이동윤(2015). 인성교육을 위한 핵심 가치 덕목과 핵심 역량의 연구 모형에 관한 고찰. 교육의 이론과 실천, 20(2), 21-45.
김영미(2013). 만 3~5세 누리과정 '교사용 지도서' 의 인성교육 내용 분석. 중앙대학교 석사학위논문.
김영인(1994). 인성교육의 가능성과 한계, 교육개발, 9. 97-101.
김용익(2014). 초등학교 예비교사의 창의 · 인성 역량 요소 재구조화 및 수준에 관한 연구. 한국실과교육학회지, 27(2), 1-18.
김용진, 정인경, 김성순, 김효숙, 노해화, 경영숙, 조성관, 송정선, 박결련, 조성봉 (2015). 행복강사들의 행복한 인성교육. 서울: 대한민국명강사개발원.
김운종(2015). 교직인성 함양을 위한 교원양성에 대한 토론. 한국교원교육학회 학술대회자료집, 67, 211-218.
김원중(2014). 인성교육의 회고와 반성. 교육이론과 실천, 24, 45-63.
김정신(2004). 유아예절교육. 서울: 교문사.
김태훈(2014). '책임' 덕목에 관한 연구. 도덕윤리과교육, 43, 1-19.
노은호(2013). 예비 유아교사의 교직 적 · 인성과 핵심 역량 비교 분석 연구. 한국보육학회지, 13(3), 205-221.
데일 카네기(2014). 인간관계는 소통과 설득이다. 서울: 문장.
류청산, 진홍섭(2003). 인성교육의 이론적 고찰을 통한 인성 덕목의 분류와 요인 분석. 한국실과교육학회 학술대회논문집, 109-140.
박경옥(2010). 유아 인성교육에 대한 예비 유아교사의 인식에 관한 연구. 중앙대학교 석사학위논문.
박병기(1998). 인성교육의 성공을 위한 부모의 역할과 책임. 대통령자문 새교육공동체위원회 편, 교육개혁 국민대토론회 제2의 교육입국을 위한 새학교문화 창조.
박선미(2013). 누리과정 교사용 지도서에 나타난 인성교육 요소 분석-연령, 생활주제, 활동영역을 중심으로-. 교과교육학연구, 17(4). 1007-1031.
박선영(1997). 중등학교에서의 인성교육과 교원양성. 한국교육문제연구, 12, 1-17.
박영태, 이경님, 하수연(2009). 유아교사의 교사효능감과 직무만족도 및 창의적 인성의 관계. 미래유아교육학회지, 16(1), 275-298.
박찬옥, 서동미, 엄은나(2013). 유아사회교육. 서울: 정민사.
보건복지부(2013). 제3차 어린이집 표준보육과정 해설서. 세종: 보건복지부.
부산광역시육아종합지원센터(2014). 어린이집 표준보육과정에 기초한 영유아 인성교육 프로그램. 부산: 부산광역시육아종합지원센터.
서경혜, 최진영, 노선숙, 김수진, 이지영, 현성혜(2013). 예비교사 교직인성 평가도구 개발 및 타당화. 교육과학연구, 44(1), 147-176.
서천석(2012). 하루10분, 내 아이를 생각하다. 서울: 베스트베이비북.
서해석(2009). 의사소통. 서울: 청목.
성백효(1996). 선조들의 명언 일화 2. 우계학보, 13, 117-163.
송명자(1995). 정직성의 본질과 정직성 교육에 관한 고찰. 한국청소년연구, 21, 33-46.
신은수, 박은혜, 조운주, 이경민, 유영의, 이진화, 이병호(2011). 유치원 교원 핵심 역량 구성 방향 탐색. 한국영유아교원교육학회, 15(5), 203-226.
안옥련(2010). 효사랑 체험활동을 통한 효행의 생활화 방안 연구. 효학연구, 12, 139-161.
양정실, 조난심, 박소영, 장근주, 은지용(2013). 교과교육을 통한 인성교육 구현 방안. 서울: 한국교육과정평가원.
양희연, 조옥경(2008). 통합적 요가 프로그램이 어린이의 정서지능, 환경에 대한 감수성 및 태도에 미치는 영향 연구. 생태유아교육연구, 7(1), 227-257.
엄기영(2003). 한국 전통사회 유년기 아동의 인성교육 고찰. 미래유아교육학회지, 10(4), 349-374.
우영효(2004). 유아 인성교육의 방향. 아동교육, 13(1), 147-158.
우영효(2010). 영유아 인성교육의 이론과 실제. 서울: 양서원.
유나영, 이승연(2012). 실내,외 자유선택활동에서의 유아의 비언어적 의사소통 양상과 또래유능성과의 관계. 미래유아교육학회지, 19(2), 61-82.
유병열, 김남준, 정창우, 김봉제, 박영하, 정병석, 조석환(2012). 인성교육의 체계화 연구. 서울: 서울특별시교육연구정보원.
유주연, 김순환(2015). 유아교사의 통합적 인성함양 프로그램 개발 및 적용. 육아지원연구, 10(2), 137-165.
윤희정(2014). 할머니가 아프던 날. 서울: 아르볼.
이경민(2010). 유아교사 인성교육 세미나. 미간행.

이경민, 엄은나(2005). 유아 교사 자질에 대한 유치원 1급 정교사 자격 연수 참여 교사의 기대와 자기평가. 유아교육학논집, 9(4), 133-152.

이경순(2006). 인간관계와 의사소통. 서울: 현문사.

이미란(2014). 전통교육서를 활용한 누리과정 인성교육의 실제와 적용방안 -"효" 덕목을 중심으로 -. 미래유아교육학회지, 21(4), 291-311.

이명준(2011). 교과교육과 창의적 체험활동을 통한 인성교육 활성화 방안. 서울: 한국교육과정평가원.

이병래, 김진호, 강정원(2005). 영유아교사 양성을 위한 기준교육과정 구성 및 운영 방향 모색-영유아교사의 덕목에 관한 교사의 인식과 평가를 중심으로. 유아교육학논집, 9(1), 53-79.

이병석, 이찬숙, 김경윤, 조경선, 조메리, 송은혜(2010). 행복하고 지혜로운 아이로 만드는 활동중심의 영유아인성교육. 파주: 양서원.

이수련(2009). 유아를 위한 협동학습 모형개발 및 적용효과. 성균관대학교 박사학위논문.

이연섭, 강문희(2000). 부모교육. 서울: 정민사.

이영, 김온기(2000). 「엄마와 함께하는 영아교육 프로그램」이 어머니-영아 관계 및 영어 발달에 미치는 영향. 유아교육연구, 20(3). 67-85.

이원영, 방인옥, 박찬옥(1992). 유치원의 기본생활교육에 관한 연구. 유아교육연구, 12, 71-90.

이원영, 박찬옥, 노영희(1993). 유아의 사회성 발달 프로그램 개발연구. 유아교육연구, 13, 65-90.

이은화, 배소연, 조부경(1995). 유아교사론. 서울: 양서원.

이철주(2014). 실천지향의 인성 개념 탐구. 윤리교육연구, 34, 317-337.

이희도(1997). 다인수 학급에 최적한 교수-학습모형 탐색: 소집단 협동학습을 중심으로. 교육학연구, 35(1), 293-318.

장명림, 최은영, 김미나, 백승선(2012). 취약계층 영유아 통합적 육아지원 방안 연구(Ⅳ)–유아기 인성교육 강화 프로그램 개발 및 지원. 육아정책연구소.

장사형(2011). 공교육을 통한 인성교육 강화 방안. 교육철학, 43, 193-222.

장성모(1996). 인성의 개념과 인성교육. 초등교육연구, 10(1), 119-134.

장희선(2015). 정직에 대한 개념 인식과 발달적 경향 연구. 인간발달연구, 22(2), 49-73.

전재선(2011). 유아교사 인성 자기평가도구 개발 및 타당화 연구. 성균관대학교 박사학위논문.

전재선(2013). 예비유아교사 인성교육 프로그램 모형 개발. 한국보육학회지, 13(4), 305-327.

전재선, 최종욱(2012). 유아교사 인성 자기평가도구 개발에 관한 연구. 한국보육학회지, 12(1), 149-174.

정문성(2006). 협동학습의 이해와 실천. 파주: 교육과학사.

정의경, 황해익(2000). 부모-자녀의 의사소통과 유아의 자아개념과의 관계. 영유아보육연구, 6, 47-65.

정정애, 박영숙(2009). 한국여성과 결혼이민여성의 효의식과 자기효능감에 관한 연구: 영동 지역을 중심으로. 효학연구, 10, 115-141.

정창우(2015). 인성교육의 이해와 실천. 파주: 교육과학사.

정창우, 손경원, 김남준, 신호재, 한혜민(2013). 학교급별 인성교육실태 및 활성화 방안. 서울: 교육부.

조경자(2007). 예비 유아교사들이 인식한 좋은 유아교사의 특징. 미래유아교육학회지, 14(4), 561-586.

조규락, 이정미(2015). 수업 중에 나타나는 학생의 비언어적 의사소통 행동에 대한 교사의 경험과 감정 · 정서 인식. 한국교원교육연구, 32(1), 89-118.

조난심(1995). 인성교육과 도덕 교과서. 철학과 현실, 27, 70-84.

조난심(2013). 학교 인격교육의 재음미. 교육철학연구, 35(2), 93-105.

조난심, 문용린, 이명준, 김현수, 김현지, 이우용(2004). 인성 평가 척도 개발을 위한 기초 연구. 서울: 한국교육과정평가원 연구보고 CRC 2004-4-14.

조난심, 이종태(1997). 인간교육의 개념 정립을 위한 연구–현대 사회에서의 인간교육의 의미와 실천 방향 탐색. 교육철학, 18, 99-123.

조병묵(2015). 아이의 인생을 바꾸는 인성교육. 서울: 나노미디어.

조연순, 김아영, 임현식, 신동주, 조아미, 김인전(1998). 정의교육과 인성교육 구현을 위한 기초연구 1: 철학적 심리학적 접근에 기초한 인성교육의 구성요소 탐색. 교육과학연구, 28, 131-152.

조윤주(2014). 예비 유아교사를 위한 교직 적성 · 인성 검사도구의 타당성 및 개선방안. 육아지원연구, 9(2), 101-123.

중앙육아종합지원센터(2014). 행복한 아이를 위한 부모인성교육 매뉴얼. 서울: 중앙육아종합지원센터.

천세영, 김왕준, 성기옥, 정일화, 김수아(2012). 인성교육 비전 수립 및 실천 방안 연구. 서울: 교육과학기술부.

최명희(2014). 아이와 통하고 싶다. 고양: 공동체.

최민수(2011). 유아교육현장에서의 영유아 인성교육 방안 모색. 한국유아교육 · 보육 행정연구, 15(4), 143-168.

최외선, 김갑숙, 최선남(2001). 편부모가족 자녀의 의사소통과 특성불안에 관한 연구. 재활심리연구, 8(2), 191-207.

채인선(2005). 아름다운 가치사전 1. 서울: 한울림어린이.

탕웨이홍, 추이화팡(2006). 아이의 인생을 결정하는 36가지 습관. 서울: 럭스미디어.

허경철, 조난심(1994). 인간성 함양을 위한 학교교육 모형 개발 및 평가 방안 연구. 서울: 한국교육개발원.

현주, 한미영, 임소현(2015). 한국 초 · 중등학생을 위한 인성검사 개발 및 타당화. 한국심리학회지: 사회 및 성격. 29(1), 83-106.

홍순정, 강경희, 박정자, 오윤례, 이숙희, 전방실, 정미자(2013). 전생애 인성교육. 파주: 양서원.

황경애, 정귀옥(2001). 아동을 위한 예절교육 및 전통놀이교육에 대한 연구. **산업과학기술연구소보**, 354-367.

Arthur, J. (2005). The re-emergence of character education in british education policy. *British Journal of Educational Studies, 55*(3), 239-254.

Berkowitz, M. w., & Grych, J. H. (2000). Early character development and education. *Early Education & Development, 11*, 55-72.

EBS 아기성장보고서 제작팀(2013). **EBS 특별기획 다큐멘터리-아기성장보고서.** 고양: 예담.

Foyle, H. C., Lyman, L., & Thies, S. A. (1991). *Cooperative learning in the early childhood classroom.* National Education Association of the United States.

Gilligan, C. (1997). **다른 목소리로: 심리이론과 여성의 발달**(In a different voice: psychological theory and women's development). 허란주 역. 서울: 동녘(원전은 1982년에 출판).

Grinder, R. E. (1964). Relations between behavior and cognitive dimensions of conscience in middle childhood. *Child Development, 35*, 881-891.

Johnson, D. W., & Johnson, R. T. (1975). *Learning together and alone.* Englewood Cliffs, NJ: Prentice-Hall., Inc.

Johnson, D., & Johnson, R. (1999). *Learning together and alone: Cooperative, competitive, and individualistic learning*. Boston: Allyn & Bacon.

Kohlberg, L. (1958). *The development of modes of thinking and choice in years 10 to 16* (Unpublished doctoral dissertation). University of Chicago.

Lennick, D. & Kiel, F. (2005). *Moral intelligence: Enhancing business performance and leadership success.* Upper Saddle River, NJ: Pearson Education Wharton School Publishing.

Lickona, T. (1991). *Educating for character. How our schools can teach respect and responsibility.* New York: Bantam Books.

Lickona, T. (1993). *Educating for charcter.* New York, NY: Bantam Books.

Noddings, N. (1984). *Caring: A feminine approach to ethics and moral education.* LA: University of California press.

Noddings, N. (2002). **배려교육론: 인간화교육을 위한 새로운 접근**(The challenge to care in schools: an alternative approach to education). 추병완, 박병춘, 황인표 역. 서울: 다른우리(원전은 1992년에 출판).

Pearson, Q., & Nicholson, J. (2000). Comprehensive character education in the elementary school:

Strategies for administrators, teachers, and counselors. *Journal of Humanistic Counseling, Education & Development, 38*(4), 243-251.

Piaget, J. (1965). *The moral judgement of the child*. New York: Free press.

Slavin, R. E. (1980). Effects of individual learning expectations on student achievement. *Journal of Education Psychology, 72*(4), 520-524.

Vygotsky, L. S. (1962). *Thought and language*. Cambridge, MA: MIT Press.

네이버 한자사전

찾아보기

인 명

내용

저자 소개

이희영(Lee, Hee-Yeong)

부산대학교 대학원 교육학 석사(상담심리전공)

캔자스 주립대학교 대학원 상담학 박사

현 부경대학교 유아교육과 교수

최영미(Choi, Young-Mi)

부산대학교 교육대학원 교육학 석사(유아교육전공)

부경대학교 대학원 유아교육학 박사 수료

현 부산여자대학교 아동복지보육과 초빙조교수

부경대학교, 동부대학교 강사

김문정(Kim, Moon-Jeong)

부경대학교 교육대학원 교육학 석사(유아교육전공)

부경대학교 대학원 유아교육학 박사 수료

현 부경대학교 강사

윤미숙(Yoon, Mi-Sook)

부경대학교 교육대학원 교육학 석사(유아교육전공)

부경대학교 대학원 유아교육학 박사 수료

현 한사랑유치원 원장

유아 인성교육의 이론과 실제

2016년 8월 25일 1판 1쇄 인쇄
2016년 8월 30일 1판 1쇄 발행

지은이 • 이희영 · 최영미 · 김문정 · 윤미숙
펴낸이 • 김진환
펴낸곳 • (주) 학지사
04031 서울특별시 마포구 양화로 15길 20 마인드월드빌딩
대표전화 • 02-330-5114 팩스 • 02-324-2345
등록번호 • 제313-2006-000265호

홈페이지 • http://www.hakjisa.co.kr
페이스북 • https://www.facebook.com/hakjisa

ISBN 978-89-997-1050-6 93370

정가 17,000원

이 도서의 국립중앙도서관 출판시도서목록(CIP)은 서지정보유통지원시스템 홈페이지(http://seoji.nl.go.kr)와 국가자료공동목록시스템(http://www.nl.go.kr/kolisnet)에서 이용하실 수 있습니다.
(CIP 제어번호: CIP2016018543)